太极拳练法精要丛书

# 太极拳架练法精要

潘厚成　编著
熊　皓　助编

人民体育出版社

**图书在版编目（CIP）数据**

太极拳架练法精要 / 潘厚成编著；熊皓助编. --北京：人民体育出版社，2024
（太极拳练法精要丛书）
ISBN 978-7-5009-6399-8

Ⅰ.①太… Ⅱ.①潘… ②熊… Ⅲ.①太极拳—基本知识 Ⅳ.①G852.11

中国国家版本馆CIP数据核字(2024)第001958号

\*

人 民 体 育 出 版 社 出 版 发 行
环球东方（北京）印务有限公司印刷
新 华 书 店 经 销

\*

787×960　16开本　20.5印张　387千字
2024年2月第1版　2024年2月第1次印刷
印数：1—4,000册

\*

ISBN 978-7-5009-6399-8
定价：78.00元

---

社址：北京市东城区体育馆路8号（天坛公园东门）
电话：67151482（发行部）　　邮编：100061
传真：67151483　　　　　　　邮购：67118491
网址：www.psphpress.com

（购买本社图书，如遇有缺损页可与邮购部联系）

# 前 言

　　太极拳是中国古代哲学的太极阴阳学说与气功导引、传统武术相结合的拳术，是中华民族优秀传统文化的宝贵遗产，是中华武术宝库的优秀拳种，是全民健身运动的有效形式。为了更好地传承、推广、弘扬冯公志强先生创编的陈式心意混元太极拳，更好地认识、理解、掌握冯公混元太极的混元思想、混元运动、混元特点和混元练法，更好地实现冯公志强先生提出的"混元太极，造福人类"的宏愿，更好地与广大混元太极爱好者一起学好、练好混元太极，我们依据冯公志强先生的混元太极理论和原本真传练法，根据习拳练武的规律、规矩和太极拳练习的阶段层次内容方法，围绕中华武术"内以修身，外以致敌"的武术本义、武术思想、武术文化和武术作用，针对太极拳练习中的三大命题"教太极拳教什么、怎么教？学太极拳学什么、怎么学？练太极拳练什么、怎么练？"结合笔者随冯公志强先生学艺30年所得真传练法和协助冯公志强先生编写3本著作、3本教材所获秘法窍要，以及学练研修太极拳40年和国内外教学30年的一点心得体会，编写拍摄了这套"太极拳架练法精要"。

　　如果用一句话来概括，《陈式太极拳入门》（人民体育出版社，1993）主要是说明练太极拳从哪里开始，《陈式心意混元太极拳教程》（青岛出版社，1998）主要是说明练太极拳练什么，《混元太极炮捶四十六式》（人民体育出版社，2009）主要是说明练太极拳怎么练，而这本《太极拳架练法精要》是从操作层面提供练习太极拳的路径、内容和方法。

《太极拳架练法精要》分三个阶段练法：第一阶段是"套路动作练法"；第二阶段是"拳架身法练法"；第三阶段是"以意行气练法"。旨在通过拳法动作、身法外功、意气内动三个方面和拳功合一、体用兼备的练拳之道，理法、练法、用法、研究法四法合一地进行系统完整的太极拳架练习。

# 陈式心意混元太极拳简介

陈式心意混元太极拳（简称混元太极拳）是中国著名武术家、太极拳一代宗师冯公志强先生在继承陈发科师祖传授的陈式太极拳基础上，融合了胡耀贞师祖传授的六合心意拳内功，依据太极阴阳哲学之理和混元运动力学原理，结合几十年修炼心得、实证经验和与时俱进的时代特征要求创编而成的。混元太极拳保留了陈式太极的原本真传练法，突出了心意用功的重要地位作用，揭示了宇宙万物的混元运动本相，体现了整体和谐的太极哲学思想，熔拳法、功法、用法于一炉，集养生、保健、技击于一体，使无形的太极混元之气与有形的太极混圆之象得到真正统一，使传统武学、哲学、医学、气功学、养生学与现代运动生物力学、心理学、生理学、经济学、人体科学得到完美结合，内外双修的练法更加科学合理，内外两用的功效更为显著全面，已成为一个重要的太极拳流派而立足武林，深受国内外广大太极拳爱好者的喜爱，得到国内外武术界广泛认同和赞誉。

混元太极拳的拳法特征是混元。混元，是生天、生地、生人、生物的混元祖气；混元，是宇宙万物的本原、本体、本相；混元，是先天浑然太极之本象；混元，是混合圆成之物；混元，是混合圆形运动；混元，是先天后天、有形无形、内部外部向丹田逆而运之混而为一气中正混圆；混元，是包括太极拳在内的内家功夫练达"混元一粒丹道成"的成功标志。拳名"混元"，则理是混元理，气是混元气，意是混元意，法是混元法，身是混元身，形是混元形，劲是混元劲，理、气、意、法、身、形、劲皆混元。简言之，就是用混元之理练混元之拳，用混元之拳练混元之理。

混元太极拳采用"拿住丹田练太极、意气缠丝混元圈"的混元一气、混元一体、混元一粒的心意混元练法，因此具有显著的内外双修两用的功效作用。除了"外以致敌"的武术防身功能作用外，体现在"内以修身"的养生保健功能方面，既有"治未病"的养生修持强身作用，又有"治已病"的保健康复体疗作用。如放松身心，安定情绪，消除疲劳，恢复体能，安神养脑，益智醒脑，修心养性，固本培元，气足生精，升阳补精，壮肾强精，练精化气，练气化神，练神还虚，气通经络，灵活关节，充养骨髓，调整脏腑机能，保持阴阳平衡，防治气血失调，补充气血亏损，促进气血循环，加强吐故纳新，促进毛细血管开放，改善微循环系统，增加骨密质强度，增进血管舒缩弹性和肌肤筋韧弹性，提高协调性、整体性、稳定性和灵敏性，恢复和增强免疫力、抵抗力、自愈力，增强自我调控能力、精神调养能力、阳气护体能力、血中含氧能力、细胞再生能力、神经修复能力、大脑记忆能力、运化营卫能力、分泌代谢能力、消化能力、吸收能力、排泄能力、排浊排毒清除体内垃圾能力，促进身体健康，延缓机体衰老，使病者康复，弱者变强，强者更健，益寿延年。

# 目 录

第一章 练拳须知与练拳之理……………………（1）

　第一节 练拳须知………………………………（1）

　　一、知拳术性质………………………………（1）

　　二、知练拳目的………………………………（1）

　　三、知练拳对象………………………………（2）

　　四、知运动特点………………………………（3）

　　五、知练拳准则………………………………（3）

　　六、知练拳方向………………………………（4）

　　七、知练拳方法………………………………（4）

　　八、知练拳积累………………………………（5）

　　九、知练拳实效………………………………（5）

　　十、知步骤进阶………………………………（5）

　　十一、知注意事项……………………………（5）

　第二节 练拳之理………………………………（7）

　　一、无极生太极………………………………（8）

　　二、太极生两仪………………………………（9）

　　三、两仪生三才………………………………（9）

　　四、三才生四象………………………………（10）

五、四象生五行……………………………………………（11）
六、五行生六合……………………………………………（11）
七、六合生七星……………………………………………（12）
八、七星生八卦……………………………………………（12）
九、八卦生九宫……………………………………………（13）
十、九九归混元……………………………………………（14）

## 第二章　第一阶段套路动作练法…………………………（15）

### 第一节　第一阶段练法说明………………………………（15）
一、第一阶段练法目标……………………………………（16）
二、第一阶段练法思想……………………………………（16）
三、六步四面临摹法………………………………………（17）

### 第二节　拳法动作说明……………………………………（23）
一、混元圈动作说明………………………………………（23）
二、缠丝动作说明…………………………………………（30）
三、十三势动作说明………………………………………（36）
四、阴阳折叠动作说明……………………………………（43）
五、手型动作说明…………………………………………（47）
六、步型动作说明…………………………………………（53）

### 第三节　拳式动作练法……………………………………（59）
第1式　无极起势练法……………………………………（59）
第2式　金刚捣碓练法……………………………………（63）
第3式　懒扎衣练法………………………………………（71）
第4式　六封四闭练法……………………………………（76）
第5式　单鞭练法…………………………………………（81）

第6式　白鹤亮翅练法……………………………（ 87 ）

第7式　斜行拗步练法……………………………（ 94 ）

第8式　提收练法…………………………………（100）

第9式　前蹚拗步练法……………………………（104）

第10式　掩手肱捶练法……………………………（110）

第11式　披身捶练法………………………………（118）

第12式　背折靠练法………………………………（126）

第13式　青龙出水练法……………………………（129）

第14式　双推手练法………………………………（133）

第15式　三换掌练法………………………………（138）

第16式　倒卷肱练法………………………………（143）

第17式　退步压肘练法……………………………（149）

第18式　中盘练法…………………………………（155）

第19式　闪通背练法………………………………（161）

第20式　击地捶练法………………………………（167）

第21式　平心捶练法………………………………（172）

第22式　煞腰压肘练法……………………………（181）

第23式　当头炮练法………………………………（184）

第24式　收势练法…………………………………（187）

第四节　拳式动作容易出现的问题………………………（192）

一、手型容易出现的问题…………………………………（192）

二、步型容易出现的问题…………………………………（193）

三、混元圈容易出现的问题………………………………（194）

四、头部容易出现的问题…………………………………（195）

五、身体容易出现的问题…………………………………（195）

六、上肢容易出现的问题…………………………………（196）

七、下肢容易出现的问题……………………………………（196）

## 第三章　第二阶段拳架身法练法……………………（197）

　　第一节　第二阶段练法说明………………………………（197）
　　　　一、第二阶段练法目标……………………………………（198）
　　　　二、第二阶段练法思想……………………………………（198）
　　　　三、第二阶段练法重点……………………………………（199）
　　　　四、第二阶段练法步骤……………………………………（199）

　　第二节　身法要求说明……………………………………（199）
　　　　一、身法总要求说明………………………………………（200）
　　　　二、身法分要求说明………………………………………（204）

　　第三节　拳架身法练法……………………………………（212）
　　　　一、第一步身法中正打拳…………………………………（212）
　　　　二、第二步沉肩坠肘打拳…………………………………（219）
　　　　三、第三步腰腹臀胯打拳…………………………………（225）
　　　　四、第四步腰胯腿脚打拳…………………………………（232）
　　　　五、第五步身备五弓打拳…………………………………（240）
　　　　六、第六步六合混圆打拳…………………………………（248）

## 第四章　第三阶段以意行气练法……………………（255）

　　第一节　第三阶段练法说明………………………………（255）
　　　　一、第三阶段练法目标……………………………………（257）
　　　　二、第三阶段练法思想……………………………………（257）
　　　　三、第三阶段练法重点……………………………………（257）
　　　　四、第三阶段练法步骤……………………………………（258）

第二节　丹田窍位说明……………………………………（259）
　　一、丹田说明……………………………………………（259）
　　二、三节窍说明…………………………………………（261）
　　三、十三势窍说明………………………………………（262）

第三节　以意行气练法……………………………………（265）
　　一、无极入门生太极……………………………………（265）
　　二、拿住丹田练太极……………………………………（270）
　　三、以意择中行气法……………………………………（272）
　　四、以意循窍行气法……………………………………（275）
　　五、以意按窍行气法……………………………………（278）
　　六、以意提降行气法……………………………………（281）
　　七、以意缠丝行气法……………………………………（283）
　　八、以意敛神聚气法……………………………………（286）
　　九、以意抓闭运气法……………………………………（288）
　　十、自发呼吸运动法……………………………………（290）

附录一　混元太极三字经…………………………………（292）

附录二　和谐的太极拳……………………………………（296）

附录三　科学的混元拳——纪念冯公诞辰九十周年
　　　　………………………………………………………（301）

附录四　潘厚成的入室弟子名录…………………………（312）

后记………………………………………………………（313）

# 第一章 练拳须知与练拳之理

## 第一节 练拳须知

### 一、知拳术性质

练拳应知所练之拳的拳术性质，以免练不对头，练错方向。因为拳术性质不同，理法思想和练拳要求也不同，如内家拳有内家拳的理法思想和练拳要求，外家拳有外家拳的理法思想和练拳要求，二者不可混淆。

太极拳是内功拳，也称内家拳，拳术运动是内气、内劲、内功运动，也叫先天气功运动。拳中所有动作都是内功，都是丹田内气、内劲、内动推动手足身体外动的全身内外一起动的动功，不单单是肢体在动；都是在守着丹田、阴阳混合、内外三体合一的情况下，入无极生太极练太极，借后天有形姿势动作练先天无形内气内劲；都要求心神虚静，以静运动，存神内想，以内运外，心平气和，徐缓进行，用意不用力，而不是练肌肉力量、练太极操。

### 二、知练拳目的

练拳应知所练之拳的练拳目的，以免偏离拳法意义、练拳内容、练拳要求和功效作用。因为不同的练拳目的有不同的练拳内容和要求，不同的练拳内容和要求就会产生不同的功效作用。

太极拳是武术，是拳家内功，练拳的目的是"内以修身，外以制敌"，二者统一，互为一体，内外双修，内外两用。

内以修身，就是修心养性，积德修行，炼己筑基，祛病强身，延缓衰老，健康长寿，提高生命能量和生活质量。

外以制敌，就是蓄养内气，锤炼内劲，破之不开，撞之不散，化引拿发，刚柔相济，增强内劲能量和拳功质量。

### 三、知练拳对象

练拳应知所练之拳的练拳对象，以免练错对象，枉费工夫。因为练拳的对象不同，练拳的理念、练拳的体系、练拳的方式、练拳的方法就会不同。

"太极者，先天之一气；两仪者，后天之阴阳"。取名"太极"的太极拳，本质上属先天太极拳，练拳的对象应是先天而不是后天，或者说借后天返先天，练先天化后天。先天属阳，后天属阴，也就是练阳不练阴，练先天之阳化后天之阴。先天之阳是元阳、纯阳、至阳。人若阳性体征越高，阳气含量越足，先天之阳充盈满足具足圆成，似"专气致柔""返老还童"之返还婴儿童子阳身，则邪不可干，可享天年。而又先天足，内劲足，拳有威力，生龙活虎。先天有三：

一是先天一气，即太极一气，也叫混元一气、真一之气、元阳之气、至中至正之气，是化生万物之祖气，是人的先天免疫力、抵抗力、自愈力，既是后天精气神之根本，也是先天精气神之主宰，人的精、神、气、血、液的生化、运行、营卫、调节全靠先天一气；既是人的生命本原，也是太极内劲本原，太极内劲即先天一气之劲、先天混元真劲，"劲之所成，气之所聚"，包括太极拳在内的所有内家真传功夫，都是先天一气所成，先天一气为本，先天一气之用。练太极拳，就是心神虚静地借拳中动作练养藏于后天之中、行于阴阳当中的先天一气和相合一气。古人谓"一者太极也""得其一，万事毕"。

二是先天阴阳，即"一阴一阳谓之道"的坎中之一阳和离中之一阴，也叫阴中之阳和阳中之阴。阴中之阳是真阳，阳中之阴是真阴。包括太极拳在内的所有内家真传功夫，都是练先天真阴真阳，而不是练后天假阴假阳。先天阴阳，既是人的先天之根（即一阴一阳），也是性命双修之根（即离中藏性，坎中藏命）；既是拳中阴阳互济、太极为真之根（即阴中之阳与阳中之阴相交互济），也是上虚下实、胸空腹实之根（即离中虚在上为空，坎中满在下为实）；既是太极中正之根（即中阴、中阳、中土），也是太极内劲之根（即内阴、内阳、内动）。太极之道就是先天阴阳的一阴一阳之道、返本还原之道、坎离相交之道、性命双修之道、阴阳互济之道、上虚下实之道、致中达和之道、内气内劲之道。练太极拳，就是心神虚静地借拳中动作练养后天阴阳混合返还先天的阴中之阳与阳中之阴相交互济。古人谓"无形无象"是指道之体。"一阴一阳谓之道是指道之用"。

三是先天三宝，即先天元精、元气、元神。包括太极拳在内的所有内家真传功夫，都是练先天元精而不练后天交感之精，练先天元气而不练后天呼吸之气，练先天元神而不练后天思虑之神。练先天元精则后天之精自不泄漏，练先天元气则后天之气自然调和，练先天元神则后天之神自然静定。先天元精元气元神充盈满足，具足圆成，三元合一，性命凝结，混元一粒，复全先天太极之体，并炼化具有沉着、弹性、虚灵三特征的太极内劲，即如珠如露、滋养百骸的先天元精化成沉着之劲，如烟如雾、融通血脉的先天元气化成弹性之劲，至圣至灵、主宰万物的先天元神化成虚灵之劲。练太极拳，就是心神虚静地借拳中动作练养内外三体合一的先天元精、元气、元神，使后天拙力渐消，先天真劲自至。古人谓"一而三，三而一""一者为体，三者为用"。

## 四、知运动特点

练拳应知所练之拳的运动特点，以免练不得法，有悖拳义。拳术运动特点是拳理与拳法、练法与用法、经验与认知的集中体现和风格反映。不同的运动特点和运动要求形成了不同流派的太极拳。

陈式心意混元太极拳的运动特点，是以丹田为中心、心意为统帅、内功为根本、两脚为根基的松柔圆活静安舒、意气缠丝混元圈的混元一气、混元一体、混元一粒运动。概括地说，就是心神虚静地用混元之意引导混元之气将全身各要素（先天的、后天的、无形的、有形的、内部的、外部的）向丹田逆而运之、混而为一气中正混圆的意气缠丝混合圆形运动，简称混元运动或缠丝混元圈运动。

混元运动，完全符合宇宙万物混元旋转运动的本体本相和先天太极混元一气运动的本体本相，完全符合太极阴阳混元之理、脏腑经络运行之理、营卫养生保健之理、混元运动力学之理和五行八法十三势体用之理。

## 五、知练拳准则

练拳应知所练之拳的练拳准则，以免背离拳术性质和拳理拳法拳义。

一般练太极拳和内家拳的都知道，练太极拳和内家拳全凭心意用功，拳中所有动作都是心静用意不用力的运动，心静用意不用力的心意用功是太极拳和内家拳的练拳准则，即用意练拳，用拳练意，意就是拳，拳就是意，而不是用力练拳，用拳练力。但怎么用意，同为内家拳的心意、形意、太极、八卦和同

3

为太极拳的陈式、杨式、武式、吴式、孙式亦各有异同。

陈式心意混元太极拳的心意用功，就是拳名中的心意混元用功，也叫混元之意用功。它包含三个方面，即内含混元三意：一是眼神心意混元，即这个"意"是眼神内敛的先天之神与后天之意混而为一之意，而不是单用后天之意。按照古人的说法，心意的"心"，指两眼之间、祖窍深处的上丹田，即先天元神；心意的"意"，指大脑思想意识，即后天之意，亦即"心与意合"的内在之意内视、内想、内听三性归一；二是心意缠丝混元，即这个"意"是意满全身、全身是意的心意缠丝混元全身之意，而不是局部用意；三是心意六合混元，即这个"意"是顺中用逆、阴阳混合、对立统一的心意六合一气中正混元之意，而不是单向用意。概言之，就是大脑思想注意力与两眼内视、两耳内听凝合在一起，想着丹田和全身心意混元用功。拳中每一动，无论大动、小动、微动、快动、慢动、不动，都是心意混元运动，即心意混元起势，心意混元屈伸，心意混元开合，心意混元转圈，心意混元缠丝，心意混元五行，心意混元八法，心意混元折叠，心意混元收势，乃至太极拳所有拳、功、用、推手、器械，都是心静用意不用力的心意混元用功，即心意混元练拳，心意混元练功，心意混元练气，心意混元练劲，心意混元练身法，心意混元练用法，心意混元练推手，心意混元练器械，心意混元练养生。

## 六、知练拳方向

练拳不在形式，只在方向对头，即注重练拳方向，遵循练拳路径，知晓先后次序，循序渐修渐进。也就是要牢牢把握太极拳"蓄养内气、锤炼内劲、拳功合一、体用兼备"的内功拳方向和"混元一气、混元一体、混元一粒"的混元方向，生太极生混元，练太极练混元，完成太极完成混元，达到方向与路径的统一。

## 七、知练拳方法

练拳不在形式，只在方法正确，即注重练拳方法，符合练拳规律，明理知法会练，合理合法合道。也就是要切实掌握太极拳"全凭丹田之功"的内功拳练法、"心静用意不用力"的心意拳练法、"以意行气、以气运身、内动外动一起动"的动功拳练法、"内外合一，上下相随，周身一家，混元一体"的混元拳练法和"劲之所成，气之所聚，窍之所运，根之所发"的内劲拳练法，符合一气中正混圆的太极之理、混元之理、养生之理、体用之理，达到拳理与拳法的统一。

### 八、知练拳积累

练拳不在形式，只在不断积累，即注重练拳积累，不图急于求成，不要越阶跳级，诚敬修真积真，脚踏实地精进。也就是要一步一步练，一式一式修，一势一势操，一拳一拳研，一分一分攒，一层一层垒，达到积累与进步的统一。

### 九、知练拳实效

练拳不在形式，只在是否出功，即注重练拳实效，力求功夫上身，不求套路多，只求拳法精，内外双修两用，实修实证出功。也就是要练出每一阶段每一步的功效作用，实证每一阶段每一步的出功标志，练出每一个拳法动作的功效作用，实证每一个拳法动作的出功标志，达到拳法与功效的统一。

### 十、知步骤进阶

从练拳来说，先练动作，再练身法，再练内劲。
从动作来说，先练大圈，再练小圈，再练内圈。
从姿势来说，先练开展，再练紧凑，再练内动。
从刚柔来说，由松入柔，积柔成刚，刚柔兼备。
从体用来说，先练着熟，再求懂劲，阶及神明。
从放松来说，先练松开，再入松沉，渐至松柔，进而松活，练达松虚。
从内功拳来说，积神生气，积气生精，练精化气，练气化神，练神还虚。
从桩功拳来说，意桩意拳，气桩气拳，劲桩劲拳，神桩神拳，虚桩虚拳。

### 十一、知注意事项

练拳前一定要排空大小便，包括练拳中若有尿意，也必须停拳排尿，以免产生浊气毒素，引起尿毒症，自伤身体。

饭后一小时练拳，以免影响脾胃肠道正常工作，引起不适，妨碍练拳和产生副作用。

酒后不练拳，饮酒过量更不可练拳，以免引起不适和产生副作用。

切忌动怒生气，注意控制情绪，大怒、大惊、大悲等情绪异常时，应暂停练拳，以免内伤。待休息稳定后，心平气和练。

遇大风、大雾、电闪、雷鸣、沙尘、地震、海啸等天气突变，不宜练拳。

要在空气清新、环境清静的绿化处练拳。不要在空气污染、环境恶劣、杂噪声处练拳，如医院旁、油站旁、马路旁、矿煤场旁、有异味的沟渠河湖旁、广场舞旁等。空气质量不好有雾霾，不要在室外练拳。

练拳时不要放音乐，以免外扰于中，妨碍入静，影响练拳，心肾不交，产生副作用（若参加集体套路比赛或表演，排练时根据需要可伴放音乐）。

练拳一定要避风，避风如避箭，防风如防刀。在室外练拳，要找背风处，防止外邪侵入体内。在室内练拳，应先打开门窗，交换空气，保持空气流通，但要避免受门窗风，或窗户开小点。在空调房间练拳，应注意空气流通，不要对着空调机出风口练拳，也不要对着电风扇吹风练拳。

室内练拳时，既要注意外气不入，又要避免增加呼吸量，保持呼吸平和自然，以免浊气入体，有害健康。

疲劳时，尤其是过度劳累，不要勉强练拳。因为身心疲劳，特别是大脑疲劳，会导致神昏气散，精神不济，思想不能集中，大脑不能入静，元神调控作用下降，精气神不能合一，有碍静中运动、动中求静，不仅达不到练拳养生长功效果，反会劳心伤神。待休息消除疲劳、恢复精神后再练拳。

有腰椎间盘突出症的，注意不要塌腰敛臀，可保持脊柱自然姿势练拳。等专练腰椎间盘突出保健法或治疗康复后，再行塌腰敛臀。

注意不要主动屈膝、先屈膝，做到坐胯圆裆自然屈膝，膝不过涌泉，胯、膝、脚三节放松对正，保持膝中定，不摇、不扭、不受力。

感冒发热时应暂停练拳，休息2~3日，待恢复后再练。

急病、大病应暂停练拳，先求医治，待治愈后再练。

男子同房射精后，或遗精病患者遗精后，要休息停练。

女子月经期间，要注意休息，暂停练拳。

练拳确有祛病保健功效，但不是万能的，所谓"太极拳包治百病""气功包治百病"的说法是不科学、不严肃的。患病者应经医院检查，明确病症，然后有针对性地合理选练，并结合药物治疗和饮食起居，实行综合康复治疗。

要会练会养，方法正确，整体和谐，不用力，不顶力，不受力，不使力震脚，不发力乱抖，不争强好胜，不伤五脏六腑，不损先天三元，练养人身三宝。

要练养结合，包括饮食养生，起居养生，房事养身，情志养生，四时养生，卫生养生，清心寡欲，恬淡虚无，固肾养精，保养神气，过有规律、有节制的符合太极中和之理的养字当头、静字当先并贯穿始终的健康生活、太极生活。

遵照《混元太极修炼守则》，行善积德，以德佐道，德艺双修，道德同进；炼己筑基，脚踏实地，循序而练，渐修渐进；静中修，松中练，环中求，缓中运，和中行，养中长。

## 第二节 练拳之理

理论是拳法的指导，拳法是实践的积累。练太极拳的过程，就是以太极之理指导太极之拳、以太极之拳践行太极之理的过程。练拳之理即是太极之理，太极之道即为练拳之道，理即是拳，拳即是道，练拳即练理，拳道理合一。

太极拳是中国古代哲学的太极阴阳学说与气功导引、传统武术相结合的拳术。太极拳运动是运用太极之理，使人体各个部分、各种要素有序联系、配合得当、调和恰好、均衡统一，达到人体自身整体和谐，以及人与人、人与事、人与社会、人与环境、人与自然整体和谐的运动。

根据太极阴阳学说的观点，太极是天地万物的根源，太极是和谐统一的整体，太极是混合圆形的运动，内含阴和阳两个方面，两者既对立又统一，推动事物运动、变化和发展，阴阳气化正常则万物茂盛，阴阳和合则人体健康。无极生太极，太极生两仪，两仪生四象，四象生八卦，以至生生不息、无有穷尽的太极阴阳之理，既是古人编造太极拳的理论依据，也是今人学练太极拳的理论指导。因此，学练太极拳必须以有无相生、动静相因、对立统一、互为转化、变化发展、意识能动、整体和谐的哲学观点去探索太极拳的运动规律，掌握太极拳的运动方法。

混元太极拳理，是以中国古典哲学的太极阴阳学说为基础，结合太极拳的混元运动规律，汲取了道、儒、武、医的理法经验和运动生物力学的有关原理，逐步建立起来的。

混元太极拳理是研练太极拳运动中人体系统运动规律的科学。太极拳是"内以修身，外以制敌"的内外双修两用的武术，是以内为主、以静为主、以养为主的以心意指挥丹田之气发动肢体运动的内功拳，是内外统一、致中达和的整体和谐运动,是身心放松、用意不用力的经济运动,是舍己从人、顺势随彼,运用运动生物力学原理的力学运动。太极拳功能是由精神意识能量、丹田内气能量、刚柔弹性能量和手眼身步法的整体结构能量决定的。人体完成的一切拳术动作,都是大脑中枢神经系统支配的通过丹田呼吸系统、脏腑经络系统、气血循环系统、筋肉骨骼系统、触觉神经系统和内体感觉系统共同作用的结果,是一种有目的、有意识的知觉运动。因此,研练人体拳术动作时,必须以内部与外部相统一、整体与局部相协调、个体与系统相依存、结构与功能相一致的太极阴阳哲理和混元运动思想与武学、气功学、养生学、中医学、心理学、人体科学、运动生物力学相结合的观点,去探索拳术运动的规律性、合理性和经济性,提高太极拳技术水平和健康水平,取得最佳的内外双修两用功能效果。

混元太极拳理不仅要阐述无极、太极、两仪、三才、四象、五行、六合、七星、八卦、九宫、混元的含义作用和相互关系,以及生化之理、体象之理、运动之理、逆运之理、体用之理和养生之理,还要具体回答应当怎样练和为什么这样练,既要知其然,还要知其所以然。同时还要明白什么样的练法有助长功养生,什么样的练法不仅与功无补,还会伤身。

由于篇幅关系,这里仅择其要点简述如下。

## 一、无极生太极

**无极的含义**:无极者,虚无之先天,天地未开,阴阳未分,混混沌沌,空空洞洞,无形无象,无我无物,无思无为,寂然不动,虚极静笃,乃太极之基础。

**太极的含义**:太极者,先天之一气,也叫混元一气、真一之气、元阳之气,无极而生,动静之机,阴阳之母,万物之始,生化之根,至中至正,圆融活泼,即太极是一,太极是中,太极是圆,一气中正混圆,乃拳术之根本。

**体象之理**:腹为无极(即腹内松静),脐为太极(即脐内丹田);静为无极(即虚极静笃之时),动为太极(即一阳发生之时)。无背无面,松静虚无,不知我之为身,身之为我,只知一气中立不倚,圆活通融虚灵。

**运动之理**:意守丹田入无极,心神虚静身放松,静极生动生太极,一气浑然伏于中。

**逆运之理**:欲要练太极,先要生太极;欲要生太极,先要入无极,即逆运后天返先天,无极入门生太极。

体用之理：体象之理，体用一原。无极是松、静、虚、无；太极是一、中、圆、反。松静虚无为体，一中圆反为用。松者身心放下，静者无所不应，虚者无所不容，无者无物无我；一者先天一气，中者至中至正，圆者混合混圆，反者逆运反成。练拳须从无极始，静极自生动，虚无生一气。体用也从无极始，虚静待彼动，虚无守我中。练至功成，浑身是无极，内含一太极，"一羽不能加，蝇虫不能落""人不知我，我独知人"。

养生之理：入无极的松静虚无养生；生太极的生阳扶正养生。

## 二、太极生两仪

两仪的含义：两仪者，后天之阴阳，动者为阳，静者为阴。太极分而为阴阳，阴阳合而成太极，对立统一，相互依存，相互消长，相互转化，阴中有阳，阳中有阴，互为其根，互相调济，乃开拳之首义。

体象之理：太极腰，两仪肾；上下阴阳，前后阴阳，左右阴阳，内外阴阳，动静阴阳，开合阴阳，升降阴阳，屈伸阴阳，虚实阴阳，顺逆阴阳。先天一气无形无象，后天两仪有形有象。

运动之理：想着丹田一中圆，太极一动分阴阳，神形松顺气通畅，一气中和调阴阳。

逆运之理：一而二，二而一；阴阳交合，混而为一；一气运行两仪，两仪不离一气。借后天阴阳返先天阴阳，取坎中之一阳还离中之一阴，返本还元，转阴成阳，复全太极之体。

体用之理：太极一气为体，阴阳折叠为用。意守丹田，阴阳混合；心静用意，阴阳均衡；一气中正，阴阳各半；混合圆转，阴阳互换；松引转换，阴阳折叠；致中达和，阴阳不偏。练至功成，太极一动，自分阴阳，左重自左虚，右重自右杳。拳中动静、开合、呼吸、吐纳、屈伸、往来、升降、进退、起落、收放、顺逆、虚实、缩展、松紧、弛张、聚散、蓄发、大小，皆是一气所成，折叠为用。

养生之理：动与静合的动静养生；阴阳平衡的中和养生。

## 三、两仪生三才

三才的含义：三才者，天、地、人，上、中、下。上天、下地、人居其中，顶天、立地、意守中丹。天有三才日、月、星，地有三才水、火、土，人有三才精、气、神，拳有三才身、手、步，乃拳术之架构。

体象之理：身手步三体三才，梢中根三节三才，上中下三丹三才，精气神三元三才。上丹练神练手法，中丹练气练身法，下丹练精练步法。手为先锋，身为中军，足为根基。

运动之理：拿住丹田意引气，循窍行气通三节，气入节窍骨节开，一气贯通合三体。

逆运之理："一者混元之义，三者分灵之谓"，一而三，三而一，逆运三丹合一、三元合一、三体合一、三节合一、三才合一。

体用之理：一者为体，三者为用。手眼身步法，精神意气足。自顶至足，三体松合；循窍行气，三节贯通；敛神聚气，混而为一；九窍合一，相合一气；想着丹田，头顶天，脚踏地，上中下、前中后、左中右，合一、合中、合圆，梢领中随根催，身到步到手到，意到气到劲到，一动全动，一静全静，一到全到。

养生之理：意守三丹的三宝养生；通利三节的导引养生。

## 四、三才生四象

四象的含义：四象者，阴阳刚柔，柔者阴柔，刚者阳刚。气有阴阳，势分刚柔，阴阳是刚柔之气，刚柔是阴阳之势。拳有动静，劲分刚柔，动而生阴阳，静而生刚柔，乃拳术之体象。

体象之理：四肢四象（两臂、两腿），四体四象（血、筋、肉、骨），四梢四象（发、指、舌、齿），四窍四象（耳、目、口、鼻）。先天太极无形无象，后天阴阳有体有象，即阴阳动静、虚实刚柔。阴阳相摩，动静相因，虚实相变，刚柔相推。气行诸外而内持静重为刚势，气屯于内而外显轻和为柔势。四体气足健顺则四梢具备，四梢即齐发动则四象生成。

运动之理：意想丹田气运身，四体气足贯梢头，腰领四肢俱缠绕，一气松紧济刚柔。

逆运之理：一生二，二生四，四象不离两仪，两仪不离一气。逆运四肢四体四梢内外上下合一；收视返听，四窍内守，外不扰中。

体用之理：身心为体，四肢为用；一气为体，四梢为用；内劲为体，刚柔为用。腰领四肢，一动全动；由松入柔，松柔圆活；敛气入骨，积柔成刚；一松一紧，刚柔相摩；蓄发相变，刚柔相济；屈伸纵放，刚柔互变；缠绕诸靠，刚柔两用；四梢齐发，刚柔相生；四体气足，外柔内刚；四梢气发，刚从柔生。

养生之理：松紧弛张的松柔养生；四肢常运的健顺养生；四梢气足的四体养生；四象安和的清静养生。

## 五、四象生五行

五行的含义：五行者，水、木、火、土、金，前、后、左、右、中。五行即阴阳之质，阴阳即五行之气。阴阳之气存于五行之中，五行运动本于阴阳之理。阴阳五行，对待运行，生克循环，运行不息，乃拳术之根基。

体象之理：五行五脏（心、肝、脾、肺、肾），五行五官（舌、目、口、鼻、耳），五行五步（进、退、顾、盼、定）。进属水属肾，窍在会阴，通耳主骨骼；退属火属心，窍在祖窍，通舌主血脉；顾属金属肺，窍在膻中，通鼻主毛皮；盼属木属肝，窍在夹脊，通目主筋膜；定属土属脾，窍在中丹田，通口主肌肉。

运动之理：气沉丹田到脚底，步运太极行五行，始足发根虚实明，一气和合统五行。

逆运之理：一气统五行，五行合一气。心属火，火性炎上；肾属水，水性就下，逆运水升火降，肾起心落，水火既济，心肾相交。意想会阴进步进身进水，意想祖窍退步退身退火。

体用之理：一气中正为体，阴阳五行为用。上虚下实，意气松沉；肾起心落，虚实分清。以意想窍，以气催身，前进、后退、左顾、右盼、中定，一气中和稳定，五行和合分明。上虽凭手，下尤凭足，千变万化，足定根基。步运太极，上下相随妙无穷；步分阴阳，虚实转换桩步稳；步行五行，闪展腾挪引落空；步运八法，劲始足底发于根。五脏气足则心动火焰升，脾动大力攻，肝动急似箭，肺动阵雷鸣，肾动快如风。

养生之理：心为一身之主的养心养生；肾为先天之本的养肾养生；脾胃为后天之本的养脾胃养生。肾起心落的心肾相交养生；水升火降的水火既济养生；阴阳互济的五行和合养生。

## 六、五行生六合

六合的含义：六合者，东西南北和天地，前后左右与上下，肩胯肘膝和手足，眼耳口鼻舌心意。以心意支配六合，以六合贯通心意，乃拳术之本体。

11

体象之理：心与意合、意与气合、气与力合、肩与胯合、肘与膝合、手与足合的心意六合，前、后、左、右、上、下的方位六合。六合体象，体象六合，动亦六合，静亦六合，处处六合，势势六合。

运动之理：气聚丹田神内敛，心意六合天地和，身备五弓合一圆，一气贯通弥六合。

逆运之理：一气六合，六合一体，用六合之意将内外三体、时空六方位和拳中动作向丹田逆而运之混而为一气。

体用之理：六合为体，六进为用。心意混元六合，整体六合混圆，臂圆裆圆腰背圆，身备五弓合一弓。敛神聚气合劲，一气六合六进，一合无有不合，一进无有不进，头进、膊进、腰进、步进、上左进右、上右进左。合一、合中、合圆，中气贯通六合，引进落空合即出，合之而破不开，合之而撞不散，合之而穿透骨，合之而如炮轰。

养生之理：心意六合的敛神聚气养生；眼耳口鼻舌心意相合的内外安和养生。

### 七、六合生七星

七星的含义：七星者，七曜连珠，乃用拳之部位，即六合一体后全身各部位都能打出整体劲。

体象之理：头、手、肩、肘、胯、膝、足七个部位为七星之象。

运动之理：气动丹田化七拳，心意六合转七星，抓闭运气身盖劲，一气屈伸运七星。

逆运之理：一而七，七而一，一气周旋七星，七星相连一气。

体用之理：内劲为体，七星为用。一气伸缩鼓铸，储蓄弹性内劲；用意抓闭聚气，周身敷气盖劲；一身备五弓，练成弹簧力。手打肘击足连环，头撞膝顶肩胯靠，浑身处处都是手，挨着何处何处击，惊炸崩弹如卷炮，屈伸纵放似放箭。

养生之理：强筋健骨的健体养生；敷气盖劲的卫体养生。

### 八、七星生八卦

八卦的含义：八卦者，坎、离、震、兑、乾、坤、艮、巽，对应北、南、东、西、西北、西南、东北、东南八方位。一生二，二生四，四生八，太极分阴阳，刚柔运八方，乃拳劲之变化。

体象之理：四肢八节八卦（两前臂、两上臂、两小腿、两大腿），奇经八脉八卦（任、督、冲、带、阴阳跷维），八门八法八卦（掤、捋、挤、按、採、挒、肘、靠）。先天八卦，一气循环；后天八卦，有阴有阳；一气即拳中无形无象之内劲，阴阳即拳中有形有象之八法。

运动之理：鼓荡丹田气运身，缠丝混元转八方，以意引气按窍行，一气刚柔运八方。

逆运之理：想着下向上掤，想着前往回捋，想着后向前挤，想着上向下按，向下採天，向中而挒，伸中屈肘，贴身靠地。

体用之理：一气为体，八法为用；身心八脉为体，四肢八节为用。身心沉着静定，一气中正混圆，以意按窍行气，锤炼八法内劲。一气中正不偏，顺势转换阴阳，因人而宜刚柔，乘势运用八法。八法不离五行，五行不离阴阳，阴阳不离一气，八法变化，一以贯之。

养生之理：按窍行气调整脏腑机能的八法养生。

## 九、八卦生九宫

九宫的含义：九宫者，八卦加中宫，八方加中土。天地之本起于中，天地之数五居中。五为数之中，土居位之中，中土不偏统乎四维运八方，乃拳术之成象。

体象之理：戴九履一，左三右七，二四为肩，六八为足，五居中位。天一生水，一得五而地六成之居北；地二生火，二得五而天七成之居南；天三生木，三得五而地八成之居东；地四生金，四得五而天九成之居西；天五生土，五得五而地十成之居中。阴阳生成之道，天地自然之理。

运动之理：守住丹田运太极，八法中定转九宫，从容中道理贯通，一气腾挪飞九宫。

逆运之理：一而九，九而一，不离中土运太极。由中戴九履一，戴九履一到中；由中左三右七，左三右七到中；由中肩二足八，肩二足八到中；由中肩四足六，肩四足六到中。

体用之理：一气为九宫之体，九宫为一气之用。丹田为中央戊己土，中气为拳术之根本。万物生成，无不赖土；五行九宫，无土不可。根出于一而化则无穷，气主于中而变则无尽。天一生水，气沉涌泉，始足发根；五居中位，一气中定，出入丹田。心神虚静，心意灵活，千变万化不离中，纵横阖辟不离土。

养生之理：行立坐卧不离丹田的中定养生。

## 十、九九归混元

混元的含义：混元者，先天浑然太极之本相，天地万物运动之本相，太极拳运动之本相。"一者混元之义""一者混元之体"。混元是生天、生地、生人、生物的混元祖气，混元是宇宙万物的本原、本体、本相，混元是先天后天、有形无形、内部外部向丹田逆而运之混而为一气中正混圆，混元是包括太极拳在内的所有内家真传功夫练达"混元一粒丹道成"的成功标志，乃拳道之大成。

体象之理：混元者，混合圆成之物，混合圆形运动，全身各环节部位混合混圆，精气神身手步混合混圆，先天无形的混元之气与后天有形的混元之圈混合混圆。练到还虚地位，三才混元一气，三体混元一体，三元混元一粒，先天成，后天化，性命凝结，结而为丹，"圆陀陀，光灿灿，活泼泼，以象太极"。

运动之理：内转丹田运混元，意圆气圆混合圆，混元一粒丹道成，一气虚无养混元。

逆运之理：心神虚静地用混元之意引导混元之气向丹田逆而运之敛神提精聚气混而为一气的同时，将头手身步窍位和天地时空方位也一起向丹田逆而运之混而为一气。

体用之理：混合圆成之物为体，混合圆形之圈为用；混元一气为体，混元力学为用。意混元，气混元，一气中正混合圆；意气圈，神形圈，混元一圈至神妙；惯性力，摩擦力，混元平衡化来力；向心力，离心力，混元旋转反弹力。一动一太极，一圈一混圆，圆而不受力，圆而转落空，圆而有弹性，圆而含虚灵。浑身都是缠丝圈，"此圈练成，拳术尽矣，弹劲具矣，太极成矣"，以此养生则可寿，以此敌将则从容。

养生之理：亏者复圆、圆者更圆的返本还元养生。

# 第二章 第一阶段套路动作练法

## 第一节 第一阶段练法说明

混元太极拳第一阶段练法，就是从有形有象入手，练好套路动作练好拳。

混元太极拳运动是依据太极阴阳之理而成的内外整体统一的一气中正混圆运动，它由套路、拳式、动作三部分组成。其中，套路是由一个个不同的拳式按照一定的结构顺序路线和方向方位编排而成的，如24式就是由24个拳式编排而成的套路。拳式则是由一个个不同的体现拳式名称和形象拳意的动作组合而成的。动作即拳法，也称导引法、技击法，即太极拳法动作同时具有"导气令和，引体令柔"的导引功能和"纵放屈伸，化引拿发"的技击功能。太极拳动作很多，古人用"千变万化"来形容。但仔细研究分析，不外乎"四个拳法动作"：

一是混元圈动作，有的流派称圆形动作，有的称弧形动作，叫法虽有不同，其理则同，即拳中每一动都是圆运动、公转运动；

二是缠丝动作，有的流派称抽丝动作，有的称转掌转脚，叫法虽有不同，其理则同，即拳中每一动手足身体各部位都要自转运动；

三是十三势动作，即拳中每一动都是五行八法十三势运动，叫法虽然相同，但各家太极经验不同；

四是阴阳折叠动作，即拳中每一动都是阴阳对立统一互为转换的折叠运动，各家太极的阴阳折叠虽有隐显之分，但其理则同。

因此，混元太极拳的每一个拳式动作都是由混元圈、缠丝、十三势、阴阳折叠4个拳法动作组成的。

混元圈——是指用意想着丹田腰胯腿脚领手向心力的立体三维公转圆周运动。

缠丝——是指用意公转混元圈的同时，领手足身体各部位的自转缠丝运动。

十三势——是指自转缠丝公转混元圈运动中的五行八法十三势。

阴阳折叠——是指缠丝混元圈十三势运动都是通过阴阳折叠转换来运动的。

混元圈、缠丝、十三势、阴阳折叠4个动作构成了完整的混元太极拳法，即混元太极拳法就是折叠缠丝混元圈十三势法，折叠缠丝混元圈十三势运动是混元太极拳的运动本相和拳法特点，混元太极拳第一阶段套路动作练法就是练折叠缠丝混元圈十三势拳法。

练混元太极拳，如果不明白混元太极拳是由混元圈、缠丝、十三势、阴阳折叠4个拳法动作组成的，不掌握这4个拳法动作的练法，不清楚这4个拳法动作的导引含义、技击含义和作用机理，就不能真正练好混元太极拳。

## 一、第一阶段练法目标

### （一）认知目标

了解混元太极拳理法思想，认识混元太极拳的拳法特点、练法特点、用法特点和养生特点，明白拳法动作的意义作用和单操练习与套路练习的关系与区别。

### （二）能力目标

掌握混元太极拳真传练法，一气中正混圆地练好混元圈、缠丝、十三势、阴阳折叠4个拳法动作，初步具备拳法动作的保健功能、调养功能和体用能力。

## 二、第一阶段练法思想

第一阶段套路动作练法，以太极一气中正混圆逆运之理为指导，以"内以修身，外以致敌"为主线，以套路拳法动作为平台，围绕太极拳的武术本义、运动特点和拳法动作要求，采用六步四面临摹法和套路单操兼练法，理法、练法、用法、研究法四法合一的系统完整地练好套路拳法动作，达到第一阶段练法目标。

### 三、六步四面临摹法

#### （一）六步练习法

第一步套路拳式练法
第二步混元圈动作练法
第三步缠丝动作练法
第四步十三势动作练法
第五步阴阳折叠动作练法
第六步手型步型练法

#### （二）四面临摹法

正面临摹
背面临摹
左面临摹
右面临摹

#### （三）六步练习法说明

### 第一步——套路拳式练法说明

**教：** 要依照"混元太极拳24式拳式名称顺序""24式套路动作练法图解说明"和"24式套路动作练法视频"，认真恭敬地逐式逐势示范示教，认真仔细地逐式逐势讲解，认真负责地逐式逐势指导、检查、纠正。

**学：** 要认真恭敬地跟着授课老师或跟着"24式套路动作练法视频"逐式逐势临摹学习，认真仔细地逐式逐势阅读"24式套路动作练法图解说明"，并逐式逐势对照拳照和"24式套路动作练法视频"自查、自纠。

17

**练：**要熟记24式拳式名称顺序、拳式动作组合和拳式动作衔接，掌握套路运动路线、方位和拳式动作方向，逐步完成套路自练。

## 第二步——混元圈动作练法说明

第一阶段套路动作练法的混元圈动作，是意领两手绕丹田圆心公转圆周圈动作为主的混元圈运动，暂不涉及拳架身法为主的整体混元圈运动和以意行气为主的意气混元圈运动。后二者将在第二阶段拳架身法练法和第三阶段以意行气练法里展开。

**教：**先要依照"24式套路动作练法图解说明"和每一个拳式的"混元圈动作说明"以及"24式套路动作练法视频"，分解清楚每一个拳式中有几个混元圈、几个什么样的混元圈。再结合"混元圈动作说明"，认真恭敬地四面反复示范示教每一个拳式中的混元圈动作，认真仔细地讲解每一拳式中的混元圈动作，认真负责地、一个混元圈一个混元圈地指导、检查、纠正。一个拳式中的混元圈动作教清楚了，学练者也基本掌握并符合要求了，再教下一步混元圈中的缠丝动作。

**学：**要记住每一个拳式有几个混元圈、几个什么样的混元圈，认真恭敬地跟着授课老师或跟着"24式套路动作练法视频"反复临摹学习每一拳式中的混元圈动作，认真仔细地阅读"24式套路动作练法图解说明"和"混元圈动作说明"，并一个混元圈一个混元圈地对照拳照和"24式套路动作练法视频"自查、自纠。

**练：**要采用拳式与单操、定步与活步相结合的混元圈练法，正确掌握每一个混元圈动作要领，反复熟练每一拳式中的每一个混元圈动作，直到一式中的所有混元圈动作都练熟了、清楚了、明白了、规范了，并养成自然转圈习惯了，再练习下一步混元圈中的缠丝动作。

## 第三步——缠丝动作练法说明

第一阶段套路动作练法的缠丝动作，是在意领两手绕丹田圆心公转混元圈的同时，意领上肢缠丝、身躯缠丝、下肢缠丝动作为主的缠丝运动，暂不涉及拳架身法为主的整体缠丝运动和以意行气为主的意气缠丝运动。后二者将在第二阶段拳架身法练法和第三阶段以意行气练法里展开。

**教：**要按照上肢缠丝、身躯缠丝、下肢缠丝顺序依次教学。

第一，先依照"24式套路动作练法图解说明"和每一个拳式的"缠丝动作说明"，并结合"上肢缠丝动作图解说明"和"24式套路动作练法视频"，认真恭敬地四面反复示范示教每一拳式中的每一个混元圈的上肢缠丝动作，认真仔细地讲解每一拳式中的每一个混元圈的上肢缠丝动作，认真负责地、一个缠丝一个缠丝地指导、检查、纠正。一式中的所有混元圈的上肢缠丝动作教清楚了，学练者也基本掌握并符合要求了，再教身躯缠丝动作。

第二，再依照"24式套路动作练法图解说明"，并结合"身躯缠丝动作图解说明"和"24式套路动作练法视频"，认真恭敬地四面反复示范示教每一拳式中的每一个混元圈的身躯缠丝动作和腰胯转动角度，认真仔细地讲解每一拳式中的每一个混元圈的身躯缠丝动作，认真负责地、一个缠丝一个缠丝地指导、检查、纠正。一式中的所有混元圈的身躯缠丝动作教清楚了，学练者也基本掌握并符合要求了，再教下肢缠丝动作。

第三，再依照"24式套路动作练法图解说明"，并结合"下肢缠丝动作图解说明"和"24式套路动作练法视频"，认真恭敬地四面反复示范示教每一拳式中的每一个混元圈的下肢缠丝动作和虚实重心变化，认真仔细地讲解每一拳式中的每一个混元圈的下肢缠丝动作，认真负责地、一个缠丝一个缠丝地指导、检查、纠正。一式中的所有混元圈的下肢缠丝动作教清楚了，学练者也基本掌握并符合要求了，再教下一步缠丝混元圈中的十三势动作。

**学：**要按照上肢缠丝、身躯缠丝、下肢缠丝顺序依次学习。

第一，先要记住每一拳式中的每一个混元圈中的上肢缠丝动作，认真恭敬地跟着授课老师或跟着"24式套路动作练法视频"反复临摹学习每一拳式中的每一个混元圈中的上肢缠丝动作，认真仔细地阅读"24式套路动作练法图解说明"和"上肢缠丝动作图解说明"，并一个缠丝一个缠丝地对照拳照和"24式套路动作练法视频"自查、自纠。

第二，再记住每一拳式中的每一个混元圈的身躯缠丝动作，认真恭敬地跟着授课老师或跟着"24式套路动作练法视频"反复临摹学习每一拳式中的每一个混元圈的身躯缠丝动作，认真仔细地阅读"24式套路动作练法图解说明"和"身躯缠丝动作图解说明"，并一个缠丝一个缠丝地对照拳照和"24式套路动作练法视频"自查、自纠。

第三，再记住每一拳式中的每一个混元圈的下肢缠丝动作，认真恭敬地跟着授课老师或跟着"24式套路动作练法视频"反复临摹学习每一拳式中的每一个混元圈的下肢缠丝动作，认真仔细地阅读"24式套路动作练法图解说明"和"下肢缠丝动作图解说明"，并一个缠丝一个缠丝地对照拳照和"24式套路动作练法视频"自查、自纠。

**练：** 要采用拳式与单操、定步与活步相结合的缠丝练法，按照上肢缠丝、身躯缠丝、下肢缠丝顺序依次练习。

第一，先要正确掌握每一个混元圈中的上肢缠丝动作要领，反复熟练每一拳式中的每一个混元圈中的上肢缠丝动作，直到一式中的所有混元圈中的上肢缠丝动作都练熟了、清楚了、明白了、规范了，并养成上肢自然缠丝习惯了，再练身躯缠丝动作。

第二，再将重点转到身躯缠丝，即反复熟练每一拳式中的每一个混元圈的身躯缠丝动作，直到一式中的所有混元圈的身躯缠丝动作都练熟了、清楚了、明白了、规范了，并养成身躯自然缠丝习惯了，再练下肢缠丝动作。

第三，再将重点转到下肢缠丝，即反复熟练每一拳式中的每一个混元圈的下肢缠丝动作，直到一式中的所有混元圈的下肢缠丝动作都练熟了、清楚了、明白了、规范了，并养成下肢自然缠丝习惯了，再练下一步缠丝混元圈中的十三势动作。

## 第四步——十三势动作练法说明

第一阶段套路动作练法的十三势动作，是意领两手缠丝八法圈和两脚缠丝五行步动作为主的十三势运动，暂不涉及拳架身法为主的整体十三势运动和以意行气为主的意气十三势运动。后二者将在第二阶段拳架身法练法和第三阶段以意行气练法里展开。

**教：** 要依照"24式套路动作练法图解说明"和每一个拳式的"十三势动作说明"，并结合"十三势动作图解说明"和"24式套路动作练法视频"，认真恭敬地四面反复示范示教每一拳式中的每一个缠丝混元圈中的两手八法动作和两脚五行动作，认真仔细地讲解每一拳式中的每一个缠丝混元圈中的两手八法动作和两脚五行动作，认真负责地、一个十三势一个十三势地指导、检查、纠正。一式中的所有缠丝混元圈中的十三势动作教清楚了，学练者也基本掌握并符合要求了，再教下一步的阴阳折叠动作。

**学：** 要记住每一拳式中的每一个缠丝混元圈中的两手八法动作和两脚五行动作，认真恭敬地跟着授课老师或跟着"24式套路动作练法视频"反复临摹学习每一拳式中的每一个缠丝混元圈中的两手八法动作和两脚五行动作，认真仔细地阅读"24式套路动作练法图解说明"和"十三势动作图解说明"，并一个十三势一个十三势地对照拳照和"24式套路动作练法视频"自查、自纠。

**练：** 要采用拳式与单操、定步与活步相结合的十三势练法，正确掌握每一个缠丝混元圈中的十三势动作要领，反复熟练每一拳式中的每一个缠丝混元圈中的十三势动作，直到一式中的所有缠丝混元圈中的十三势动作都练熟了、清楚了、明白了、规范了，并养成自然缠丝八法圈和五行步习惯了，再练习下一步的阴阳折叠动作。

## 第五步——阴阳折叠动作练法说明

第一阶段套路动作练法的阴阳折叠动作，是意领动作为主的阴阳折叠运动，暂不涉及拳架身法为主的整体阴阳折叠运动和以意行气为主的意气阴阳折叠运动。后二者将在第二阶段拳架身法练法和第三阶段以意行气练法里展开。

**教：** 要依照"24式套路动作练法图解说明"和每一个拳式的"阴阳折叠动作说明"，并结合"阴阳折叠动作图解说明"和"24式套路动作练法视频"，认真恭敬地四面反复示范示教每一拳式中的每一个缠丝混元圈十三势的阴阳折叠动作，认真仔细地讲解每一拳式中的每一个缠丝混元圈十三势的阴阳折叠动作，认真负责地、一个折叠一个折叠地指导、检查、纠正。一式中的所有缠丝混元圈十二势的阴阳折叠动作教清楚了，学练者也基本掌握并符合要求了，再教下一步的手型步型动作。

**学：** 要记住每一拳式中的每一个缠丝混元圈十三势的阴阳折叠动作，认真恭敬地跟着授课老师或跟着"24式套路动作练法视频"反复临摹学习每一拳式中的每一个缠丝混元圈十三势的阴阳折叠动作，认真仔细地阅读"24式套路动作练法图解说明"和"阴阳折叠动作图解说明"，并一个折叠一个折叠地对照拳照和"24式套路动作练法视频"自查、自纠。

**练：** 要采用拳式与单操、定步与活步相结合的折叠练法，正确掌握每一个缠丝混元圈十三势的阴阳折叠动作要领，反复熟练每一拳式中的每一个缠丝混元圈十三势的阴阳折叠动作，直到一式中的所有缠丝混元圈十三势的阴阳折叠动作都练熟了、清楚了、明白了、规范了，并养成自然折叠习惯了，再练习下一步的手型步型动作。

## 第六步——手型步型动作练法说明

**教**：要按照先手型、后步型的顺序，依照"24式套路动作练法图解说明"和每一个拳式的"手型步型动作说明"，并结合"手型步型动作图解说明"和"24式套路动作练法视频"，认真恭敬地四面反复示范示教每一拳式中的每一个折叠缠丝混元圈十三势的手型动作和步型动作，认真仔细地讲解每一拳式中的每一个折叠缠丝混元圈十三势的手型动作和步型动作，认真负责地、一个手型一个手型、一个步型一个步型地指导、检查、纠正。

**学**：要记住每一拳式中的每一个折叠缠丝混元圈十三势的手型动作和步型动作，认真恭敬地跟着授课老师或跟着"24式套路动作练法视频"反复临摹学习每一拳式中的每一个折叠缠丝混元圈十三势的手型动作和步型动作，认真仔细地阅读"24式套路动作练法图解说明"和"手型步型动作图解说明"，并一个手型一个手型、一个步型一个步型地对照拳照和"24式套路动作练法视频"自查、自纠。

**练**：要采用拳式与单操、定步与活步相结合的手型步型练法，正确掌握每一个折叠缠丝混元圈十三势的各种手型动作要领和步型动作要领，反复熟练每一拳式中的每一个折叠缠丝混元圈十三势的各种手型动作和步型动作，直到一式中的所有折叠缠丝混元圈十三势的各种手型动作和步型动作都练熟了、清楚了、明白了、规范了，并养成自然手型和步型习惯。

扫码观看
24式整套演练

## 第二节 拳法动作说明

### 一、混元圈动作说明

扫码观看
拳法动作说明

#### （一）混元圈意义作用

太极是一，即先天一气；太极是中，即至中至正；太极是圆，即混合混圆。一气、中正、混圆构成了太极本原、本体和本相。本于一气中正混圆之理的太极拳运动就是一气中正混圆运动，练太极拳就是练一气中正混元圈。

混元圈运动，符合宇宙万物循环圆转的混元运动本相，符合人体经络阴阳循环规律，符合太极圆转不顶力、不受力、改变来力方向的混元转动力学原理，具有气通奇经八脉、气血循环周流全身和不顶不丢、转引落空的内外双修两用功效。

#### （二）混元圈动作含义

混元圈动作，就是心意混元地想着丹田腰胯腿脚领手向心力绕丹田圆心的立体三维六个方向整体混合一圆的公转圆形运动，也就是始于足、主宰于腰、形于手的整体转圈运动。

#### （三）混元圈动作要点

①心意混元转圈。
②拿住丹田转圈。
③致中达和转圈。
④混合混圆转圈。

## （四）混元圈动作解析

混元圈动作由3个部分组成：一是圆心，即丹田圆心；二是圆周，即两手有形的公转圆周圈和圆到头顶脚底的无形圆周圈；三是圆球，即立体三维、六个方向混合圆成的混圆球。因此，混元圈练法分3个层面：

①先想着圆心转圈——即心意混元地先把混元圈的圆心定位出来，然后想着丹田圆心向心力合一、合中、合圆地领手混圆转圈。丹田圆心是混元圈的核心，没有圆心，无法转圆；不想圆心，不能混圆。

②再想着圆周转圈——即心意混元地把圆到头顶、到脚底、到两手的圆周圈画出来。其中，头顶、脚底圆周圈是无形的，两手圆周圈是有形的，心意混元地围绕丹田圆心，边想着圆到头顶、脚底的无形圆周圈，边领手沿着有形的公转圆周圈轨迹圆而无缺地画圆转圈。同时在意念上，画前半圆必有后半圆，画上半圆必有下半圆，画左半圆必有右半圆，圆心到圆周的意念半径（不是物理半径）均衡一致，阴阳各半，对立统一，混圆一圈。

③再想着圆球转圈——即心意混元地把立体三维六合混圆球摸出来。意想我是一个立体三维混圆球或我站在一个混圆球里，心意混元地想着丹田圆心，头顶圆、脚踏圆、背靠圆、手摸圆。头顶圆，就是头顶着混圆球的顶部；脚踏圆，就是脚踏着混圆球的底部；背靠圆，就是背腰臀靠着混圆球的后部；手摸圆，就是意领手贴着混圆球内壁的前壁、后壁、上壁、下壁、左壁、右壁，圆满圆到位地摸圆、转圈。同时在意念上，前半圆与后半圆、上半圆与下半圆、左半圆与右半圆六合混圆，圆心、圆周、圆球混合混圆成太极。

## （五）3个基本混元圈动作图解说明

根据混元时空位移运动方向，混元圈分为纵立圈、横立圈、水平圈3个基本缠丝混元圈。

### 1. 纵立圈动作图解说明

（1）纵立圈定义

纵立圈也叫纵立圆混元圈，即心意混元地想着丹田腰胯腿脚领手一气中正混圆地绕丹田中心横向轴，沿前、后、上、下纵向立圆轨迹的公转圆形运动。

### （2）纵立圈的正转与反转

正转：沿后、上、前、下顺序转圈称顺时针纵立圆转圈，也称正转纵立圈。

反转：沿前、上、后、下顺序转圈称逆时针纵立圆转圈，也称反转纵立圈。（图2-1~图2-3）

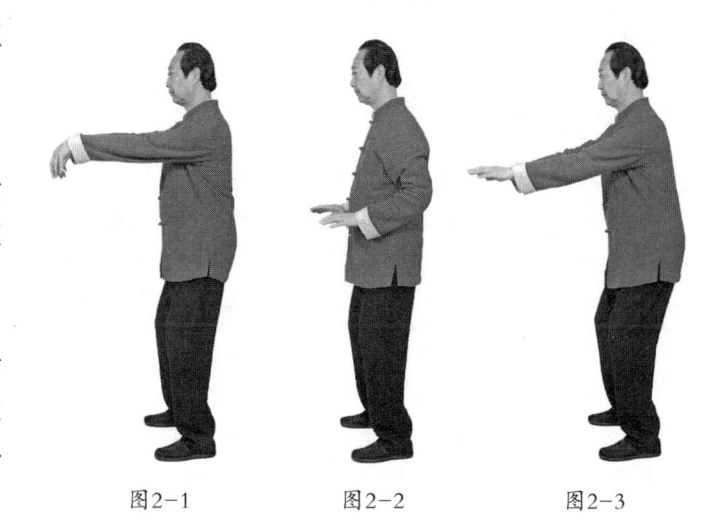

图2-1　　　　　图2-2　　　　　图2-3

### （3）纵立圈的半圆描述

纵立圈分开描述时，称纵立圈前半圆、纵立圈后半圆、纵立圈上半圆、纵立圈下半圆。

### （4）纵立圈的正方位与斜方位

正方位：按八卦正方位转圈称正纵立圈。
斜方位：按八卦斜方位转圈称斜纵立圈。

### （5）纵立圈的正圆形与椭圆形

根据拳中运动需要，纵立圈的圆形状态有正圆形纵立圈和椭圆形纵立圈之分。

### （6）纵立圈的4种转圈形式

①两手同向转圈，即两手同时同向地后、上、前、下正转纵立圈，或同时同向地前、上、后、下反转纵立圈。

②两手反向开合转圈，即两手同时对称相反地右手后、上、前、下，左手前、下、后、上地开合正转纵立圈；或右手前、上、后、下，左手后、下、前、上地开合反转纵立圈。

③两手交替转圈，即两手同时对称相反交替正转纵立圈，或交替反转纵立圈。

④单手圆转纵立圈，即单手后、上、前、下正转纵立圈，或前、上、后、下反转纵立圈。

### （7）纵立圈的八法运动

纵立圈掤：即前半圆由下向上掤；后半圆由下向上掤。
纵立圈捋：即上半圆由前向后捋；下半圆由前向后捋。
纵立圈挤：即上半圆由后向前挤；下半圆由后向前挤。
纵立圈按：即后半圆由上向下按；前半圆由上向下按。
纵立圈採：即前半圆由上向下抓採；后半圆由上向下抓採。
纵立圈挒：即两手反向开合转圈挒。
纵立圈肘：即屈臂用肘纵立圈挤肘、掤肘、按肘、捋肘、挒肘、靠肘。
纵立圈靠：即肩、肘、手、臂纵立圈贴身靠。

### （8）纵立圈对应经络

纵立圈运动与人体奇经八脉的任督二脉、阴阳跷维走向交接相对应。
正转纵立圈时，意气循督脉、阳跷阳维上升，沿任脉、阴跷阴维下降。
反转纵立圈时，意气循任脉、阴跷阴维上升，沿督脉、阳跷阳维下降。

### 2.横立圈动作图解说明

#### （1）横立圈定义

横立圈也叫横立圆混元圈，即心意混元地想着丹田腰胯腿脚领手一气中正混圆地绕丹田中心水平轴，沿左、右、上、下横向立圆轨迹的公转圆形运动。

#### （2）横立圈的正转与反转

正转：沿左、上、右、下顺序转圈称顺时针横立圆转圈，也称正转横立圈。（图2-4~图2-7）
反转：沿右、上、左、下顺序转圈称逆时针横立圆转圈，也称反

图2-4　　　　图2-5

转横立圈。

### （3）横立圈的半圆描述

横立圈分开描述时，称横立圈左半圆、横立圈右半圆、横立圈上半圆、横立圈下半圆。

### （4）横立圈的正方位与斜方位

正方位：按八卦正方位转圈，即胸朝正方位转圈称正横立圈。

图2-6　　　　图2-7

斜方位：按八卦斜方位转圈，即胸朝斜方位转圈称斜横立圈。

### （5）横立圈的正圆形与椭圆形

根据拳中运动需要，横立圈的圆形状态有正圆形横立圈和椭圆形横立圈之分。

### （6）横立圈的4种转圈形式

①两手同向转圈，即两手同时同向地左、上、右、下正转横立圈，或同时同向地右、上、左、下反转横立圈。

②两手反向开合转圈，即两手同时对称相反地开合横立圈，并有4种横立圈开合。

甲：正转横立圈开合，即先右手沿左半圆向上、向右开，左手沿右半圆向下、向左开，再右手沿右半圆向下、向左合，左手沿左半圆向上、向右合。

乙：反转横立圈开合，即先左手右半圆向上、向左开，右手左半圆向下、向右开，再左手左半圆向下、向右合，右手右半圆向上、向左合。

丙：横立圈上开下合，即两手先沿上半圆上开，再沿下半圆下合。

丁：横立圈下开上合，即两手先沿下半圆下开，再沿上半圆上合。

③两手交替转圈，即一手顺时针、一手逆时针同时对称相反交替圆转横立圈。

④单手圆转横立圈，即单手左、上、右、下正转横立圈，或右、上、左、下反转横立圈。

27

### （7）横立圈的八法运动

横立圈掤：即左半圆由下向上掤；右半圆由下向上掤。

横立圈捋：即上半圆由左往右捋，或由右往左捋；下半圆由左往右捋，或由右往左捋。

横立圈挤：即下半圆由右横向左挤，或由左横向右挤。

横立圈按：即左半圆由上向下按；右半圆由上向下按。

横立圈採：即左半圆由上向下抓採；右半圆由上向下抓採。

横立圈挒：即左半圆上下拧挒；右半圆上下拧挒；上半圆左右拧挒；下半圆左右拧挒。

横立圈肘：即屈臂用肘横立圈掤肘、捋肘、挤肘、按肘、挒肘、靠肘。

横立圈靠：即肩、肘、手、臂横立圈贴身靠。

### （8）横立圈对应经络

横立圈运动与人体奇经八脉的冲脉、阴阳跷维走向交接相对应。

正转横立圈时，意气循左冲脉、阳跷阳维上升，沿右冲脉、阴跷阴维下降。

反转横立圈时，意气循右冲脉、阳跷阳维上升，沿左冲脉、阴跷阴维下降。

横立圈上开下合时意气沿左、右冲脉下合。

横立圈下开上合时意气沿左、右冲脉上合。

### 3. 水平圈动作图解说明

#### （1）水平圈定义

水平圈也叫水平圆混元圈，即心意混元地想着丹田腰胯腿脚领手一气中正混圆地绕丹田中心垂直轴，沿左、右、前、后水平圆轨迹的公转圆形运动。

#### （2）水平圈的正转与反转

正转：沿左、前、右、后顺序转圈称顺时针水平圆转圈，也称正转水平圈。（图2-8~图2-11）

图2-8

图2-9　　　　　　　图2-10　　　　　　　图2-11

反转：沿右、前、左、后顺序转圈称逆时针水平圆转圈，也称反转水平圈。

### （3）水平圈的半圆描述

水平圈分开描述时，称水平圈左半圆、水平圈右半圆、水平圈前半圆、水平圈后半圆。

### （4）水平圈的正水平与斜水平

正水平：水平角度为0°的转圈称正水平圈。
斜水平：水平角度小于45°的转圈称斜水平圈。

### （5）水平圈的3种转圈形式

①两手同向转圈，即两手同时同向地左、前、右、后正转水平圈，或同时同向地右、前、左、后反转水平圈。
②两手反向开合转圈，即两手对称相反地开合水平圈。
③单手圆转水平圈。

### （6）水平圈的八法运动

水平圈八法以捋、挤、按、捌、肘为主，靠为辅。

水平圈捋：即前半圆由左向右捋，或由右向左捋；左半圆由前向后捋；右半圆由前向后捋；水平螺旋收捋。

水平圈挤：即左半圆由后向前挤；右半圆由后向前挤；水平螺旋伸挤。

水平圈按：即左半圆捋按；右半圆捋按；左半圆挒按；右半圆挒按；斜水平圈挤按。

水平圈挒：即水平圈左右拧挒、水平圈上下拧挒、水平圈捋挒。

水平圈肘：即屈臂用肘水平圈捋肘、挤肘、按肘、挒肘。

水平圈靠：即肩、肘、手、臂水平圈贴身靠。

### （7）水平圈对应经络

水平圈运动与人体奇经八脉的带脉走向交接相对应。

正转水平圈时，意气沿带脉从左向右转一圈回丹田。

反转水平圈时，意气沿带脉从右向左转一圈回丹田。

## 二、缠丝动作说明

### （一）缠丝意义作用

从混元时空运动来说，宇宙万物在绕宇宙中心公转混元运动的同时，本身也在自转运动，即宇宙是既有公转又有自转的混元运动。公转运动是时空位移的圆形运动，称公转混元圈运动；自转运动是没有位移的旋转运动，称自转缠丝运动。本于宇宙万物混元运动之理的太极拳运动，也是既有公转又有自转、边公转边自转的混元缠丝运动，称自转缠丝公转圈运动，也叫缠丝混元圈运动。练太极拳就是练一气中正混圆的缠丝混元圈。

缠丝运动，也叫混元缠丝运动、混合混圆缠丝运动，其运动特征是向心力合一、合中、合圆的螺旋缠丝运动，符合宇宙万物自转缠丝公转圈的混元缠丝运动本相，符合人体奇经八脉十二经的混圆循环规律，符合缠丝不顶力、不受力、改变来力方向的混元缠丝力学原理，具有气通全身经络、气血循环周身和不顶不丢、缠引落空的内外双修两用功效。

缠丝运动，一是意气体缠绕合一，即向心力合一缠丝；二是缠丝运行中气，即致中达和缠丝；三是缠丝气通经络，即经络缠丝；四是缠丝拧转生根，即生根缠丝；五是缠丝锤炼弹簧内劲，即弹性缠丝；六是缠丝不顶力、不受力、不用力，即圆活缠丝；七是缠粘缠化缠引缠拿缠发，即缠丝化引拿发。

## （二）缠丝动作含义

缠丝动作，就是心意混元地想着丹田腰胯腿脚一气中正混圆领手向心力公转圆周混元圈的同时，致中达和地领手足身体各环节部位的自转缠丝运动。

## （三）缠丝动作要点

①心意混元缠丝。
②拿住丹田缠丝。
③致中达和缠丝。
④混合混圆缠丝。

## （四）缠丝动作解析

对应混元圈3个组成部分，缠丝练法也分3个层面：
①先想着圆心缠丝——即心意混元地想着丹田圆心，浑身向心力合一、合中、合圆地混元缠丝。丹田圆心既是混元圈的核心，也是混元缠丝的核心，不拿住丹田圆心缠丝，就不能混元缠丝。
②再想着圆周缠丝——即心意混元地领手绕着丹田圆心，边公转圆周混元圈边沿着混元圈圆周轨迹自转缠丝，也就是边转圈边缠丝。
③再想着圆球缠丝——即心意混元地边领身绕着混圆球的丹田圆心自转缠丝，边领手摸着混圆球的球壁自转缠丝，边领脚踏着混圆球的底部自转缠丝，手足身体混合圆成混圆球缠丝，也就是冯公所言"浑身俱是缠丝圈"。

## （五）手足身体缠丝动作图解说明

根据人体梢中根三节之分，缠丝分上肢缠丝、身躯缠丝、下肢缠丝3部分。

### 1. 上肢缠丝图解说明

上肢缠丝也叫梢节缠丝。

### （1）上肢顺缠丝定义

上肢顺缠丝，就是想着丹田腰胯腿脚、沉肩坠肘领手由小指侧经手心向拇指侧方旋腕转掌转前臂的自转缠丝运动，即手腕旋转至前臂桡骨与尺骨平行或趋向平行，也称内旋。（图2-12）

图2-12

### （2）上肢逆缠丝定义

上肢逆缠丝，就是想着丹田腰胯腿脚、沉肩坠肘领手由拇指侧经手心向小指侧方旋腕转掌转前臂的自转缠丝运动，即手腕旋转至前臂桡骨与尺骨交叉或趋向交叉，也称外旋。（图2-13）

图2-13

### （3）上肢缠丝的5种缠丝形态

①两手同向转圈时的一顺一逆缠丝：
甲：两手同向由左向右转圈运动时，右手逆缠丝、左手顺缠丝。
乙：两手同向由右向左转圈运动时，左手逆缠丝、右手顺缠丝。
丙：两手同向由前向后转圈运动时，一手逆缠、一手顺缠。
丁：两手同向由后向前转圈运动时，一手顺缠、一手逆缠。
戊：两手同向由上向下转圈运动时，一手逆缠、一手顺缠。
己：两手同向由下向上转圈运动时，一手顺缠、一手逆缠。

②两手同向转圈时的双顺双逆缠丝：即两手同向由前向后转圈运动时，同时顺缠丝；两手同向由后向前转圈运动时，同时逆缠丝。

③两手相反开合转圈时的双顺双逆缠丝：即两手同时对称相反开合转圈运动时，同时逆缠丝相开、同时顺缠丝相合；或同时逆缠丝相合、同时顺缠丝相开。

④两手交替转圈时的一顺一逆缠丝：即一手先顺后逆缠丝，另一手先逆后顺缠丝。

⑤单手转圈时的顺逆缠丝：即单手的先逆后顺缠丝，或先顺后逆缠丝。

### （4）上肢缠丝的八法运动

缠丝混元圈中的缠丝掤、缠丝捋、缠丝挤、缠丝按、缠丝採、缠丝挒、缠丝肘、缠丝靠和缠丝化、缠丝引、缠丝拿、缠丝发。

### （5）上肢缠丝对应经络

上肢缠丝运动与十二正经的手三阴、三阳经相对应。

### 2. 身躯缠丝图解说明

身躯缠丝也叫中节缠丝。

### （1）身躯顺缠丝定义

一是右转腰胯顺缠丝，即想着丹田腰腹臀胯一气中正混圆地自左向右的顺时针自转缠丝运动。（图2-14）

二是胸腹相合顺缠丝，即想着丹田腰腹臀胯胸背一气中正混圆地胸腹相合、背腰臀相开的前合后开自转缠丝运动。

图2-14

### （2）身躯逆缠丝定义

一是左转腰胯逆缠丝，即想着丹田腰腹臀胯一气中正混圆地自右向左的逆时针自转缠丝运动。（图2-15）

二是胸腹相开逆缠丝，即想着丹田腰腹臀胯胸背一气中正混圆地胸腹相开、背腰臀相合的前开后合自转缠丝运动。

图2-15

### (3) 身躯胸腹开合折叠缠丝的6种缠丝形态

①胸腹相合顺缠丝。
②胸腹相开逆缠丝。
③右转腰胯胸腹相合顺缠丝。
④左转腰胯胸腹相开逆缠丝。
⑤左转腰胯胸腹相合的逆中有顺缠丝。
⑥右转腰胯胸腹相开的顺中有逆缠丝。

### (4) 身躯缠丝的八法运动

①右转腰胯顺缠丝的胸腹右捋。
②右转腰胯顺缠丝的胸与右手配合的胸捌。
③左转腰胯逆缠丝的胸腹左捋。
④左转腰胯逆缠丝的胸与左手配合的胸捌。
⑤胸腹相合顺缠丝的胸按。
⑥胸腹相开逆缠丝的胸掤，或腹挤，或胸腹靠。

### (5) 身躯缠丝对应经络

①身躯缠丝运动与奇经八脉的任、督、带、冲四脉相对应。
②右转腰胯顺缠丝时，右转带脉。
③左转腰胯逆缠丝时，左转带脉。
④胸腹相合顺缠丝时，督升任降。
⑤胸腹相开逆缠丝时，任升督降。
⑥右转腰胯胸腹相合顺缠丝时，右转带脉的同时督升任降。
⑦左转腰胯胸腹相开逆缠丝时，左转带脉的同时任升督降、冲脉右升左降。
⑧左转腰胯胸腹相合的逆中有顺缠丝时，左转带脉的同时督升任降。
⑨右转腰胯胸腹相开的顺中有逆缠丝时，左转带脉的同时任升督降、冲脉左升右降。

### 3. 下肢缠丝图解说明

下肢缠丝也叫根节缠丝。

**（1）下肢顺缠丝定义**

下肢顺缠丝，就是想着丹田腰胯腿脚一气中正混圆地由内向外、由上向下、节节放松对正暗暗螺旋拧转的自转缠丝运动，即胯膝腿脚似螺丝刀垂直向地下拧螺丝一般，也称外旋。以右腿顺缠丝为例。（图2-16）

图2-16

**（2）下肢逆缠丝定义**

下肢逆缠丝，就是想着丹田腰胯腿脚一气中正混圆地由外向内、由上向下、节节放松对正暗暗螺旋拧转的自转缠丝运动，即胯膝腿脚似螺丝刀垂直向地下拧螺丝一般，也称内旋。以左腿逆缠丝为例。（图2-17）

图2-17

**（3）下肢缠丝的2种缠丝形态以及与重心变化关系**

下肢缠丝与重心变化是随丹田腰胯缠丝而缠丝变换的。

①想着丹田腰胯腿脚一气中正混圆地顺时针从左向右转的时候，右腿为顺缠丝、左腿为逆缠丝；重心由左渐向右转换，左腿由实渐变虚、右腿由虚渐变实。（图2-18）

②想着丹田腰胯腿脚一气中正混圆地逆时针从右向左转的时候，左腿为顺缠丝、右腿为逆缠丝；重心由右渐向左转换，右腿由实渐变虚、左腿由虚渐变实。（图2-19）

图2-18 　　图2-19

35

### （4）下肢缠丝对应经络

下肢缠丝运动与十二正经的足三阴、三阳经相对应。

## 三、十三势动作说明

### （一）十三势意义作用

太极拳是由五行八法十三势组成的。胡耀贞师祖说，太极十三势，不是十三种姿势，而是十三种方法，即十三种练气练劲方法，十三种内外两用方法。

太极五行八法十三势体现了太极阴阳学说的易变之理、运动之理、体用之理和养生之理，反映了太极拳运动变化的混元时空特征，并分别与人体脏腑、经络和窍位相对应。五行指步法，即进、退、顾、盼、定，分别对应水、火、金、木、土五行，前、后、左、右、中五个方向，肾、心、肺、肝、脾五脏。八法指手法，即掤、捋、挤、按、採、挒、肘、靠，分别对应坎、离、震、兑、乾、坤、艮、巽八卦，北、南、东、西、西北、西南、东北、东南八个方向，肾、心、肝、肺、大肠、脾、胃、胆八个脏腑。

十三势运动，是通过一气中正混圆的折叠缠丝混元圈来运动、体用的，所以也叫折叠缠丝混元圈十三势。练太极拳，就是练一气中正混圆的折叠缠丝混元圈十三势。

### （二）十三势动作含义

十三势动作就是缠丝混元圈运动中的五行和八法，即想着丹田身手步一气中正混圆缠丝混元圈的同时，边步运五行边手运八法。

### （三）十三势动作要点

①心意混元十三势。
②拿住丹田十三势。
③致中达和十三势。
④混合混圆十三势。

### （四）十三势动作解析

对应混元圈3个组成部分，十三势练法也分3个层面：

①先想着圆心十三势——即心意混元地想着丹田圆心，浑身向心力合一、合中、合圆地边混元缠丝转圈边混元五行八法。丹田圆心是缠丝混元十三势的核心，不拿住丹田圆心十三势，就不能缠丝混元十三势。

②再想着圆周十三势——即心意混元地想着丹田圆心，边领脚沿着无形圆周圈下半圆缠丝圆转五行，边领手沿着有形的公转圆周圈缠丝转圈八法。

③再想着圆球十三势——即心意混元地想着丹田圆心，边领脚踏着混圆球的底部混元五行，边领手摸着混圆球的内壁混元八法，手足身体混合圆成混圆球五行八法十三势。

### （五）十三势动作图解说明

**1. 掤**

**（1）掤的含义**

掤，就是心意混元地领手沿着公转圆周轨迹一气中正混圆地由下向上的缠丝转圈运动，也叫混元掤。（图2-20）

**（2）掤的运动形态**

①单、双手沿纵立圈前半圆的由下向前、向上掤。

②单、双手沿纵立圈后半圆的由下向后、向上掤。

③单、双手沿横立圈左半圆的由下向左、向上掤。

④单、双手沿横立圈右半圆的由下向右、向上掤。

图2-20

## 2. 捋

### （1）捋的含义

捋，就是心意混元地领手沿着公转圆周轨迹一气中正混圆地由前往回或自左向右、自右向左的缠丝转圈运动，也叫混元捋。（图2-21）

### （2）捋的运动形态

①单、双手沿纵立圈上半圆的由前向上、往回捋。

②单、双手沿纵立圈下半圆的由前向下、往回捋。

③单、双手沿横立圈上半圆的由左向上、向右捋或由右向上、向左捋。

图2-21

④单、双手沿横立圈下半圆的由左向下、向右捋或由右向下、向左捋。

⑤单、双手沿水平圈前半圆的由左向前、向右捋或由右向前、向左捋。

⑥单、双手沿水平圈左半圆的由前向左、往回捋。

⑦单、双手沿水平圈右半圆的由前向右、往回捋。

⑧单、双手沿水平圈后半圆的由左往回捋或由右往回捋。

## 3. 挤

### （1）挤的含义

挤，就是心意混元地领手沿着公转圆周轨迹一气中正混圆地由后向前的缠丝转圈运动，也叫混元挤。（图2-22）

### （2）挤的运动形态

①单、双手沿纵立圈下半圆的由后向前挤。

②单、双手沿纵立圈上半圆的由后向前挤。

③单、双手沿横立圈下半圆由右斜向左前斜横挤

图2-22

或由左斜向右前斜横挤。

④单、双手沿水平圈左半圆的由后向前挤。

⑤单、双手沿水平圈右半圆的由后向前挤。

⑥单手水平螺旋缠丝前挤。

### 4. 按

**（1）按的含义**

按，就是心意混元地领手沿着公转圆周轨迹一气中正混圆地由上向下的缠丝转圈运动，也叫混元按。（图2-23）

**（2）按的运动形态**

①单、双手沿纵立圈后半圆的由上向下按。

②单、双手沿纵立圈前半圆的由上向下按。

③单、双手沿横立圈左半圆的由上向下按。

④单、双手沿横立圈右半圆的由上向下按。

图2-23

### 5. 採

**（1）採的含义**

採，就是心意混元地领手沿着公转圆周轨迹一气中止混圆地由上向下突然地缠丝转圈抓採，也叫混元採。（图2-24）

**（2）採的运动形态**

①两手向下抓採。

②单手向下抓採。

图2-24

### 6. 挒

**（1）挒的含义**

挒，就是心意混元地领肢体任何两个部位沿着公转圆周轨迹一气中正混圆地由中同时向两个相反方向突然地缠丝转圈拧挒，也叫混元挒。（图2-25）

**（2）挒的运动形态**

①两手左右挒。
②两手上下挒。
③手与肘的挒。
④手与肩的挒。
⑤手与臂的挒。
⑥手与胸的挒。
⑦手与脚的挒。
⑧手与膝的挒。
⑨肘与膝的挒。
⑩膝与脚的挒。

图2-25

### 7. 肘

**（1）肘的含义**

肘，就是心意混元地领手臂屈肘沿着公转圆周轨迹一气中正混圆地向不同方向突然地缠丝弹肘，也叫混元肘。（图2-26）

**（2）肘的运动形态**

①单、双肘由下向上的掤肘。
②单、双肘由前往回的捋肘。
③单、双肘由后向前的挤肘。
④单、双肘由上向下的按肘。
⑤单肘平向右或向左，双肘同时平向左右的平穿

图2-26

肘（也叫横挤肘）。

8. 靠

（1）靠的含义

靠，就是心意混元地领肢体任何部位一气中正混圆地贴住对方、向着对方重心突然地缠丝贴靠，也叫混元靠。（图2-27）

（2）靠的运动形态

①肩靠。
②肘靠。
③掌靠。
④拳靠。
⑤臂靠。
⑥胸靠。
⑦背靠。
⑧臀靠。
⑨胯靠。

图2-27

⑩腿靠。
⑪膝靠。

9. 进

（1）进的含义

进，就是前进，属动，即心意混元地领身一气中正混圆地由后向前进步进身，也叫混元前进。（图2-28）

（2）进的运动形态

①活步五行的进，即有时空位移的由后向前进步进身。

②定步五行的进，即无时空位移的站在原位的重心由后脚转换到前脚。

图2-28

41

## 10. 退

### （1）退的含义

退，就是后退，属动，即心意混元地领身一气中正混圆地由前向后退步退身，也叫混元后退。（图2-29）

### （2）退的运动形态

①活步五行的退，即有时空位移的由前向后退步退身。

②定步五行的退，即无时空位移的站在原位的重心由前脚转换到后脚。

图2-29

## 11. 顾

### （1）顾的含义

顾，就是左顾，属动，即心意混元地领身一气中正混圆地从右向左转身或从右向左闪身移步，也叫混元左顾。（图2-30）

### （2）顾的运动形态

①活步五行的顾，即有时空位移的从右向左转身动步或闪身变步。

②定步五行的顾，即无时空位移的站在原位不动步的向左转身和重心由右脚转换到左脚。

图2-30

12. 盼

**（1）盼的含义**

盼，就是右盼，属动，即心意混元地领身一气中正混圆地从左向右转身或从左向右闪身移步，也叫混元右盼。（图2-31）

**（2）盼的运动形态**

①活步五行的盼，即有时空位移的从左向右转身动步或闪身变步。

②定步五行的盼，即无时空位移的站在原位不动步的向右转身和重心由左脚转换到右脚。

图2-31

13. 定

**（1）定的含义**

定，就是中定，属静，无时空位移，即心意混元地领身一气中正混圆地中定在原位不动，也叫混元中定。（图2-32）

**（2）定的运动形态**

①活步五行的中定，即由动步到定步后的重心不变步不动。

②定步五行的中定，即中定在原位的步型不变、重心不变，或虚实转换后的重心不变。

图2-32

## 四、阴阳折叠动作说明

### （一）阴阳折叠意义作用

阴阳折叠就是阴阳互为一体、相交互济的往复折叠转换运动，内含"一者太极也，二者阴阳也，三者阴阳之交也"的阴阳交合之理和"反者道之动"的逆运之理，也就是阴阳对立统一的相互依存、相交互济、相互转化、相反相成之理。即阳从阴中生，阴从阳中来；动从静中生，静从动中来；虚从实中生，实从虚中来；刚从柔中生，柔从刚中来；伸从屈中生，屈从伸中来；开从合中生，合从开中来；逆从顺中生，顺从逆中来；上从下中生，下从上中来；前从后中生，后从前中来；左从右中生，右从左中来。

细察之，宇宙万物运动都是阴阳对立统一、互为转化的折叠运动，如来回折叠，往复折叠，升降折叠，起伏折叠，抑扬折叠，涨落折叠，屈伸折叠，束展折叠，伸缩折叠，缩张折叠，松紧折叠，收放折叠，蓄发折叠，呼吸折叠，顺逆折叠，开合折叠，虚实折叠，上下折叠，前后折叠，左右折叠。

细研之，太极拳中每一动都是阴阳对立统一、互为转化的折叠运动，每一势都是由阴阳折叠转换出来的，都是阴阳互济互生的，如上是由下折叠而上的，下是由上折叠而下的；前是由后折叠而前的，后是由前折叠而后的；左是由右折叠而左的，右是由左折叠而右的；伸是由屈折叠而伸的，屈是由伸折叠而屈的；开是由合折叠而开的，合是由开折叠而合的；逆是由顺折叠而逆的，顺是由逆折叠而顺的；虚是由实折叠而虚的，实是由虚折叠而实的；松是由紧折叠而松的，紧是由松折叠而紧的。大动大折叠，小动小折叠，微动微折叠，慢动慢折叠，快动快折叠，不动不折叠，一动即折叠。

混元太极拳的每一个缠丝混元圈十三势动作，既是由太极这个"一"生出来的，又是由太极生两仪这个"一生二"折叠出来的，即混元圈是折叠圆转出来的，顺逆缠丝是折叠缠绕出来的，十三势是折叠运行出来的。练太极拳就是练一气中正混圆的折叠缠丝混元圈十三势。

阴阳折叠运动，体现了"舍己从人""和而不争""顺中用逆"的太极中正、和谐、包容思想和"顺势随彼，还施彼身""引进落空合即出"的太极体用之理。其理有二：一是不顶力、不受力，顺势缠丝混元转圈引进落空对方；二是在引进落空对方的同时积蓄自己的能量合即出。也就是顺彼势引落空，蓄己势合即出；前半动引落空，后半动合即出；前半圈引落空，后半圈合即出。

## （二）阴阳折叠动作含义

阴阳折叠，就是心意混元地想着丹田身手步一气中正混圆地缠丝转圈十三势时，先顺势向要运动的反面松引蓄势，再折向所要运动的方向，即欲阳先阴，由阴转阳；欲阴先阳，由阳转阴。而又阴中有阳，阳中有阴，阴阳互济，太极为真。

## （三）阴阳折叠动作要点

①心意混元折叠。
②拿住丹田折叠。
③致中达和折叠。
④混合混圆折叠。

## （四）阴阳折叠动作解析

对应混元圈3个组成部分，阴阳折叠练法也分3个层面：

①先想着圆心折叠——即心意混元地想着丹田圆心，浑身向心力合一、合中、合圆地阴阳折叠缠丝转圈十三势。丹田圆心是阴阳折叠缠丝混元十三势的核心，不拿住丹田圆心阴阳折叠，就不能阴阳折叠缠丝混元十三势。

②再想着圆周折叠——即心意混元地想着丹田圆心，边领脚沿着无形圆周圈下半圆折叠缠丝五行步，边领手沿着有形的公转圆周圈折叠缠丝八法圈。

③再想着圆球折叠——即心意混元地边想着丹田圆心折叠，边领脚踏着混圆球底部折叠，边领手摸着混圆球内壁折叠，手足身体混合圆成混圆球折叠。

## （五）阴阳折叠动作说明

### 1. 上下折叠

欲上先下引，由下折向上；欲下先上引，由上折向下。

### 2. 前后折叠

欲前先后引，由后折向前；欲后先前引，由前折向后。

### 3. 左右折叠

欲左先右引，由右折向左；欲右先左引，由左折向右。

### 4. 开合折叠

欲开先合引,由合折向开;欲合先开引,由开折向合。

### 5. 屈伸折叠

欲伸先屈引,由屈折向伸;欲屈先伸引,由伸折向屈。

### 6. 顺逆折叠

欲顺先逆引,由逆折向顺;欲逆先顺引,由顺折向逆。

### 7. 横竖折叠

欲横先竖引,由竖折向横;欲竖先横引,由横折向竖。

### 8. 虚实折叠

欲实先虚引,由虚折向实;欲虚先实引,由实折向虚。

### 9. 进退折叠

欲进先退引,由退折向进;欲退先进引,由进折向退。

### 10. 顾盼折叠

欲顾先盼引,由盼折向顾;欲盼先顾引,由顾折向盼。

### 11. 伸缩折叠

欲伸先缩引,由缩折向伸,欲缩先伸引,由伸折向缩。

### 12. 束展折叠

欲展先束引,由束折向展;欲束先展引,由展折向束。

### 13. 松紧折叠

欲紧先松引,由松折向紧;欲松先紧引,由紧折向松。

### 14. 升降折叠

欲升先降引,由降折向升;欲降先升引,由升折向降。

### 15. 起伏折叠

欲起先伏引，由伏折向起；欲伏先起引，由起折向伏。

### 16. 蓄发折叠

欲发先蓄引，由蓄折向发。

### 17. 收放折叠

欲放先收引，由收折向放。

### 18. 刚柔折叠

欲刚先柔引，由柔折向刚。

### 19. 化发折叠

欲发先化引，由化折向发。

## 五、手型动作说明

### （一）手型意义作用

手为先锋。手既是人体梢节，又是运动终端。手型是拳术内外合一、上下相随、周身一家、混元一体的重要组成部分，既是拳中手法动作的运用，也是拳中内劲由根节、中节传导梢节"形于手"的体现。

手型动作本于阴阳、三节、四梢、六合、八卦之理，关乎武术运动的整体性即整体合一，方向性即心意动向，传导性即气贯梢头，集中性即劲点集中，灵敏性即虚实变化，技击性即手法运用，以及促进微循环，改善上肢神经末梢，增加毛细血管开放数与手三阴、三阳经交接往复循环。

强调手型，是为了更好地达到局部与整体的统一，外部与内部的统一，系统与要素的统一，阴与阳的统一，动与静的统一，虚与实的统一，开与合的统一，更有效地发挥混元整体做功能力和拳法动作功能作用。没有手型，散乱不合；不明手型，虚实不分；手型不清，劲点不明；手型不到，用法不真。

## （二）手型动作要点

手型包括掌型和拳型。

混元太极拳的折叠缠丝混元圈掌型动作要点有三：一松腕，二旋腕，三坐腕，即松腕蓄势，两手绵绵；旋腕缠丝，圆活转圈；坐腕成掌，劲点清楚。

混元太极拳的折叠缠丝混元圈拳型动作要点有二：一旋腕，二平腕，即旋腕缠丝，圆活转圈；平腕贯通，劲点清楚。

## （三）手型动作解析

混元太极拳手型动作有4个特点：
①混圆手型，即每一个有形的混元圈手型都是混合成圆手型。
②缠丝手型，即每一个自转缠丝公转圈手型都是顺逆缠丝手型。
③八法手型，即每一个有形的混元圈手型都是圆转八法手型。
④折叠手型，即每一个混圆手型、缠丝手型、八法手型都是折叠而成手型。

## （四）手型动作图解说明

### 1. 掌型

掌型要求：心意混元地想着两手放松、掌心虚含、五指舒展不并拢似瓦垄掌，或依次错开成螺旋掌。

掌型种类：

### （1）垂掌

垂掌也叫松腕掌。松腕垂指，指尖朝下，掌心朝后或朝异侧方向、或朝前。（图2-33）
①纵立圈掌心朝后垂掌上掤时，劲点在腕背。属逆缠。
②横立圈掌心朝异侧垂掌向同侧方向横开时，劲点在掌背。属顺缠。

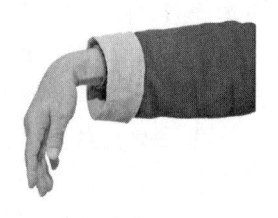

图2-33

③纵立圈掌心朝前垂掌坐腕向前挤时，劲点在掌心。属顺缠。

### （2）平掌

平掌也称俯掌、阳平掌。手掌平展，掌心朝下，指尖朝前。属逆缠。（图2-34）

①纵立圈平掌前挤时，劲点在指梢。

②纵立圈平掌由前向下、向后回捋时，劲点在掌心。

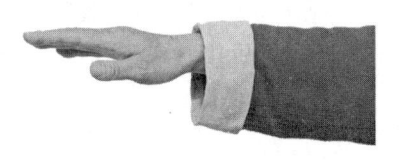

图2-34

③纵立圈平掌由前向上、向后回捋时，劲点在掌背。

④纵立圈或横立圈平掌坐腕下按时，劲点在掌根或掌心。

### （3）仰掌

仰掌也称阴平掌。手掌平展，掌心朝上，指尖朝前或朝异侧。属顺缠。（图2-35）

①纵立圈仰掌前挤时，劲点在指梢。

②纵立圈或横立圈仰掌坐腕上掤时，劲点在掌心。

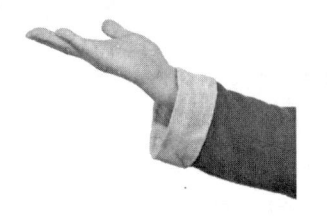

图2-35

③水平圈仰掌横向异侧方向坐腕切掌旋捯时，劲点在掌沿。

④纵立圈或横立圈仰掌下按时，劲点在掌背。

### （4）立掌

立掌也称螺旋立掌。手掌竖立，指尖朝上，坐腕，掌面呈螺旋状，掌心朝异侧。属逆缠。（图2-36）

①纵立圈立掌前挤时，劲点在掌沿。

②横立圈立掌横向异侧方向捋引时，或立掌十字合手左右捯时，劲点在掌心。

图2-36

### （5）横掌

横掌有两种：

一是掌心朝外、指尖朝异侧方向的横掌。属逆缠。（图2-37）

图2-37

二是掌心朝下、指尖朝异侧方向的横掌。属逆缠。

49

①水平圈掌心朝下横掌前挤时，劲点在掌沿。
②横立圈掌心朝下横掌下按时，劲点在掌心，或在掌根。
③水平圈掌心朝外横掌坐腕前挤时，或向左、向右捋引时，劲点在掌心。
④横立圈掌心朝外横掌坐腕向同侧方向斜上掤时，劲点在掌沿。

### （6）侧掌

侧掌也称侧立掌，有两种：

一是横侧掌，即手掌侧立，掌沿朝下，指尖朝异侧方向，掌心朝里。属顺缠。

二是纵侧掌，即手掌侧立，掌沿朝下，指尖朝前，掌心朝异侧方向。属顺缠。（图2-38）

图2-38

①水平圈纵侧掌向异侧方向横捋时，劲点在掌心。
②水平圈纵侧掌向同侧方向横开捋引时，劲点在掌背。
③横立圈纵侧掌斩手下按时，劲点在掌沿。
④纵立圈横侧掌前挤时，劲点在掌背。

### （7）竖掌

手指朝上，掌心朝前或朝后、或朝异侧。（图2-39）

①纵立圈掌心朝前竖掌坐腕前挤时，劲点在掌心。属逆缠。
②横立圈掌心朝后竖掌或螺旋掌向上穿伸时，劲点在指梢。属顺缠。

图2-39

### （8）勾手

腕背松屈，五指尖捏拢朝下，或拇指、食指、中指尖捏拢朝下，其余二指卷曲。属逆缠。（图2-40）

纵立圈或横立圈勾手上掤时，劲点在腕背。

图2-40

### （9）八字手

拇指、食指自然伸展成八字状，其余三指卷曲，劲点在食指。（图2-41）

八字手有3种：

一是阴八字手，手心朝上。属顺缠。

二是阳八字手，手心朝下。属逆缠。

三是侧立八字手，手心朝异侧或朝内。由阴八字手变侧立八字手为逆缠；由阳八字手变侧立八字手为顺缠。

图2-41

### 2. 拳型

握拳要求：分两种握拳法：一是心意混元地领五指节节抓勾虚握成拳；二是心意混元地领四指并拢卷曲虚握成拳。成拳时，拇指压于食指中指第二指节上，拳心虚含，拳面拳背平整，或拳指骨中节依次用意错开使拳面拳背斜展呈螺旋拳状，且腕关节平直。

拳型种类：

#### （1）平拳

拳背平朝上、拳心平朝下、拳面平朝前称平拳，也称俯拳、阳平拳。拳心45°斜朝异侧方向下称斜平拳。属逆缠。（图2-42）

图2-42

①水平螺旋平拳向前冲拳挤打时，劲点在拳面（螺旋拳在拳指骨）。

②横立圈平拳横向异侧上方摆拳掤打时，劲点在拳眼；斜平拳劲点在拳指骨食指节。

③水平圈平拳横向同侧方向捋开时，劲点在拳轮。

④纵立圈平拳上掤时，劲点在拳背骨。

#### （2）立拳

拳眼朝上称立拳。属顺缠。（图2-43）

①水平螺旋立拳向前冲拳挤打时，劲点在拳面（螺旋拳在拳指骨）。

图2-43

51

②横立圈立拳横向异侧上方摆拳掤打时，劲点在拳指骨中指节。

③横立圈立拳横向同侧上方掤打，或水平圈立拳横向同侧方向捋开时，劲点在拳背骨。

### （3）仰拳

拳心朝上称仰拳。也称阴平拳。属顺缠。（图2-44）

①纵立圈仰拳向下劈砸按打捣碓时，劲点在拳背骨。

②横立圈仰拳下按时，劲点在拳背。

③水平螺旋仰拳前挤时，劲点在拳面或拳指骨。

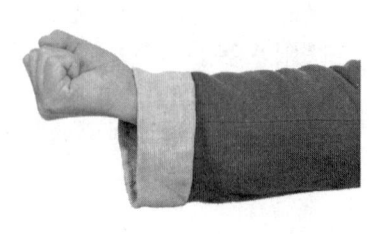

图2-44

④水平圈仰拳横向同侧方向鞭打时，劲点在拳眼。

⑤水平圈仰拳平向异侧方向横打时，劲点在拳轮。

### （4）竖拳

拳面朝上（螺旋拳拳指骨朝上），拳心朝内，或拳心朝异侧方向。属顺缠。（图2-45）

①纵立圈拳心朝内竖拳向上掤打时，劲点在拳面（螺旋拳在拳指骨）。

②横立圈拳心朝异侧方向竖拳横向同侧方向反打时，劲点在拳背骨。

图2-45

③横立圈拳心朝异侧方向竖拳横向异侧方向摆打时，劲点在拳指骨。

### （5）垂拳

平拳拳面朝下（螺旋拳拳指骨朝下），拳心朝后或朝里、或斜朝同侧方向。属逆缠。（图2-46）

①纵立圈拳心朝后垂拳向下按打，或横立圈拳心朝里垂拳下按，或横立圈拳心斜朝同侧方向扣拳下按，劲点在拳面（螺旋拳在拳指骨）。

图2-46

②水平圈拳心朝后垂拳横向同侧方向鞭打时，劲点在拳轮。

### （6）反拳

反腕拳眼朝下，拳心朝同侧方向。属逆缠。（图2-47）

横立圈反拳横向异侧上方掤打时，劲点在拳背。

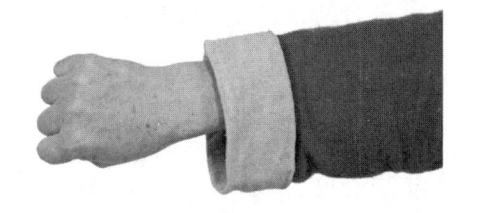

图2-47

## 六、步型动作说明

### （一）步型意义作用

步为根基。步（脚）既是下肢梢节，又是人体根节。拳凭步运，劲由根发。步型是拳术内外合一、上下相随、周身一家、混元一体的重要组成部分，既是拳中步法动作的运动体现，又是拳中内劲"始于足，发于根，主宰于腰，形于手"的启动环节。

太极拳也叫桩功拳，步型也叫桩型，如：无极步也叫无极桩，虚步也叫虚步桩，马步也叫骑马桩，弓马步也叫弓马步桩，独立步也叫独立桩。气沉脚底，植地生根。无桩不成拳，"桩步不稳，必遭颠覆"。

步型动作本于阴阳、三节、四梢、五行、六合之理，关乎武术运动的整体性即整体合一，稳定性即稳定面积稳定角，灵活性即虚实腾挪，技击性即步法运用和根劲打人，以及促进微循环，改善下肢神经末梢，增加毛细血管开放数、足三阴、三阳经和阴阳跷维的交接升降循环。

强调步型，是为了更好地达到局部与整体的统一，系与要素的统一，稳定与灵活的统一，阴与阳的统一，动与静的统一，虚与实的统一，开与合的统一，更有效地发挥"始足发根"的步运太极、足分阴阳、五行和合运八法及步法腿法的功能作用。没有步型，散乱不合；不明步型，虚实不分；步型不清，桩步不稳；步型不到，用法不真。

### （二）步型动作要点

①步型清楚，混合混圆到脚。

②虚实清楚，中正稳定灵活。
③开合清楚，步步成桩生根。

### （三）步型动作解析

混元太极拳步型动作有4个特点：
①混圆步型，即裆部圆，步型圆，地盘圆，心意混合混圆，步步中定混圆。
②缠丝步型，即缠丝腿，缠丝步，缠丝根，心意缠丝拧转，步步择中缠丝。
③五行步型，即定步五行，活步五行，心意五行和合，步步中和五行。
④折叠步型，即定步五行是隐于内折叠，活步五行是显于外折叠，心意折叠五行，步步守中折叠。

### （四）步型动作图解说明

步型要求：心意混元地想着两腿胯膝脚三节放松对正，脚掌平稳着地，脚心涌泉虚含，脚趾自然抓地，脚底与大地接成一气，上下一体，阴阳互济，虚实分清。

步型种类：

#### （1）平步

两脚平行分开站立，步距同肩宽，脚尖自然正朝前，塌腰敛臀、坐胯圆裆、自然屈膝，不可主动先屈膝（以下同），小腿基本不动或微动，膝不过涌泉或脚尖，胯膝脚三节对齐对正。

①无极平步，也叫无极步，即重心平均，不分虚实。（图2-48）
②虚实平步，即两脚随转腰胯分虚实。

图2-48

### (2) 马步

也叫骑马步。两脚平行分开站立，步距约一个半肩宽，脚尖自然正朝前，塌腰敛臀、坐胯圆裆、自然屈膝，小腿基本不动或微动，膝不过涌泉或脚尖，胯膝脚三节对齐对正。

①重心平均的马步，即两脚不分虚实。（图2-49）
②脚分虚实的马步，即两脚随转腰胯分虚实。

图2-49

### (3) 前弓马步

也叫前后半弓半马步。两脚前后站立不在一条纵线上，步距约一个半肩宽；前腿为弓步，为实、为阴，脚尖90°正朝前，坐胯自然弓屈，膝踝垂直对齐；后腿为马步，为虚、为阳，脚尖外撇45°斜朝前，松胯开裆圆裆自然屈膝，膝脚对齐。

①左脚在前为左前弓马步。（图2-50）
②右脚在前为右前弓马步。
③斜前弓马步为两脚45°斜方位站立。

图2-50

### (4) 后坐步

也叫后前半马半弓步。两脚前后站立不在一条纵线上，步距约一个半肩宽；后腿为马步，为实、为阴，脚尖外撇45°斜朝前，坐胯自然屈膝；前腿为弓步，为虚、为阳，脚尖90°正朝前，松胯开裆圆裆虚挺膝，膝踝垂直对齐。

①右脚在后为右后坐步。（图2-51）
②左脚在后为左后坐步。
③斜后坐步为两脚45°斜方位站立。

图2-51

### （5）右弓马步

也叫右左半弓半马步，即右脚为弓步，左脚为马步。两脚左右站立不在一条横线上，步距约一个半肩宽，两脚尖一正一斜不平齐，或斜右脚相差正左脚半个脚：右弓步脚尖外撇45°斜朝前，右胯实坐自然弓屈为实、为阴，膝踝垂直对齐；左马步脚尖90°正朝前，左胯虚坐自然屈膝为虚、为阳，膝脚对齐，两腿坐胯圆裆。（图2-52）

图2-52

斜右弓马步时，两脚45°斜方位站立，右腿在前为弓步，为实、为阴，右脚尖90°正朝前，右胯实坐自然弓屈，膝踝垂直对齐；左腿在后为马步，为虚、为阳，左脚尖内扣45°斜朝前、左胯虚坐自然屈膝，膝脚对齐，两腿开裆圆裆。

### （6）左弓马步

也叫左右半弓半马步，即左脚为弓步，右脚为马步。两脚左右站立不在一条横线上，步距一个半肩，两脚尖一正一斜不平齐，或斜左脚略后于正右脚半个脚：左弓步脚尖外撇45°斜朝前、左胯实坐自然弓屈为实为阴、膝踝垂直对齐，右马步脚尖90°正朝前、右胯虚坐自然屈膝为虚为阳、膝脚对齐，两腿坐胯圆裆。（图2-53）

图2-53

斜左弓马步时，两脚45°斜方位站立，左腿在前为弓步，为实、为阴，左脚尖90°正朝前，左胯实坐自然弓屈，膝踝垂直对齐；右腿在后为马步，为虚、为阳，右脚尖内扣45°斜朝前，右胯虚坐自然屈膝，膝脚对齐，两腿开裆圆裆。

中盘定势斜左弓马步的两脚是30°斜方位站立，左脚偏后。

### （7）左马弓步

左腿为马步，为实、为阴，左胯实坐；右腿为弓步，为虚、为阳，右胯虚坐，两腿开裆圆裆。（图2-54）

### （8）右马弓步

右腿为马步，为实、为阴，右胯实坐；左腿为弓步，为虚、为阳，左胯虚坐，两腿开裆圆裆。（图2-55）

图2-54 　　　　　图2-55

### （9）侧虚步

两脚左右站立不在一条横线上，虚脚相差实脚半个脚，步距同肩宽；实腿脚尖90°正朝前，坐胯自然屈膝，膝不过脚尖或涌泉；虚腿脚尖外撇45°斜朝前，松胯圆裆自然虚侧立，膝踝垂直对齐。

①右实左虚为左侧虚步。（图2-56）
②左实右虚为右侧虚步。

图2-56

### （10）前虚步

两脚前后站立不在一条纵线上，步距同肩宽；后腿为实，脚尖外撇45°斜朝前，坐胯自然屈膝，膝不过脚尖；前腿为虚，脚尖90°正朝前，松胯圆裆自然虚立虚挺膝，膝踝垂直对齐。

①右脚在前虚立为右前虚步。（图2-57）
②左脚在前虚立为左前虚步。

图2-57

### （11）后虚步

两脚前后站立不在一条纵线上，步距同肩宽；前腿为实，脚尖90°正朝前，坐胯自然屈膝，膝不过涌泉；后腿为虚，脚尖外撇45°斜朝前，松胯圆裆自然屈膝虚立，膝不过脚尖。

①右脚在前踏实为左后虚步。（图2-58）
②左脚在前踏实为右后虚步。

图2-58

### （12）独立步

①垂直提腿独立步：一腿踏实独立稳定为阴；另一腿收胯、屈膝、勾脚垂直上提为掤、为阳，大腿高于水平。（图2-59）

②缠丝提腿独立步：一腿踏实独立稳定为阴；另一腿收胯、屈膝、勾脚缠丝上提里合为掤、为阳，大腿高于水平。（图2-60）

图2-59     图2-60

## 第三节　拳式动作练法

混元太极拳24式名称顺序

| | | | |
|---|---|---|---|
| 第1式 | 无极起势 | 第2式 | 金刚捣碓 |
| 第3式 | 懒扎衣 | 第4式 | 六封四闭 |
| 第5式 | 单鞭 | 第6式 | 白鹤亮翅 |
| 第7式 | 斜行拗步 | 第8式 | 提收 |
| 第9式 | 前蹚拗步 | 第10式 | 掩手肱捶 |
| 第11式 | 披身捶 | 第12式 | 背折靠 |
| 第13式 | 青龙出水 | 第14式 | 双推手 |
| 第15式 | 三换掌 | 第16式 | 倒卷肱 |
| 第17式 | 退步压肘 | 第18式 | 中盘 |
| 第19式 | 闪通背 | 第20式 | 击地捶 |
| 第21式 | 平心捶 | 第22式 | 煞腰压肘 |
| 第23式 | 当头炮 | 第24式 | 收势 |

### 第1式　无极起势练法

（一）练法说明

第一步练习无极起势拳式动作。
第二步练习无极起势混元圈动作。
第三步练习无极起势十三势动作。
第四步练习无极起势阴阳折叠动作。
第五步练习无极起势手型步型动作。
第六步练习无极起势拳法动作体用。

扫码观看
第1式

## （二）无极起势的拳式动作图解说明

### （1）无极预备

无极步站立，站定后，先心意混元地调身放松：即自顶到脚，一节一节向下放松，再心意混元地调心守丹：即思想入静，意守丹田，然后心意混元地想着丹田起势开拳。（图2-61）

图2-61

### （2）下引上掤

接上势，心意混元地领两手先向身体后下方松引蓄势，再沿逆时针纵立圈下半圆，由后下方折叠向前上方松腕垂掌上掤。（图2-62）

图2-62

### （3）回引前挤

接上势，沿逆时针纵立圈上半圆，由前往回屈臂松引蓄势，再沿逆时针纵立圈下半圆，由后折叠向前平掌伸臂前挤。（图2-63、图2-64）

图2-63 　　图2-64

## （4）前引回捋

接上势，由前向下松手松落，再沿顺时针纵立圈后上半圆，由下松腕垂掌屈臂向上、向前伸臂松引蓄势，然后沿顺时针纵立圈前下半圆，由前折叠往回平掌回捋。（图2-65~图2-67）

图2-65 　　　　　　图2-66 　　　　　　图2-67

## （5）上引下按

接上势，松腕垂掌沿逆时针纵立圈前上半圆，由下向前、向上屈臂往回松引蓄势，再随收臀坐胯微下蹲，沿纵立圈后下半圆，由上折叠向下平掌坐腕下按。（图2-68~图2-70）

图2-68 　　　　　　图2-69 　　　　　　图2-70

### （6）松手复原

接上势，松手垂掌、垂臂，想着丹田起身复原回到无极式。（图2-71）

### （三）无极起势的混元圈动作说明

无极起势由3个混元圈组成，3个都是纵立圈：
第1个圈是两手同向前上后下逆时针纵立圈。
第2个圈是两手同向后上前下顺时针纵立圈。
第3个圈是两手同向前上后下逆时针纵立圈。

图2-71

### （四）无极起势的十三势动作说明

第1个逆时针纵立圈八法是先下半圆向前上掤，再下半圆前挤；五行是中定。
第2个顺时针纵立圈八法是下半圆向下回捋；五行是中定。
第3个逆时针纵立圈八法是后半圆下按；五行是中定。

### （五）无极起势的阴阳折叠动作说明

第1个折叠是先向下、向后引，再折向前上掤。
第2个折叠是先屈臂往回引，再折向前伸臂挤。
第3个折叠是先向上、向前引，再折向下往回捋。
第4个折叠是先向前、向上屈臂回引，再折向后下伸臂按。

### （六）无极起势的手型步型说明

第1个纵立圈"掤"的手型是垂掌腕背掤，"挤"的手型是平掌指梢挤；步型是无极平步。
第2个纵立圈"捋"的手型是平掌掌心捋；步型是无极平步。
第3个纵立圈"按"的手型是平掌掌根按；步型是无极平步。

## （七）无极起势的体用示例说明

动作（2）的下引上掤用法：两手顺势接彼，先向后下方引动彼根，再沿纵立圈下半圆折叠向前上方垂掌掤起对方。（图2-72）

图2-72

## 第2式　金刚捣碓练法

### （一）练法说明

第一步练习金刚捣碓拳式动作。
第二步练习金刚捣碓混元圈动作。
第三步练习金刚捣碓缠丝动作。
第四步练习金刚捣碓十三势动作。
第五步练习金刚捣碓阴阳折叠动作。
第六步练习金刚捣碓手型步型动作。
第七步练习金刚捣碓拳法动作体用。

扫码观看
第2式

### （二）金刚捣碓的拳式动作图解说明

#### （1）先向右引

接上势，心意混元地领两手先随腰胯右转、重心右移，沿横立圈下半圆，自左向右左逆右顺缠丝垂掌松引蓄势。（图2-73）

图2-73

63

### （2）正转横圈

接上势，随腰胯左转、重心左移，沿顺时针横立圈下半圆，从右折叠斜向左前上方左顺右逆缠丝垂掌上掤，再随腰胯右转、重心右移，沿顺时针横立圈上半圆，从左横向右左顺右逆缠丝横掌右捋，再随收臀坐胯微下蹲，沿顺时针横立圈右半圆，从右上向右下左逆右顺缠丝平掌坐腕下按，再随腰胯左转、重心左移，沿顺时针横立圈下半圆，从右斜横向左前方左逆右顺缠丝横掌斜前挤。（图2-74~图2-77）

图2-74　　　图2-75　　　图2-76　　　图2-77

### （3）右转松引

接上势，随腰胯右转、重心右移，沿逆时针横立圈下半圆，从左前方斜向右下方左顺右逆缠丝松腕垂掌松引蓄势。（图2-78）

图2-78

### （4）左转左挒

接上势，随腰胯左转、重心左移，沿逆时针水平圈前半圆，从右折叠平向前、向左左逆右顺缠丝横掌左挒。（图2-79）

### （5）转身右挒

接上势，先向左后方左顺右逆缠丝旋腕翻掌松引蓄势，再随腰胯右转、扣左脚、转右脚、身体右转45°成右前虚步，沿顺时针水平圈前半圆，从左后折叠平向前、向右横掌右挒，挒到位后左手顺缠变仰掌、右手逆缠变俯掌。（图2-80、图2-81）

图2-79　　　　　　　图2-80　　　　　　　图2-81

### （6）开步挒手

接上势，随重心前移，右脚踏实成左后虚步，两手指梢斜向前暗挤，然后右脚踏实独立稳定，左腿先屈膝向上、向右顺时针横立圈缠丝上提里合，再腿手分家捯，即左脚由合折叠向左侧身铲脚开步成右后坐步，两手沿顺时针小横立圈路线先左逆右顺缠丝，再变左顺右逆缠丝由左折叠向右侧身横掌右挒，挒到位后左手变逆缠立掌屈臂合到身体中线、右手逆缠立掌伸臂斜向右方45°开展。（图2-82、图2-83）

图2-82　　　　　　　图2-83

## （7）左掤右捋

接上势，随腰胯左转，重心左移成左前弓马步，沿顺时针横立圈下半圆，从右后方左逆右顺缠丝向左前上方变逆缠松腕垂掌松掤引，再随腰胯右转，重心右移成右后坐步，沿顺时针横立圈上半圆，从左前方折叠向右后方左顺右逆缠丝往回右捋回到原位，捋到位后左手变逆缠立掌屈臂合到身体中线、右手逆缠立掌伸臂斜向右后45°开展。（图2-84、图2-85）

图2-84　　图2-85

图2-86

## （8）左手下按

接上势，右手逆缠不动，左手随腰胯左转、左脚外撇，沿顺时针横立圈下半圆，从右后上折叠斜向左前方逆缠横掌坐腕下按。（图2-86）

## （9）上步勾拳

接上势，随重心前移、左脚踏实，右脚向前上步进身成右前虚步，右手边顺缠抓拳边沿逆时针纵立圈下半圆，由右后上方折叠向正前方竖拳上掤（即向上勾拳掤打），拳心朝内；同时，左手沿顺时针横立圈左上半圆，从左折叠横向右先顺后逆缠丝转圈屈臂合到右臂肘弯上。（图2-87、图2-87附图）

图2-87 　　图2-87附图

### （10）轮转立圈

接上势，右拳先随腰胯微右转，沿顺时针纵立圈前下半圆，由前上方向下、向后顺缠松引蓄势至右腿前；同时，左手向下松合到左腿前，然后右拳在右腿上方随腰胯先右后左转，沿顺时针纵立圈路线，由后折叠向上、向前、向下，先屈后伸、先逆后顺缠丝圆转一圈回到右腿前，再左手在左腿上方随腰胯先右后左转，同样沿顺时针纵立圈路线，由后折叠向上、向前、向下、先屈后伸、先逆后顺缠丝折叠圆转一圈回到左腿前。（图2-88、图2-89）

图2-88　　图2-89

### （11）提拳提腿

接上势，先右拳在右腿上方，沿顺时针椭圆形纵立圈后上弧线，由下向上逆缠屈臂变平拳向上掤开至右胸前；同时，左手仰掌向下伸臂按开至左腿前，随右拳、左手上下相开之势，左脚踏实独立稳定，右腿屈膝垂直向上掤提。（图2-90）

图2-90

### （12）震脚捣拳

接上势，右平拳沿顺时针椭圆形纵立圈前下弧线，由上折叠向下顺缠翻腕变仰拳捣砸至左手心内，左手、右拳叠合于脐下小腹前；同时，右腿垂直向下松气松落、松虚松震脚定势。（图2-91）

图2-91

67

## （三）金刚捣碓的混元圈动作说明

金刚捣碓由10个混元圈组成：

第1个圈是两手同向顺时针横立圈。

第2个圈是两手同向逆时针水平圈。

第3个圈是两手同向顺时针水平圈。

第4个圈是左腿顺时针提腿开步横立圈与两手同向顺时针小横立圈的腿手组合圈。

第5个圈是两手同向顺时针横立圈。

第6个圈是左手顺时针横立圈下半圆。

第7个圈是右勾拳的逆时针纵立圈下半圆与左手的顺时针横立圈上半圆的混合圈。

第8个圈是右拳顺时针纵立圈。

第9个圈是左手顺时针纵立圈。

第10个圈是两手反向顺时针椭圆形开合纵立圈。

## （四）金刚捣碓的缠丝动作说明

第1个顺时针横立圈是先左顺右逆缠丝，再变左逆右顺缠丝。

第2个逆时针水平圈是左逆右顺缠丝。

第3个顺时针水平圈是左顺右逆缠丝。

第4个腿、手组合圈的左腿是顺时针缠丝屈提里合，两手是左逆右顺变左顺右逆缠丝。

第5个顺时针横立圈是先左逆右顺缠丝，再变左顺右逆缠丝。

第6个左手横立圈下半圆是逆缠。

第7个混合圈的右勾拳是顺缠，左手是先顺后逆缠丝。

第8个右拳圈是先逆后顺缠丝。

第9个左手圈也是先逆后顺缠丝。

第10个椭圆形开合纵立圈的左手是顺缠，右拳是先逆后顺缠丝。

## （五）金刚捣碓的十三势动作说明

第1个顺时针横立圈八法是左半圆上掤、上半圆右捋、右半圆下按、下半圆左前挤；五行是中定。

第2个逆时针水平圈八法是左捋；五行是中定。

第3个顺时针水平圈八法是转身右捋；五行是定步右盼。

第4个腿手组合圈的独立提腿八法是膝掤，腿、手分家是捋挒；五行是先中定再左顾右盼。

第5个顺时针横立圈八法是下半圆左前掤、上半圆右后捋；五行是定步进退。

第6个左手横立圈八法是按；五行是中定。

第7个混合圈八法是右勾拳掤，左屈臂拿按；五行是活步进。

第8个右拳纵立圈八法是后半圆上掤、上半圆前挤、前半圆下按、下半圆回捋；五行是中定。

第9个左手纵立圈八法是后半圆上掤、上半圆前挤、前半圆下按、下半圆回捋；五行是中定。

第10个椭圆形开合纵立圈八法：两手上下相开时，右拳是后半圆上掤、左手是按，提右腿是膝掤；震脚捣碓时，右拳是前半圆按砸；五行是中定。

## （六）金刚捣碓的阴阳折叠动作说明

第1个折叠是先向下、向右引，再折向左正转横立圈掤捋按挤。

第2个折叠是先向右下引，再折向左反转水平圈左捋。

第3个折叠是先向左后引，再折向右正转水平圈右捋。

第4个折叠是左腿先屈提向上、向右里合引，再折向左铲脚开步腿手分家捋挒。

第5个折叠是先向左前掤引，再折向右后捋。

第6个折叠是左手先后引，再折向下、向前按。

第7个折叠是先左手向左前上、右手向右后下开引，再右脚上步折向合手勾拳上掤。

第8个折叠是右拳先后引，再折向前正转纵立圈。

第9个折叠是左手先后引，再折向前正转纵立圈。

第10个折叠是先上下开引提右腿，再折向震脚捣碓上下合。

## （七）金刚捣碓的手型步型说明

第1个顺时针横立圈手型：左半圆上掤都是垂掌，上半圆右捋都是掌心朝外横掌，右半圆下按都是平掌，下半圆左前挤都是掌心朝外横掌；步型是虚实平步。

第2个逆时针水平圈左捋手型都是掌心朝外横掌；步型是虚实平步。

第3个顺时针水平圈右捋手型都是掌心朝外横掌，到位后左手变仰掌、右手变俯掌；步型是右前虚步。

第4个腿手组合圈的右捋手型都是掌心朝外横掌，铲脚开步到位后都变立掌；步型是独立步变右后坐步。

第5个顺时针横立圈手型：左前掤都是垂掌，右后捋都是掌心朝外横掌；步型是先左前弓马步，再变右后坐步。

第6个左手横立圈下半圆按的手型是掌心朝下横掌；步型是右后坐步。

第7个混合圈的右勾拳上掤手型是竖拳；步型是右前虚步。

第8个右拳纵立圈手型：后半圆上掤是平拳，前半圆下按是仰拳；步型是右前虚步。

第9个左手纵立圈手型：后半圆上掤是平掌，前半圆下按是仰掌；步型是右前虚步。

第10个椭圆形开合纵立圈手型：上下相开时，右拳是平拳、左手是仰掌，捣碓相合时，右拳是仰拳、左手是仰掌；步型是先独立步，再变左实右虚平步。

## （八）金刚捣碓的体用示例说明

动作（7）的左掤右捋用法：两手顺势接彼，先腰胯左转沿横立圈下半圆从右后方向左前上方缠丝掤引彼根，再腰胯右转沿横立圈上半圆从左前方折叠向右后方缠丝右捋对方。（图2-92）

图2-92

动作（12）的上步勾拳用法：两手顺势接彼，右脚上步进身，右拳沿纵立圈下半圆由后上方折叠向正前方勾拳上掤对方。步到身到拳到，一到全到。（图2-93）

图2-93

## 第3式　懒扎衣练法

### （一）练法说明

第一步练习懒扎衣拳式动作。
第二步练习懒扎衣混元圈动作。
第三步练习懒扎衣缠丝动作。
第四步练习懒扎衣十三势动作。
第五步练习懒扎衣阴阳折叠动作。
第六步练习懒扎衣手型步型动作。
第七步练习懒扎衣拳法动作体用。

扫码观看
第3式

### （二）懒扎衣的拳式动作图解说明

**（1）斜圈掤捋**

接上势，心意混元地领左手虚抱右拳，先随腰胯右转、重心右移，斜向右前方45°虚虚地顺缠松引蓄势（拳心、掌心均朝上），再随腰胯左转、重心左移，斜向左后下顺缠回引，然后随腰胯右转、重心右移，沿顺时针斜纵立圈后上半圆，由左后下方折叠斜向右前上方逆缠转掤（拳心、掌心均朝下），再随

71

腰胯左转、重心左移，沿顺时针斜纵立圈前下半圆，由右前上方顺缠翻腕斜向左后下方往回转捋至左胯前（拳心、掌心均朝上）。（图2-94、图2-95）

(2) 先合后开

接上势，先两手屈臂交叉松合蓄势：即左手沿顺时针横立圈左半圆，由左下横向上、向右逆缠屈臂立掌交合至右手臂外，右拳斜向左上方屈臂穿掌至左胸前交合至左手臂内，再随腰胯右转、重心右移，两手沿顺时针横立圈路线，由合折叠逆缠相开：即右手沿上半圆由左斜向右前上方横掌掤开，左手沿下半圆由右斜向左下方横掌按开。（图2-96、图2-97）

图2-94　　图2-95

(3) 缠绕开合

接上势，两手先各在原位，随腰身先左后右转、重心先左后右换，各沿顺时针小横立圈路线，同时对称相反地先顺后逆缠丝旋腕松转松引一小圈，再随腰胯左转、重心左移，沿大横立圈路线，由开折叠顺缠交叉相合：即右手沿右半圆，从右前上方向左下方侧掌伸臂合到左胯前，左手沿左半圆，从左下方向右上方立掌屈臂合到右胸前。（图2-98）

图2-96 　　图2-97 　　图2-98

72

### （4）分手提腿

接上势，两手先松腕垂掌十字交合向前、向上松掤引蓄势，再沿横立圈上半圆，向左右两侧逆缠横掌上开分捋，随两手分捋即将到位之势；左脚踏实独立稳定，右腿屈膝垂直上提。（图2-99）

图2-99

### （5）合手开步

接上势，右手沿横立圈下半圆，由右折叠斜向左前方顺缠立掌伸展；同时，右脚横向右折叠铲脚开步成左实右虚的左马弓步，左手也同时沿横立圈下半圆，由左向下、向右顺缠屈臂立掌交合于右臂肘弯处。（图2-100）

图2-100

### （6）左合右开

接上势，右手先随腰胯左顾左转，沿逆时针小纵立圈路线，向左后方逆缠旋腕翻掌松合松引一小圈，再随腰胯右盼右转，重心右移成右弓马步，沿顺时针水平圈前半圆，从左后折叠向前、向右逆缠横掌右捋转开到右腿上方，即变顺缠立掌放松相合成肘膝捌；同时，左手先逆后顺缠丝变仰掌下合至脐下小腹前定势。（图2-101）

图2-101

73

## （三）懒扎衣的混元圈动作说明

懒扎衣由6个混元圈组成：
第1个圈是左手抱右拳同向顺时针斜转纵立圈。
第2个圈是两手反向左合右开顺时针横立圈。
第3个圈是两手各在原位反向顺时针缠丝开合小圈再顺时针横立圈合手。
第4个圈是两手反向横立圈上开提右腿。
第5个圈是两手反向横立圈下合开右步。
第6个圈是右手先逆时针转小纵立圈再顺时针转水平圈。

## （四）懒扎衣的缠丝动作说明

第1个斜纵立圈的上半圆是双逆缠，下半圆是双顺缠。
第2个左合右开横立圈的左合是双顺缠，右开是双逆缠。
第3个横立圈各在原位缠丝旋腕的小圈是先双顺缠丝再双逆缠丝，转圈合手是双顺缠丝。
第4个横立圈上开提右腿是双逆缠。
第5个横立圈下合开右步是双顺缠。
第6个右手水平圈右开是逆缠，开到右腿上方再变顺缠；左手是先逆后顺缠。

## （五）懒扎衣的十三势动作说明

第1个斜纵立圈八法：上半圆是斜掤，下半圆是斜捋；五行是中定。
第2个左合右开横立圈八法：左合是捯，右开是右掤、左按；五行是中定。
第3个缠丝旋腕横立圈合手八法是捯；五行是中定。
第4个横立圈上开八法是先合手掤再分手捋，提右腿是膝掤；五行是中定。
第5个横立圈下合八法是合手捯和腿手分家捯；五行是右盼。
第6个右手水平圈右开八法是右捋、肩靠、肘膝捯；五行是左顾右盼。

## （六）懒扎衣的阴阳折叠动作说明

第1个折叠是先斜向左后下引，再折向斜右前上斜转纵立圈掤捋。

第2个折叠是先双顺缠丝左合引，再折向双逆缠丝横立圈右开。

第3个折叠是先缠丝旋腕开引，再折向横立圈合手捋。

第4个折叠是先向前上方合手掤引，再折向横立圈上半圆逆缠分捋提腿掤。

第5个折叠是上一势逆缠开手提腿引，再折向横立圈下半圆的顺缠向左合手和右脚右开步捋。

第6个折叠是右手先向左缠丝合引，再折向右开水平圈捋靠捌。

## （七）懒扎衣的手型步型说明

第1个斜纵立圈手型：斜引是左仰掌虚抱右仰拳，上半圆斜掤是左俯掌虚抱右俯拳，下半圆斜捋是左仰掌虚抱右仰拳；步型是虚实平步。

第2个横立圈右开手型：右手是掌心朝外横掌，左手是掌心朝下横掌；步型是虚实平步。

第3个横立圈左合手型：右手是垂掌，左手是立掌；步型是虚实平步。

第4个横立圈上半圆上开手型都是掌心朝外横掌；步型是独立步。

第5个横立圈下半圆下合手型都是立掌；步型是左马弓步。

第6个右手水平圈手型：右开是掌心朝外横掌，到位后变立掌，左手是仰掌；步型是右弓马步。

## （八）懒扎衣的体用示例说明

动作（1）的斜圈掤捋用法：两手顺势接彼，先抱拳向左松引彼根，再沿斜纵立圈后上半圆由左后下方折叠斜向右前上方逆缠转掤对方。（图2-102）

动作（6）的左合右开用法：两手顺势接彼，右手先向左后松引彼根，再右转腰沿水平圈前半圆从左后折叠向右逆缠捋开对方。（图2-103）

图2-102　　　　图2-103

## 第4式　六封四闭练法

### （一）练法说明

第一步练习六封四闭拳式动作。
第二步练习六封四闭混元圈动作。
第三步练习六封四闭缠丝动作。
第四步练习六封四闭十三势动作。
第五步练习六封四闭阴阳折叠动作。
第六步练习六封四闭手型步型动作。
第七步练习六封四闭拳法动作体用。

扫码观看
第4式

### （二）六封四闭拳式动作图解说明

#### （1）双手转圈

接上势，心意混元地领两手先各在原位，随腰胯先左后右转、重心先左后右换，沿顺时针横立圈路线，同时同向右下左上折叠缠丝转引一圈，即右手在右腿上方先顺后逆缠丝旋腕转引一大圈，左手在脐腹前围绕肚脐先逆后顺缠丝旋腕转引一小圈。（图2-104、图2-105）

图2-104　　　　　　图2-105

### （2）左捋右挤

接上势，右手随腰胯左转、重心左移，沿顺时针椭圆形横立圈下半圆，从右向下、向左顺缠左捋合至左手腕背处，再边左手在内顺缠、右手在外逆缠成十字合手边随腰胯右转，重心右移成右弓马步，沿顺时针椭圆形横立圈上半圆，从左后折叠向右前平胸前挤。（图2-106、图2-107）

图2-106 　　　　　　　图2-107

### （3）左转捋掤

接上势，先十字合手在原位，同时同向地顺时针右下左上松腕旋腕折叠缠丝转引一小圈，再由合变分（两手间距与肩同宽），随腰胯左转、左脚外撇、重心左移，右脚扣正成左弓马步，沿顺时针横立圈下半圆，从右向下、向左、向上按、捋、掤，左手由顺变逆缠松腕垂掌腕背上掤至左腿上方、左臂与左腿上下对齐，右手由逆变顺缠仰掌掌心上掤、右臂屈肘与腰身相合，两手间距同肩宽。（图2-108）

图2-108

### （4）下开左合

接上势，两手先松腕垂掌向前、向上合手松掤引，再随腰胯右转，顺缠翻掌变仰掌沿体前中线由上向下、向左右两侧松按开，再随腰胯左转，重心左移成左弓马步，沿横立圈左右半圆由下向上、由开变合、由伸变屈、由顺变逆缠、由右向左折叠屈臂拿捋合到左胸前，两手立掌三合：一是两掌根相合；二是两手与左胸相合；三是两肘与腰身相合。（图2-109、图2-110）

图2-109 　　　　　　　　　图2-110

### （5）收步斜按

接上势，随腰胯右转、重心右移、横向右进身收左脚成左侧虚步，沿横立圈下弧线，从左上方折叠斜向右前下方逆缠坐腕横掌斜下按定势。（图2-111）

图2-111

## （三）六封四闭的混元圈动作说明

六封四闭由5个混元圈组成：
第1个圈是两手各在原位同向顺时针横立圈。
第2个圈是两手合手同向顺时针椭圆形横立圈。
第3个圈是两手同向左转横立圈下半圆。
第4个圈是两手反向下开上合横立圈。
第5个圈是两手同向横立圈下弧线收步斜向右下按。

## （四）六封四闭的缠丝动作说明

第1个两手各在原位顺时针横立圈的下半圆是双顺缠，上半圆是双逆缠。
第2个顺时针椭圆形横立圈的下半圆是顺缠，上半圆是左顺右逆缠丝。
第3个顺时针横立圈下半圆是先左顺右逆缠丝，再变左逆右顺缠丝。
第4个横立圈的上引是双逆缠，下开是双顺缠，屈臂上合是双逆缠。
第5个横立圈下弧线斜右按是双逆缠。

## （五）六封四闭的十三势动作说明

第1个横立圈八法：下半圆是捋，上半圆是掤；五行是定步左顾右盼。
第2个椭圆形横立圈八法：下半圆捋，上半圆挤；五行是定步左顾右盼。
第3个横立圈下半圆八法：明手按、捋、掤，暗手捌；五行是定步左顾。
第4个横立圈八法：先掤引，再按开，再拿捋；五行是定步左顾。
第5个横立圈下弧线八法是斜右按；五行是活步右盼。

## （六）六封四闭的阴阳折叠动作说明

第1个折叠是先下半圆向左下顺缠捋引，再折向上半圆向右上逆缠掤。
第2个折叠是先下半圆向左捋引，再折向上半圆向右合手挤。
第3个折叠是先合手向右上转引，再折向下半圆向下、向左按捋掤。
第4个折叠是先右转下开按引，再折向左横立圈屈臂上合拿捋。
第5个折叠是先微向左引，再折向右收步斜按。

## （七）六封四闭的手型步型说明

第1个横立圈右手掤的手型是掌心朝外横掌；步型是右弓马步。

第2个横立圈合手挤的手型：右手是掌心朝外横掌，左手是掌心朝里横侧掌；步型是右弓马步。

第3个横立圈下半圆向左掤到位的手型：左手是垂掌，右手是仰掌；步型是左弓马步。

第4个横立圈屈臂上合拿将的手型都是立掌；步型是左弓马步。

第5个横立圈下弧线斜右按的手型都是掌心朝下横掌；步型是左侧虚步。

## （八）六封四闭的体用示例说明

动作（2）的左将右挤用法：两手顺势接彼，先左转腰向左将引彼根，再右转腰十字合手沿横立圈上半圆从左折叠向右平胸前挤对方。（图2-112）

图2-112

动作（5）的收步斜按用法：两手顺势接彼，左脚收步横进身的同时，两手沿横立圈下弧线从左上方折叠斜向右前下方逆缠坐腕下按对方。身到步到手到，一到全到。（图2-113）

图2-113

## 第5式 单鞭练法

### （一）练法说明

第一步练习单鞭拳式动作。
第二步练习单鞭混元圈动作。
第三步练习单鞭缠丝动作。
第四步练习单鞭十三势动作。
第五步练习单鞭阴阳折叠动作。
第六步练习单鞭手型步型动作。
第七步练习单鞭拳法动作体用。

扫码观看
第5式

### （二）单鞭的拳式动作图解说明

#### （1）右合左开

接上势，左侧虚步不变；心意混元地领两手先向下、向左右两侧松开松引蓄势，再随腰胯右转，右上左下逆时针顺缠转圈交叉松合，即右手沿逆时针横立圈右半圆，由右下方向左上方顺缠屈臂转合到左胸前，左手顺缠伸臂向右下方合到右胯前，再随腰胯左转，沿逆时针斜横立圈，左上右下折叠逆缠斜开，即左手沿右半圆，由右下方斜向左前上方45°逆缠横掌掤开，右手沿左半圆，由左上方斜向右下方逆缠横掌坐腕按开。（图2-114、图2-115）

图2-114　　　图2-115

### （2）上开下合

接上势，左侧虚步不变；左手先随腰胯右转，沿横立圈左半圆由左前上方向下、向右与右手顺缠交叉松合蓄势，再随腰胯左转，两手先十字合手沿体前中线向前、向上掤引，再沿横立圈上半圆向左右两侧逆缠伸臂横掌上开分捋，再随腰胯右转，沿横立圈左右半圆，由上折叠向下顺缠屈臂变仰掌十字交合，即左手沿左半圆由左上方向下、向右合到右手下方，右手沿右半圆由右上方向下、向左合到左手上方。（图2-116、图2-117）

图2-116　　　图2-117

### （3）勾手单鞭

接上势，左侧虚步不变；右手先在左手心上方逆时针向左顺缠转引一小水平圈变勾手，再随腰胯左转，经左手心上方沿斜纵立圈下半圆，折叠斜向右前上方45°逆缠伸臂勾手掤开；同时，左手仰掌向左对称拉至脐下小腹前合住。（图2-118）

图2-118

### （4）提腿开步

接上势，右勾手不动；先左腿屈膝向上、向右顺时针横立圈缠丝上提里合，右脚踏实独立稳定，再左脚横向左侧方向折叠铲脚开步成右实左虚的右马弓步。（图2-119、图2-120）

图2-119 　　　　图2-120

### （5）绕腹转圈

接上势，右勾手不动；左手先随腰胯左转，重心左移成左弓马步，由右横向左侧方向松腕垂掌松开松引蓄势，再随腰胯右转，重心右移回到脐下小腹前，即随腰胯先左后右转、重心先左后右换，在脐腹前围绕肚脐右上左下、先逆后顺缠丝旋腕折叠圆转一小圈。（图2-121、图2-122）

图2-121 　　　　图2-122

### （6）左开单鞭

接上势，右勾手不动；左手先随腰胯右转，向右手臂方向顺缠穿掌上掤，再逆缠旋腕翻掌松合松引一小圈，然后随腰胯左转，重心左移成左弓马步，沿逆时针水平圈前半圆，从右折叠向前、向左逆缠横掌左捋转开到左腿上方，即变顺缠立掌放松相合成肘膝捯定势。（图2-123、图2-124）

图2-123　　　　　　　　　　图2-124

### （三）单鞭的混元圈动作说明

单鞭由6个混元圈组成：
第1个圈是两手反向右合、左开逆时针斜横立圈。
第2个圈是两手反向上开、下合横立圈。
第3个圈是右手先反转小水平圈再变勾手单鞭斜纵立圈下半圆的复合圈。
第4个圈是左腿顺时针提腿开步横立圈。
第5个圈是左手绕脐右上、左下小横立圈。
第6个圈是左手单鞭逆时针水平圈。

### （四）单鞭的缠丝动作说明

第1个斜开合横立圈两手右合是顺缠，左开是逆缠。

第2个上开下合横立圈两手上开是逆缠，下合是顺缠。
第3个右手复合圈的逆时针小平圈是顺缠，勾手单鞭斜开是逆缠。
第4个独立提腿圈是顺时针缠丝屈提里合。
第5个左手绕脐小横立圈是先逆后顺缠丝旋腕。
第6个左手单鞭水平圈左开是逆缠，开到左腿上方再变顺缠。

## （五）单鞭的十三势动作说明

第1个斜开合横立圈八法：两手右合是捋，两手左开是左手掤、右手按；五行是中定。
第2个横立圈八法：两手上开是先掤后捋，两手下合是捋；五行是中定。
第3个右手复合圈八法是先缠丝擒拿捋再变勾手单鞭掤；五行是中定。
第4个独立提腿八法是膝掤；五行是中定。
第5个左手绕脐小横立圈八法是掤捋按挤；五行是中定。
第6个左手水平圈八法是左捋、肩靠、肘膝捋；五行是定步左顾。

## （六）单鞭的阴阳折叠动作说明

第1个折叠是先顺缠右合引，再折向逆缠左开横立圈。
第2个折叠是先上半圆逆缠开引，再折向下半圆顺缠合捋。
第3个折叠是右手先向左顺缠逆时针水平圈合引，再折向右前上方逆缠勾手单鞭上掤。
第4个折叠是左腿先向上、向右缠丝屈提里合引，再折向左铲脚开步。
第5个折叠是左手先向左开引，再折向右回到脐腹前绕脐缠丝转圈。
第6个折叠是左手先向右缠丝合引，再折向左开水平圈捋靠捋。

## （七）单鞭的手型步型说明

第1个斜开合横立圈手型：右合是右手立掌、左手垂掌，左开是左手掌心朝外横掌、右手掌心朝下横掌；步型是左侧虚步。
第2个上开下合横立圈手型：上开都是掌心朝外横掌，下合都是仰掌；步型是左侧虚步。
第3个复合圈手型：右手是勾手，左手是仰掌；步型是左侧虚步。

第4个提腿开步圈的右勾手、左仰掌手型不变；步型是右马弓步。

第5个左手绕脐小横立圈手型的下半圆是仰掌，上半圆是俯掌；步型是右马弓步变左弓马步再变右马弓步。

第6个左手单鞭水平圈手型：左开是掌心朝外横掌，到位后变立掌，右勾手手型不变；步型是左弓马步。

## （八）单鞭的体用示例说明

动作（3）的勾手单鞭用法：两手顺势接彼，右手先向左缠丝小圈引动彼根，再左转腰沿斜纵立圈下半圆折叠斜向右前上方逆缠伸臂勾手挒对方。（图2-125）

图2-125

动作（6）的左开单鞭用法：两手顺势接彼，左手先向右逆缠小圈合引彼根，再沿水平圈前半圆从右折叠向左腿手并用逆缠左挒对方，再坠肘与膝相合捯对方。（图2-126）

图2-126

## 第6式　白鹤亮翅练法

### （一）练法说明

第一步练习白鹤亮翅拳式动作。
第二步练习白鹤亮翅混元圈动作。
第三步练习白鹤亮翅缠丝动作。
第四步练习白鹤亮翅十三势动作。
第五步练习白鹤亮翅阴阳折叠动作。
第六步练习白鹤亮翅手型步型动作。
第七步练习白鹤亮翅拳法动作体用。

扫码观看
第6式

### （二）白鹤亮翅的拳式动作图解说明

#### （1）右下松引

接上势，心意混元地领两手先随腰胯右转，重心右移成右马弓步，沿逆时针横立圈下半圆，从左向下、向右松引蓄势。（图2-127）

图2-127

#### （2）左转上掤

接上势，随腰胯左转，重心左移成左弓马步，沿顺时针横立圈下半圆，从右折叠向下、向左前上方垂掌上掤。（图2-128）

图2-128

### (3) 右转右捋

接上势，随腰胯右转，重心右移成右马弓步，沿顺时针横立圈上半圆，从左向上、向右左顺右逆缠丝横掌右捋。（图2-129）

图2-129

### (4) 坐腕下按

接上势，沿顺时针横立圈右半圆，从右上方向右下方左逆右顺缠丝平掌坐腕下按。（图2-130）

图2-130

### (5) 左转斜挤

接上势，随腰身左转，重心左移成左弓马步，沿顺时针横立圈下半圆，从右下方斜向左前方左逆右顺缠丝横掌斜前挤。（图2-131）

图2-131

### （6）平圈右捋

接上势，先向左后方左顺右逆缠丝翻掌松引一小圈，再随腰胯右转，重心右移成右马弓步，沿顺时针水平圈右半圆，从左后折叠向前、向右横掌右捋。（图2-132）

图2-132

### （7）转圈收步

接上势，两手在原位，随腰胯先左后右转、重心先左后右换，沿顺时针小横立圈路线，同时同向地右下左上松腕旋腕折叠缠丝转引一小圈，横掌向右横捋收左步：即左手先逆后顺缠、右手先顺后逆缠，随两手向右横捋之势，重心右移、左脚收步成左前虚步，头朝东。（图2-133）

图2-133

### （8）转身上步

接上势，随腰胯左转、左脚外撇、左顾转身90°，重心逐渐转换到左脚踏实、右脚上步成右前虚步，两手左逆右顺缠丝旋腕翻掌，沿逆时针水平圈，从右折叠向前、向左转圈横捋，左手捋开到身体左侧，掌心朝外横掌伸臂，右手捋合到脐腹前，纵侧掌合住中线。（图2-134、图2-134附图）

图2-134 　　图2-134附图

### （9）合手开步

接上势，两手先顺缠交叉松合松引蓄势：即左手屈臂上合到右胸前，右手伸臂下合到左胯前；再随腰胯先右后左转的斜上右步，沿顺时针斜纵立圈路线，先逆后顺缠丝折叠斜开合：即先随腰胯右转，右手沿后半圆，经左臂内侧逆缠斜向右前上方开，左手沿前半圆，经右臂外侧逆缠斜向左后下方开；再随腰胯左转，右脚斜上步成斜左后坐步，右手沿前半圆，斜向左后下顺缠伸臂纵侧掌下合到裆前护裆，左手沿后半圆，斜向右前上顺缠屈臂立掌上合到右胸前护胸。（图2-135、图2-135附图）

图2-135 　　　　　　　　图2-135附图

### （10）斜圈开合

接上势，随腰胯先右后左转、重心先右后左换，两手再沿顺时针斜纵立圈路线，先逆后顺缠丝折叠斜开合回到原位，即先随腰胯右转的右前弓马步，右手沿后半圆，经左臂内侧逆缠斜向右前上方开，左手沿前半圆，经右臂外侧逆缠斜向左后下方开；再随腰胯左转的左后坐步，右手沿前半圆，斜向左后下方顺缠伸臂纵侧掌下合的裆前护裆，左手沿后半圆，斜向右前上方顺缠屈臂立掌上合到右胸前护胸。（图2-136）

图2-136

### （11）右转掤开

接上势，先随腰胯微左转，向左后下方松合松引蓄势，再随腰胯右转，重心前移收左步成左侧虚步，右手经左臂外侧，沿顺时针斜横立圈左半圆，从左后下方折叠斜向右前上方45°逆缠横掌掤开，到位后即变顺缠立掌放松相合；同时，左手沿横立圈右半圆，从右上向左下方逆缠坐腕按开变平掌定势。（图2-137、图2-137附图）

图2-137 　　　　　　　　图2-137附图

### （三）白鹤亮翅的混元圈动作说明

白鹤亮翅由7个混元圈组成：
第1个圈是两手同向顺时针横立圈。
第2个圈是两手同向顺时针水平圈。
第3个圈是两手同向顺时针小横立圈收步。
第4个圈是两手同向逆时针水平圈左转身上步。
第5个圈是两手反向顺时针斜纵立圈开合斜上步。
第6个圈是两手反向顺时针斜纵立圈开合。
第7个圈是两手反向顺时针斜横立圈开手亮翅收步。

## （四）白鹤亮翅的缠丝动作说明

第1个顺时针横立圈是先左顺右逆缠丝，再变左逆右顺缠丝。
第2个顺时针水平圈是左顺右逆缠丝。
第3个顺时针小横立圈收步是先左逆右顺缠丝，再变左顺右逆缠丝。
第4个左转身上步逆时针水平圈是左逆右顺缠丝。
第5个顺时针斜开合纵立圈斜上步的开是双逆缠，合是双顺缠。
第6个顺时针斜开合纵立圈的开是双逆缠，合是双顺缠。
第7个顺时针斜横立圈开手亮翅收步的开是双逆缠，到位后右手变顺缠。

## （五）白鹤亮翅的十三势动作说明

第1个顺时针横立圈八法是左半圆上掤、上半圆右捋、右半圆下按、下半圆左前挤；五行是定步左顾右盼。
第2个顺时针水平圈八法是右捋；五行是定步左顾右盼。
第3个顺时针小横立圈收步八法是右捋；五行是活步退。
第4个左转身上步逆时针水平圈八法是左捋；五行是活步左顾进。
第5个顺时针斜开合纵立圈斜上步八法是挒靠；五行是活步进。
第6个顺时针斜开合纵立圈八法是挒；五行是定步进退。
第7个顺时针斜横立圈开手亮翅收步八法是右掤、左按；五行是活步进。

## （六）白鹤亮翅的阴阳折叠动作说明

第1个折叠是先向右下引，再折向左顺时针横立圈掤捋按挤。
第2个折叠是先向左后引，再折向右顺时针水平圈右捋。
第3个折叠是先小横立圈下半圆左引，再折向小横立圈上半圆右捋收步。
第4个折叠是先向右后引，再折向左转身上步逆时针水平圈左捋。
第5个折叠是先顺缠合引，再折向斜纵立圈逆缠开、顺缠合上步。
第6个折叠是先斜纵立圈逆缠开引，再折向斜纵立圈顺缠合。
第7个折叠是先向左下方合引，再折向右上方逆缠横立圈右手掤开亮翅、左手按开收步。

## （七）白鹤亮翅的手型步型说明

第1个顺时针横立圈手型：左半圆上掤都是垂掌，上半圆右将都是掌心朝外横掌，右半圆下按都是平掌，下半圆左前挤都是掌心朝外横掌；步型是左弓马步变右马弓步再变左弓马步。

第2个顺时针水平圈右将手型都是掌心朝外横掌；步型是右马弓步。

第3个顺时针小横立圈右将收步手型都是掌心朝外横掌；步型是左前虚步。

第4个左转身上步逆时针水平圈手型：左手是掌心朝外横掌，右手是纵侧掌；步型是右前虚步。

第5个顺时针斜纵立圈合手斜上步手型：左手是立掌，右手是纵侧掌；步型是斜左后坐步。

第6个顺时针斜纵立圈合手手型：仍是左手立掌，右手纵侧掌；步型是斜左后坐步。

第7个顺时针斜横立圈开手亮翅收步手型：右手是立掌，左手是平掌；步型是左侧虚步。

## （八）白鹤亮翅的体用示例说明

动作（9）的合手开步用法：两手顺势接彼，右脚斜上步；同时，两手沿斜纵立圈折叠缠丝斜开合腿手并用捯靠对方。步到手到，上下齐到。（图2-138）

动作（11）的右转掤开用法：两手顺势接彼，先向左下方松引彼根，再右转腰左脚收步，右肩臂沿斜横立圈左半圆从左后下方折叠斜向右前上方逆缠掤开对方。身到步到手到，一到全到。（图2-139）

图2-138　　　　图2-139

## 第7式　斜行拗步练法

### （一）练法说明

第一步练习斜行拗步拳式动作。
第二步练习斜行拗步混元圈动作。
第三步练习斜行拗步缠丝动作。
第四步练习斜行拗步十三势动作。
第五步练习斜行拗步阴阳折叠动作。
第六步练习斜行拗步手型步型动作。
第七步练习斜行拗步拳法动作体用。

扫码观看
第7式

### （二）斜行拗步的拳式动作图解说明

**（1）调步斜立**

接上势，心意混元地先领左脚跟外碾，再重心后移身后坐、右盼转身45°、左脚踏实成右前虚步斜立，领右手沿逆时针斜横立圈左半圆，从右上方斜向左斜向右后下方松引蓄势。（图2-140）

图2-140

**（2）左转斜掤**

接上势，腰胯左转，领右手沿逆时针斜横立圈右半圆，由右下方折叠斜向左前上方顺缠立掌横上掤。（图2-141）

图2-141

### （3）右转斜捋

接上势，腰胯右转、重心前移、右脚踏实成左后虚步，领两手同时相反的沿斜横立圈左半圆，右下、左上交替顺逆缠丝折叠斜按右捋：即右手沿逆时针斜横立圈左半圆，由左前上方斜向左斜向右后下方逆缠平掌按捋到右胯旁，左手沿顺时针斜横立圈左半圆，由左下方斜向左斜向右前上方顺缠屈臂立掌横捋到胸前合住中线。（图2-142）

图2-142

### （4）提腿斜开

接上势，左手立掌合中不变；先左腿屈膝向上、向右顺时针横立圈缠丝上提里合，右脚踏实独立稳定，再左脚斜向左折叠铲脚开步成斜右后坐步，随左脚一落步，右手即由右下方斜向右上方立掌伸臂斜掤展。（图2-143、图2-144）

图2-143　　图2-144

### （5）斜行斜掤

接上势，两手先向下松腕垂掌松引蓄势，再腰胯左转，重心前移成斜左弓马步，领右手沿逆时针斜横立圈右上半圆，由右后下方斜向左前上方顺缠立掌斜上掤。（图2-145）

图2-145

### （6）斜行斜捋

接上势，腰胯右转，重心后移成斜右后坐步，领两手同时相反的沿斜横立圈左半圆，右下、左上交替顺逆缠丝折叠斜按右捋：即右手沿逆时针斜横立圈左下半圆，由左前上方斜向左斜向右后下方逆缠平掌按捋到右胯旁，左手沿顺时针斜横立圈左上半圆，由左下方斜向左斜向右前上方顺缠屈臂立掌横捋到胸前合住中线。（图2-146）

图2-146

### （7）勾手挤掌

接上势，左手沿顺时针斜横立圈右半圆，斜向右后下方逆缠下按；同时，右手沿顺时针纵立圈后半圆，由右后下方顺缠旋绕屈臂向上转合至右肩旁；再随腰胯左转，重心前移成斜左弓马步，左手沿顺时针斜横立圈下半圆，由右后下方折叠经右膝、裆前、左膝斜向左前上方勾手上掤；同时，右手沿顺时针纵立圈上半圆，由后折叠逆缠立掌向正前方伸臂前挤。（图2-147、图2-147附图）

图2-147 　　　　图2-147附图

### （8）左转左合

接上势，左勾手不动；先腰胯右转，重心后移成右后坐步，领右手先沿纵立圈下半圆，由正前方向下、向右后松腕垂掌松引蓄势，再腰胯左转，重心前移成左弓马步，领右手再沿逆时针斜水平圈右半圆，由右后下方折叠平向前、向左顺缠纵侧掌抝转左将合到左手臂内侧。（图2-148）

图2-148

### （9）右转斜开

接上势，左勾手不动；右手先逆缠旋腕翻掌松合松引一小圈，然后随腰胯右转，重心后移成斜右后坐步，沿顺时针斜水平圈右半圆，从左折叠斜向右后方逆缠横掌斜开斜将到右腿上方成腿手捌。（图2-149）

图2-149

### （10）抝步推掌

接上势，左勾手不动；右手开到位后即随腰胯折叠向左拧转，重心前移成斜左弓马步，顺右腿方向斜向右后方变顺缠立掌抝步反向推挤放松相合定势。（图2-150、图2-150附图）

图2-150　　　图2-150附图

97

## （三）斜行拗步的混元圈动作说明

本式是定步斜行拗步练法，由8个混元圈组成：
第1个圈是右手逆时针斜横立圈。
第2个圈是两手交替逆、顺时针斜横立圈。
第3个圈是左腿顺时针屈提开步横立圈。
第4个圈是两手交替逆、顺时针斜横立圈。
第5个圈是左手正转斜横立圈下半圆与右手正转纵立圈上半圆的混合圈。
第6个圈是右手先逆时针纵立圈下半圆，再逆时针斜水平圈右半圆的复合圈。
第7个圈是右手顺时针斜水平圈。
第8个圈是右手拗步水平反推圈。

## （四）斜行拗步的缠丝动作说明

第1个右手逆时针斜横立圈是先逆后顺缠丝。
第2个交替斜横立圈是右逆左顺缠丝。
第3个独立提腿圈是顺时针缠丝屈提里合。
第4个交替斜横立圈的右手是先顺后逆缠丝，左手是先逆后顺缠丝。
第5个左右手混合圈的左勾手是逆缠，右手是先顺后逆缠丝。
第6个右手复合圈的逆时针水平圈左合是顺缠。
第7个右手顺时针斜水平圈右开是逆缠。
第8个右手拗步反推平圈是顺缠。

## （五）斜行拗步的十三势动作说明

第1个右手逆时针斜横立圈八法是斜左掤；五行是先后退再右盼左顾。
第2个交替斜横立圈八法是斜按右捋；五行是定步进。
第3个独立提腿开步横立圈八法：提腿是膝掤，斜开步是腿手捯；五行是独立中定。
第4个交替斜横立圈八法是斜左掤，斜右捋；五行是定步左顾右盼。
第5个左右手混合圈八法：左手是勾手斜掤，右手是正前挤；五行是定步进。

第6个右手复合圈的逆时针水平圈八法是拗转左捋；五行是定步左顾。
第7个右手顺时针斜水平圈八法是右捋和腿手挒；五行是定步右盼。
第8个右手拗步反推平圈八法是拗步反挤；五行是拗步左顾。

## （六）斜行拗步的阴阳折叠动作说明

第1个折叠是右手先左半圆斜向右下引，再折向右半圆斜向左前上掤。
第2个折叠是左半圆上下交替折叠：即右手左半圆由上斜向右下按捋引，左手左半圆由下斜向右上捋。
第3个折叠是左腿先向上、向右缠丝屈提里合引，再折向左铲脚斜开步。
第4个折叠是右手先右半圆向左前上斜掤引，再折向左半圆上下交替斜向右按捋。
第5个折叠是先左手向右下合引、右手向右上缠丝屈臂合引，再折向左横立圈勾手斜上掤、右纵立圈立掌正前挤。
第6个折叠是右手先纵立圈向下、向后开引一下，再折向前、向左逆时针水平圈左捋、左合。
第7个折叠是右手先向左逆缠合引，再折向右顺时针水平圈右捋、右开。
第8个折叠是腰腿脚折向左转、右手拗步反方向斜挤。

## （七）斜行拗步的手型步型说明

第1个右手逆时针横立圈左前上斜掤手型是立掌；步型是斜右前虚步。
第2个交替斜横立圈手型：右手是掌心朝下平掌，左手是立掌；步型是斜左后虚步。
第3个独立提腿开步横立圈手型都是立掌；步型是斜右后坐步。
第4个交替斜横立圈手型：右手左前上斜掤时是立掌、向右交替斜按右捋时是平掌，左手是立掌；步型是斜左弓马步变斜右后坐步。
第5个左右手混合圈手型：左手是勾手，右手是立掌；步型是斜左弓马步。
第6个右手复合圈的逆时针水平圈的拗转左捋左合手型是纵侧掌；步型是斜左弓马步。
第7个右手顺时针斜水平圈手型是掌心朝外横掌；步型是斜右后坐步。
第8个右手拗步反推平圆手型是立掌；步型是斜左弓马步。

## （八）斜行拗步的体用示例说明

动作（7）的勾手挤掌用法：两手顺势接彼，左勾手上掤彼根的同时，右手沿纵立圈上半圆由后折叠逆缠立掌向正前方伸臂前挤对方。（图2-151）

图2-151

动作（9）的右转斜开用法：两手顺势接彼，右手先向左缠丝小圈引动彼根，再沿斜水平圈右半圆从左折叠斜向右后方逆缠斜开腿手并用挤捌对方。（图2-152）

图2-152

## 第8式　提收练法

### （一）练法说明

第一步练习提收拳式动作。
第二步练习提收混元圈动作。
第三步练习提收缠丝动作。
第四步练习提收十三势动作。
第五步练习提收阴阳折叠动作。
第六步练习提收手型步型动作。
第七步练习提收拳法动作体用。

扫码观看
第8式

## （二）提收的拳式动作图解说明

### （1）松手收步

接上势，心意混元地领两手先随右脚向左脚右后方虚收步成右后虚步，沿横立圈左右半圆，逆缠环形向下松腕垂掌垂臂交叉松合松引蓄势。（图2-153）

图2-153

### （2）退步提收

接上势，向左右两侧松开松引蓄势，然后再交叉松合沿纵立圈下半圆，由下向前、向上松腕垂掌提手上掤；再随右脚向后退步退身收左脚成左前虚步，沿横立圈上半圆，由前折叠向后、向左右两侧逆缠环形上开横掌捋收。（图2-154、图2-155）

图2-154 　　图2-155

### （3）虚步提收

接上势，沿横立圈左右半圆，由上顺缠环形向下、向身前中线合手变仰掌，复沿逆时针纵立圈下半圆，由后向前、向上提手上掤，再随腰胯右转，沿逆时针纵立圈上半圆，由前折叠往回逆缠屈臂拿捋回收合至右胸前变立掌，两手掌心相对。（图2-156、图2-157）

图2-156 　　图2-157

### （4）独立提收

接上势，两手先沿顺时针纵立圈前下半圆，向前、向下逆缠松引蓄势，再随左腿屈膝上提收脚跟、右脚踏实独立稳定、腰身左转，沿顺时针纵立圈后上半圆，由后折叠向上、向前逆缠翻掌合手推挤，左手掌心朝前横掌在上、右手由逆变顺再变逆缠掌心朝前竖掌在下，两手劳宫穴上下对齐在一条垂直线上，成右脚独立、左腿提收定势。（图2-158）

图2-158

### （三）提收的混元圈动作说明

提收由4个混元圈组成：
第1个圈是两手反向横立圈下合收步。
第2个圈是两手同向纵立圈下半圆合手前上与两手反向横立圈上半圆上开复合圈退步提收。
第3个圈是两手同向逆时针纵立圈的虚步提收。
第4个圈是两手同向顺时针纵立圈的独立提收。

### （四）提收的缠丝动作说明

第1个收步横立圈下合是双逆缠。
第2个退步提收圈是双逆缠。
第3个虚步提收圈先是双顺缠，再变双逆缠。
第4个独立提收圈推掌是双逆缠，其中右手由逆变顺再变逆。

### （五）提收的十三势动作说明

第1个收步横立圈下合八法是合手挤；五行是活步进。
第2个退步提收复合圈八法是先掤后捋，即提是掤，收是捋，提收就是掤捋；五行是活步退。

第3个虚步提收纵立圈八法是先掤后捋；五行是中定。

第4个独立提收纵立圈八法：提腿是掤，脚后跟收是捋；五行是独立中定。

## （六）提收的阴阳折叠动作说明

第1个折叠是两手先开引一下，再折向横立圈下合收步挤。

第2个折叠是先合手向前上掤提引，再折向后退步横立圈上开捋收。

第3个折叠是先纵立圈下半圆向前上掤提引，再折向上半圆向后屈臂捋收。

第4个折叠是先纵立圈下半圆由前向后下引，再折向上半圆由后向上、向前推掌独立提收。

## （七）提收的手型步型说明

第1个收步横立圈下合手型是垂掌；步型是右后虚步。

第2个退步提收复合圈手型都是掌心朝外横掌；步型是左前虚步。

第3个虚步提收纵立圈手型都是立掌；步型是左前虚步。

第4个独立提收纵立圈手型：左手是掌心朝前横掌，右手是掌心朝前竖掌；步型是独立步。

## （八）提收的体用示例说明

动作（2）的退步提收体用：两手顺势接彼，先合手向前掤引彼根，再右脚向后退步退身、收左脚沿横立圈上半圆折叠向后逆缠环形上开捋收对方，暗含胸靠、头靠。步退身退手退，一退全退。（图2-159）

图2-159

动作（3）的虚步提收体用：两手顺势接彼，先向前掤引彼根，再沿纵立圈上半圆折叠往回逆缠屈臂拿拴对方。（图2-160）

图2-160

动作（4）的独立提收体用：两手顺势接彼，右脚独立，左腿屈提用脚后跟收套封彼腿；同时，两手沿纵立圈后上半圆由后折叠向前逆缠合手腿手并用推挤对方。（图2-161）

图2-161

## 第9式 前蹚拗步练法

扫码观看
第9式

### （一）练法说明

第一步练习前蹚拗步拳式动作。
第二步练习前蹚拗步混元圈动作。
第三步练习前蹚拗步缠丝动作。
第四步练习前蹚拗步十三势动作。
第五步练习前蹚拗步阴阳折叠动作。
第六步练习前蹚拗步手型步型动作。
第七步练习前蹚拗步拳法动作体用。

## （二）前蹚拗步的拳式动作图解说明

### （1）进步挤手

接上势，心意混元地先领左脚向下放松落步成左前虚步，再领两手先随腰胯右转，沿顺时针纵立圈下半圆，由前向下、向右后方松腕垂掌松引蓄势，再左手顺缠屈臂变横侧掌、右手先顺后逆缠绕屈臂变竖掌，两手掌心相对相合，随左脚上步、腰身左转，重心前移成左前弓马步，沿顺时针纵立圈后上半圆，由后折叠向上、向前合手伸挤。（图2-162）

图2-162

### （2）后坐斜开

接上势，随腰胯右盼转身、重心后移后坐，左腿内旋扣左脚，两手先沿顺时针纵立圈下半圆，由前向下、向右后下方松引；再沿纵立圈后半圆顺缠转圈松合，即右手沿纵立圈后上半圆，由右后下方顺缠屈臂立掌向左上方合到左胸前，左手垂掌伸臂合到右胯前；再随腰胯左顾转身，左脚外撇成左前虚步，沿逆时针斜横立圈，左上右下折叠逆缠转圈斜开：即左手沿右半圆，由右后下方斜向左前上方逆缠横掌掤开，右手沿左半圆，由左上方斜向右下方逆缠横掌坐腕按开。（图2-163、图2-164、图2-164附图）

图2-163 　　　图2-164 　　　图2-164附图

### （3）合手开步

接上势，随重心前移，左脚踏实，再沿逆时针横立圈，左下右上折叠顺缠转圈屈臂合手提右腿斜开步：即左手沿左半圆，由上向左、向下顺缠屈臂垂掌交合到右手下方，右手沿右半圆由下向右、向上顺缠屈臂立掌交合到左手上方；同时，右腿先屈膝向上、向左逆时针横立圈缠丝上提里合，再右脚斜向右前方45°折叠铲脚斜开步成斜左后坐步。（图2-165、图2-166、图2-166附图）

图2-165

图2-166 　　　　图2-166附图

### （4）拗步转圈

接上势，两手交合不变，先随腰胯逆时针右盼拗转，重心右移成斜右前弓马步，沿逆时针斜椭圆形横立圈下半圆，由左后上方斜向右前下方逆缠伸臂松引松按；再随腰胯逆时针左顾转身，重心左移成斜左后坐步，沿逆时针斜椭圆形横立圈上半圆，由右前下方折叠斜向左后上方顺缠屈臂拿捋回到原位。（图2-167、图2-168）

图2-167　　　　　　　　　　　　图2-168

图2-167附图　　　　　　　　　图2-168附图

（5）右转开手

接上势，两手先逆缠合引蓄势，再合手向前、向上，随腰身右转，重心右移成斜右前弓马步，沿横立圈上半圆，向左右两侧折叠逆缠横掌环形开手到两腿上方，即顺缠立掌、两肘下坠与两膝相合成肘膝捌定势。（图2-169、图2-169附图）

图2-169 　　　　　　　　　　　　图2-169附图

## （三）前蹚拗步的混元圈动作说明

前蹚拗步由5个混元圈组成：
第1个圈是两手同向的进步顺时针纵立圈。
第2个圈是两手反向的逆时针右合、左开斜横立圈。
第3个圈是两手反向逆时针开合横立圈与右腿向上、向右屈提里合圈的腿手组合圈。
第4个圈是两手交合同向右下、左上逆时针斜椭圆形横立圈。
第5个圈是两手反向的横立圈上半圆开手。

## （四）前蹚拗步的缠丝动作说明

第1个进步顺时针纵立圈的左手是顺缠，右手是先顺后逆缠。
第2个逆时针右合、左开斜横立圈的右合是双顺缠，左开是双逆缠。
第3个腿手组合圈的横立圈合手是双顺缠，右腿屈提里合是逆时针缠丝。
第4个右下、左上逆时针斜椭圆形横立圈的右下是伸臂双逆缠，左上是屈臂双顺缠。
第5个横立圈上半圆开手是双逆缠，开到位后变双顺缠。

## （五）前蹚拗步的十三势动作说明

第1个进步顺时针纵立圈八法是合手挤；五行是活步进。
第2个逆时针右合、左开斜横立圈八法是左掤、右按；五行是左顾。
第3个腿手组合圈八法：横立圈合手是捌，右腿屈提是膝掤；五行是独立中定。
第4个右下、左上逆时针斜椭圆形横立圈八法：右下是按，左上是拿挒；五行是定步先右盼再左顾。
第5个横立圈上半圆开手定势八法是肘膝捌；五行是定步右盼。

## （六）前蹚拗步的阴阳折叠动作说明

第1个折叠是两手先纵立圈下半圆向下、向后引，再折向纵立圈上半圆合手前挤。
第2个折叠是先向右后合引，再折向左斜开横立圈左掤右按。

第3个折叠是两手先横立圈开引，再折向横立圈合手捯，同时右腿先向上、向左逆时针屈提合引，再折向右前斜铲脚开步。

第4个折叠是合手先下半圆向右下引，再折向上半圆向左上屈臂拿捋。

第5个折叠是先逆缠合手引，再折向横立圈上半圆上开向下顺缠肘膝捌。

## （七）前蹚拗步的手型步型说明

第1个进步纵立圈合手挤的手型：左手是横侧掌，右手是掌心朝前竖掌；步型是左前弓马步。

第2个斜开横立圈手型：左手是掌心朝外横掌，右手是掌心朝下横掌；步型是左前虚步。

第3个腿手组合圈的合手手型：左手是垂掌，右手是立掌；步型是斜左后坐步。

第4个逆时针斜椭圆形横立圈合手手型都是立掌；步型是斜左后坐步。

第5个横立圈上半圆开手手型都是掌心朝外横掌，开到位后都变立掌；步型是斜右前弓马步。

## （八）前蹚拗步的体用示例说明

动作（1）的进步挤手体用：两手顺势接彼，先向后松引彼根，再左脚进步、进身沿纵立圈上半圆折叠向前合手伸挤对方。步到身到手到，一到全到。（图2-170）

图2-170

动作（5）的右转开手体用：两手顺势接彼，先屈臂蓄合引动彼根，再沿横立圈上半圆折叠逆缠开手到两腿上方，即两肘下坠、腿手并用肘膝捌对方。（图2-171）

图2-171

## 第10式　掩手肱捶练法

### （一）练法说明

第一步练习掩手肱捶拳式动作。
第二步练习掩手肱捶混元圈动作。
第三步练习掩手肱捶缠丝动作。
第四步练习掩手肱捶十三势动作。
第五步练习掩手肱捶阴阳折叠动作。
第六步练习掩手肱捶手型步型动作。
第七步练习掩手肱捶拳法动作体用。

扫码观看
第10式

### （二）掩手肱捶的拳式动作图解说明

#### （1）转圈右将

接上势，心意混元地领两手先随腰胯左转，重心左移成斜左后坐步，向左下方松引蓄势，再随腰胯右转，重心右移成斜右前弓马步，右手沿顺时针横立圈上半圆，从体侧左下方折叠向体侧右下方先逆后顺缠丝转圈平掌将按到右胯旁，左手随右手下按之势沿顺时针横立圈左半圆，从左下方向前上方顺缠立掌右横将至胸前合住中线。（图2-172）

图2-172

#### （2）折叠左掤

接上势，先左手沿横立圈右半圆，向右下方逆缠横掌下按；再右手随腰胯左转，重心左移成斜左后坐步，沿逆时针横立圈右半圆，由右下方折叠向左上方顺缠立掌掤至胸前。（图2-173）

图2-173

## （3）独立回身

接上势，右手抓拳向脐下小腹前逆缠反腕垂拳下扣；同时，重心先移到右脚，扣左脚、重心再转到左脚，回身右盼转体90°，右腿屈膝上提，左脚踏实独立稳定，左手沿顺时针水平圈前半圆，从左折叠向右圆转平圈纵侧掌掩合至右拳腕背上。（图2-174）

图2-174

图2-175

## （4）震脚开步

接上势，左手掩合右拳不变，右腿垂直向下松气松落松震脚，左脚变虚斜向左45°斜开步。（图2-175）

## （5）闪身反打

接上势，先腰胯微左转，左手向左下方松引蓄势，再腰胯右转，重心右移，领左手沿顺时针横立圈左半圆，由左下方折向右前上方立掌拦手掩盖；再腰身左转闪身，重心左移成斜左前弓马步，领右拳同样沿顺时针横立圈左半圆，由左下方经左手臂内侧折叠横向右前上方顺缠立拳反打；同时，左手变八字手屈臂收到胸前护心。（图2-176、图2-177）

图2-176 　　图2-177

111

### （6）磨盘开合

接上势，左手右拳先随腰胯右转，重心右移，向下、向左右两侧松开松引蓄势，再随腰胯左转，重心左移，磨盘屈臂相合到胸前：即右拳屈臂在上、左手屈臂在下，左手心和右拳心均朝下；再随腰胯先右后左转、重心先右后左换，沿大磨盘水平圈路线，从右折叠向左边顺缠旋腕翻转手心拳心朝上边大磨盘转圈相开：即右拳由左向后、向右、向前转开到前变仰拳，左阳八字手由右向前、向左、向后转开到后变阴八字手合于左肩。（图2-178~图2-180）

图2-178　　　　　图2-179　　　　　图2-180

### （7）掩手推掌

接上势，随腰胯右转，重心右移坐胯开裆微下蹲成斜右后坐步，左阴八字手逆缠变横掌沿水平圈右弧线，由后经右仰拳小臂上方平向前偏下按挤掩手；同时，右仰拳沿水平圈左弧线，由前经左手臂下方向后屈臂挂肘合于右腹腰侧。（图2-181）

图2-181

### （8）逆分顺合

接上势，左手右拳先随腰胯微左转，向下、向左右两侧松开松引蓄势，再合手沿体前中线由下折叠向前、向上松掤引；然后随腰身右转，重心右移成斜右后坐步，先沿体前中线向下，再沿纵立圈下半圆，左前、右后同时逆缠伸臂分引，即左手由中向下、向前分，右拳由中向下斜向右后分；再沿纵立圈上半圆，同时折叠顺缠屈臂回收蓄合，即左手顺缠变阴八字手由前往回微屈臂合于脐腹前成掩手势，右拳顺缠变仰拳由后往前屈臂蓄势合于右腹腰侧。（图2-182、图2-183）

图2-182　　　　　　　　　图2-183

### （9）螺旋冲拳

接上势，随腰胯先右后左转，重心左移成斜左前弓马步，右仰拳平腰边由后折叠向前边逆缠螺旋180°冲拳变平拳；同时，左阴八字手平腰边由前折叠向后边逆缠螺旋90°屈臂挂肘收合于左腹腰侧定势。（图2-184）

图2-184

## （三）掩手肱捶的混元圈动作说明

掩手肱捶由8个混元圈组成：
第1个圈是两手同向的右手领左手的顺时针横立圈。
第2个圈是两手横立圈右半圆上下交替。
第3个圈是右手逆时针横立圈左半圆扣拳与左手逆时针水平圈掩手的独立回身混合圈。
第4个圈是两手反向的顺时针横立圈左半圆的左掩手、右反打。
第5个圈是两手反向的大磨盘开合水平圈。
第6个圈是右挂肘、左手水平圈推掌掩手。
第7个圈是两手反向的纵立圈下半圆前后双分和上半圆前后双合。
第8个圈是两手交替左屈右伸水平螺旋圈冲拳。

## （四）掩手肱捶的缠丝动作说明

第1个顺时针横立圈的右手是先顺后逆缠，左手是顺缠。
第2个横立圈右半圆上下交替的左手是逆缠，右手是顺缠。
第3个独立回身混合圈的右手扣拳是逆缠，左手逆时针水平圈掩手是顺缠。
第4个顺时针横立圈左半圆的左掩手和右反打都是顺缠。
第5个大磨盘开合水平圈是先双逆缠合，再双顺缠开。
第6个左手水平圈推掌掩手是逆缠，右拳是顺缠。
第7个纵立圈下半圆前后双分是逆缠，上半圆前后双合是顺缠。
第8个左屈右伸水平螺旋圈冲拳都是双逆缠。

## （五）掩手肱捶的十三势动作说明

第1个顺时针横立圈八法：右手是先掤后捋按，左手是右横捋；五行是定步左顾右盼。
第2个横立圈右半圆上下交替八法：左手是按，右手是掤；五行是定步左顾。
第3个独立回身混合圈八法：右手扣拳是按，左手水平圈掩手是捋；五行是独立中定。
第4个顺时针横立圈左半圆左掩手和右反打八法都是掤；五行是定步右盼

左顾闪身。

第5个大磨盘开合水平圈八法是拿挒捌；五行是定步右盼左顾。

第6个左手水平圈推掌掩手八法：左手是先按后挤，右屈臂是挂肘；五行是定步右盼。

第7个纵立圈下半圆前后双分八法是分挒，上半圆前后双合是擒拿肘；五行是定步右盼。

第8个左屈右伸水平螺旋圈冲拳八法：右冲拳是挤，左屈臂是挂肘；五行是定步左顾。

## （六）掩手肱捶的阴阳折叠动作说明

第1个折叠是右手先向下、向左引，再折向右横立圈掤按挒。

第2个折叠是左手先向右下合引，再右手折向左上横立圈掤。

第3个折叠是先右扣拳下合引，再左手折向右水平圈右挒掩手、身体折向右独立回身提腿。

第4个折叠是先左手向前上掩手掤引，再右拳折向前上反拳掤打、身体折向左闪身。

第5个折叠是两手先逆缠屈臂合引，再折向大磨盘水平圈顺缠开。

第6个折叠是左手先逆缠屈臂向下合引，再折向前水平圈伸臂推掌掩手。

第7个折叠是两手先向上合引，再折向下纵立圈下半圆前后双分，再纵立圈上半圆前后双合。

第8个折叠是腰胯先微向右转引，再折向左螺旋平向前冲拳。

## （七）掩手肱捶的手型步型说明

第1个顺时针横立圈掤按挒手型：右手是平掌，左手是立掌；步型是斜右前弓马步。

第2个横立圈右半圆上下交替手型：左手是掌心朝下横掌，右手是立掌；步型是斜左后坐步。

第3个独立回身混合圈手型：右手扣拳是垂拳，左手水平圈掩手是纵侧掌；步型是独立步。

第4个顺时针横立圈闪身反打手型：左掩手是立掌，右反打是立拳；步型是斜左前弓马步。

115

第5个大磨盘开合水平圈手型：右手是仰拳，左手是阴八字手；步型是斜左前弓马步。

第6个左手水平圈推掌掩手手型是掌心朝下横掌，右拳是仰拳；步型是斜右后坐步。

第7个纵立圈下半圆前后双分变上半圆前后双合手型：左手是阴八字手，右手是仰拳；步型是斜左前弓马步。

第8个左屈右伸水平螺旋圈冲拳手型：右拳是平拳，左手是八字手；步型是斜左前弓马步。

### （八）掩手肱捶的体用示例说明

动作（1）的转圈右捋用法：两手顺势接彼，右手先向左下方松引彼根，再沿横立圈上半圆折叠向体侧右下方缠丝转圈捋按对方。（图2-185）

图2-185

动作（2）的折叠左掤用法：两手顺势接彼，先左手屈臂向右下拿按彼根，再右手沿横立圈右半圆由右下方折叠向左上方顺缠掤对方。（图2-186）

图2-186

动作（3）的独立回身中的右扣拳用法：两手顺势接彼，右手抓拳向脐下小腹前逆缠屈臂扣拳拿彼梢、断彼根。（图2-187）

图2-187

动作（3）的独立回身右腿屈提用法：拿梢断根以后，回身右转左脚独立，左手水平圈捋合对方，腿手并用右腿屈提掤顶对方。（图2-188）

图2-188

动作（5）的闪身反打用法：两手顺势接彼，左闪身的同时，右拳沿横立圈左半圆由左下方折叠横向右前上方顺缠反打对方。（图2-189）

图2-189

117

动作（9）的螺旋冲拳用法：两手顺势接彼，先微微右转腰引动彼根，再左转腰右拳由后折叠向前逆缠螺旋冲拳挤发对方。（图2-190）

图2-190

## 第11式 披身捶练法

### （一）练法说明

第一步练习披身捶拳式动作。
第二步练习披身捶混元圈动作。
第三步练习披身捶缠丝动作。
第四步练习披身捶十三势动作。
第五步练习披身捶阴阳折叠动作。
第六步练习披身捶手型步型动作。
第七步练习披身捶拳法动作体用。

扫码观看
第11式

### （二）披身捶的拳式动作图解说明

**（1）转圈合手**

接上势，心意混元地领右手先向左下方松引蓄势，再随腰胯先右后左转、重心先右后左换，沿左上右下顺时针横立圈路线，先逆后顺缠丝折叠圆转一圈伸臂侧掌合到左胯裆前；同时，左手沿横立圈左半圆，由左下方向右上方先逆后顺缠丝屈臂立掌合到右胸前。（图2-191）

图2-191

## （2）开手开裆

接上势，腰胯微右转、右背微后靠，重心向右移坐胯开裆微下蹲成斜右后坐步，领两手沿顺时针横立圈路线，右上左下逆缠横掌相开，即右手沿横立圈左半圆，由左下方经左手臂外侧向右上方掤开到头部右侧，左手沿横立圈右半圆，由右上方经右手臂内侧向左下方按开到左腿上方。（图2-192）

图2-192

## （3）转圈转身

接上势，右手先随腰胯左转、重心左移，沿顺时针横立圈右半圆，由右上方向左下方松引蓄势；再随重心先右移、扣左脚、右盼转身90°，重心再回到左脚，右脚略向左移步成右前虚步，沿左上右下顺时针横立圈路线，先逆后顺缠丝折叠圆转一大圈平掌按到右胯旁；同时，左手沿顺时针横立圈左半圆，由左下方向前上方顺缠立掌向右横捋到胸前合住中线。（图2-193）

图2-193

## （4）收步收手

接上势，右手先随重心前移成左后虚步，顺缠旋腕成掌心朝前垂掌由后向下、向前塞挤一下；同时，左手逆缠掌心朝下合于右臂肘弯上；再随重心后移、收右脚，调正左脚成平步，沿逆时针纵立圈路线，由前折叠向上、向后、向下仰掌转一圈收回落到左手心上；同时，左手顺缠翻掌，掌心朝上、两手叠抱合于脐下小腹前。（图2-194、图2-195）

图2-194 　　图2-195

119

### （5）下开上合

接上势，两手先向下、向左右两侧松开松引蓄势，再逆缠合手沿体前中线折叠向前、向上松腕垂掌松掤引；再顺缠翻腕，掌心朝上沿体前中线向下、向左右两侧松按开，再沿横立圈左右半圆，由下向上、由开变合、由伸变屈、由顺变逆缠折叠立掌坐腕合到胸腹前成十字手。（图2-196）

图2-196

图2-197

### （6）开手收步

接上势，先两手顺缠松腕垂掌，掌心朝异侧，沿椭圆形横立圈下弧线，横向左右两侧松开松引蓄势；同时，右脚向左脚旁虚收步，成上开下合之势。（图2-197）

### （7）开步合手

接上势，随右脚向右横开步成马步，两手沿椭圆形横立圈上弧线，由开变合、由伸变屈、由顺变逆缠丝旋腕立掌坐腕十字手合到胸腹前，成下开上合之势。（图2-198）

图2-198

### （8）反转磨盘

接上势，两手十字交叉不变，先随腰胯右转、重心右移，向右腹腰侧边节节抓握成拳边松合松引蓄势；再随腰胯左转、重心左移，沿逆时针水平圈路线，由右折叠向前、向左磨盘反转一圈至左腹腰侧。（图2-199、图2-200）

图2-199　　　　图2-200

### （9）左右冲拳

接上势，先腰身右转，重心右移成右弓马步，领右立拳屈臂挂肘、左立拳斜向右前方逆缠伸臂冲拳挤打；然后左立拳先向前伸引蓄势，再随腰胯左转，重心左移成左后坐步，沿斜纵立圈上半圆，由前折叠向后屈臂挂肘勾挢；同时，右立拳由后折叠斜向右前方逆缠伸臂冲拳挤打。（图2-201、图2-202）

图2-201 　　　　图2-202

### （10）左披身拳

接上势，先腰胯右转、重心右移，领右拳先向右下方松引蓄势，再左脚外撇，腰胯左转、重心左移，右脚转正成左弓马步，领右平拳沿斜横立圈右半圆，由右下方折叠横向左前上方（东南）左顾披身摆拳掤打。（图2-203）

图2-203

### （11）右披身拳

接上势，腰胯左转，右拳顺缠屈臂往回收合到身前，左拳向左下方松引蓄势，然后右脚外撇、腰胯右转、重心右移，左脚转正成右弓马步，领左平拳沿斜横立圈左半圆，由左下方折叠横向右前上方右盼披身摆拳掤打。（图2-204）

图2-204

### （12）左披身拳

接上势，腰胯右转，左拳顺缠屈臂往回收合到身前，右拳向右下方松引蓄势，然后腰胯左转，重心左移成左后坐步，领右平拳沿斜横立圈右半圆由右下方折叠斜向右前上方披身摆拳掤打定势。（图2-205）

图2-205

## （三）披身捶的混元圈动作说明

披身捶由11个混元圈组成：
第1个圈是两手反向顺时针横立圈开合。
第2个圈是两手反向顺时针横立圈开手。
第3个圈是两手同向右手领左手顺时针横立圈右转身。
第4个圈是两手反向逆时针纵立圈收手收步。
第5个圈是两手反向横立圈下开上合十字手。
第6个圈是两手反向椭圆形横立圈下开上合十字手横开步。
第7个圈是两手同向十字手逆时针磨盘水平圈。
第8个圈是两手交替左右屈伸斜纵立圈连环冲炮。
第9个圈是右拳逆时针横立圈左披身摆拳。
第10个圈是左拳顺时针横立圈右披身摆拳。
第11个圈是右拳逆时针横立圈左披身摆拳。

## （四）披身捶的缠丝动作说明

第1个顺时针横立圈开合的开是双逆缠，合是双顺缠。
第2个顺时针横立圈开是双逆缠。
第3个顺时针横立圈转身的右手是先顺后逆缠，左手是顺缠。
第4个逆时针纵立圈收手收步的合手向前时，右手是顺缠，左手是逆缠，收手收步时都是顺缠。
第5个横立圈下开上合十字手的合手上引是双逆缠，合手向下、向左右开是双顺缠，上合十字手是双逆缠。
第6个椭圆形横立圈下开上合十字手横开步的下开是双顺缠旋腕，上合十字手是双逆缠旋腕。
第7个十字手逆时针磨盘水平圈先双逆缠，再双顺缠。
第8个左右屈伸斜纵立圈连环冲炮是逆缠。
第9个右拳逆时针横立圈左披身摆拳是逆缠。
第10个左拳顺时针横立圈右披身摆拳是逆缠。
第11个右拳逆时针横立圈左披身摆拳是逆缠。

## （五）披身捶的十三势动作说明

第1个顺时针横立圈开合八法是捌手；五行是定步左顾右盼左顾。
第2个顺时针横立圈开的八法是右背靠；五行是定步退。
第3个顺时针横立圈转身八法是腿手并用捋按摔法；五行是活步左顾右盼。
第4个逆时针纵立圈收手收步八法：合手向前是塞挤，收手收步是捋收；五行是定步进、活步退。
第5个横立圈下开上合十字手八法是捌手；五行是中定。
第6个椭圆形横立圈下开上合十字手横开步八法是捌手；五行是活步右盼。
第7个十字手逆时针磨盘水平圈八法是拿捋；五行是定步左顾。
第8个左右屈伸斜纵立圈连环冲炮八法：左右冲拳是挤，左屈臂勾拉是捋；五行是定步右盼左顾。
第9个右拳逆时针横立圈左披身摆拳是斜左挒；五行是定步左顾。
第10个左拳顺时针横立圈右披身摆拳是斜右挒；五行是定步右盼。
第11个右拳逆时针横立圈左披身摆拳是前上挒；五行是定步左顾。

## （六）披身捶的阴阳折叠动作说明

第1个折叠是右手先向左下合引，再折向右开左合正转横立圈合手捌。
第2个折叠是两手先合引一下，再折向横立圈开手右背靠。
第3个折叠是右手先左下合引，再折向右正转横立圈转身捌按摔。
第4个折叠是先合手向前挤引，再折向后纵立圈收步收手捋。
第5个折叠是两手先上合下开引，再折向横立圈上合十字手捌。
第6个折叠是先右脚收步开手引，再折向右脚开步合手捌。
第7个折叠是先合手抓拳向右合引，再折向左反转水平圈拿捋。
第8个折叠是先右屈左伸引，再折向左屈右伸勾捋挤打。
第9个折叠是右拳先向右下引，再折向左前上方摆拳挒打。
第10个折叠是左拳先向左下引，再折向右前上方摆拳挒打。
第11个折叠是右拳先向右下引，再折向右前上方摆拳挒打。

## （七）披身捶的手型步型说明

第1个顺时针横立圈合手捌的手型：右手是侧掌，左手是立掌；步型是斜左前弓马步。

第2个横立圈开手右背靠的手型：左手是掌心朝下横掌，右手是掌心朝外横掌；步型是斜右后坐步。

第3个顺时针横立圈转身手型：右手是平掌，左手是立掌；步型是右前虚步。

第4个纵立圈收步收手手型都是仰掌；步型是无极步平步。

第5个横立圈下开上合十字手手型都是立掌；步型是无极步平步。

第6个横立圈下开上合十字手横开步手型都是立掌；步型是马步。

第7个合手磨盘水平圈手型是立拳；步型是虚实马步。

第8个左右屈伸冲拳手型都是立拳；步型是斜左前弓马步。

第9个横立圈左披身摆拳是平拳。

第10个横立圈右披身摆拳是平拳。

第11个横立圈左披身摆拳是平拳。

### （八）披身捶的体用示例说明

动作（3）的转圈转身用法：两手顺势接彼，右手先向左下松引彼根，再右转身，右脚向左移步勾彼脚，右手左上右下折叠缠丝横立圈腿手并用下按捯摔对方。一转而就，手到步到，上下齐到。（图2-206）

图2-206

图2-207

动作（9）的左右冲拳左挂肘用法：两手顺势接彼，左转腰左拳沿斜纵立圈上半圆由前折叠向后屈臂挂肘勾捋拿彼梢断彼根。（图2-207）

125

动作（11）的右披身拳用法：两手顺势接彼，先右拳顺缠屈臂拿梢断彼根，再左拳沿斜横立圈左半圆由左下折叠横向右前上右披身摆拳掤打对方。（图2-208）

图2-208

## 第12式　背折靠练法

扫码观看
第12式

### （一）练法说明

第一步练习背折靠拳式动作。
第二步练习背折靠混元圈动作。
第三步练习背折靠缠丝动作。
第四步练习背折靠十三势动作。
第五步练习背折靠阴阳折叠动作。
第六步练习背折靠手型步型动作。
第七步练习背折靠拳法动作体用。

### （二）背折靠的拳式动作图解说明

#### （1）旋腕左引

接上势，心意混元地领右拳先在原位随腰胯右转，重心右移成右弓马步，沿左下右上逆时针小横立圈路线，先顺后逆缠丝旋腕圆转一小圈；再随左脚外撇、腰胯左转、重心左移，右脚转正成左弓马步，顺缠立拳凸腕向左松引蓄势。（图2-209）

图2-209

### （2）弯背折靠

接上势，重心右移成右后坐步，右臀、腰背沿纵立圈后半圆，向后折叠弯背后靠；同时，以身领右拳由左折叠向右逆缠反腕变反拳屈臂收拉至右额旁，领左拳屈臂拳心朝后拳面置于左胯根上定势。（图2-210）

图2-210

另一种练法是水平圈的一式二靠：即右脚外撇、左脚转正，重心右移成右弓马步，腰胯背从左向右后的水平圈折叠后背靠，在前则为左肩折靠。（图2-211）

图2-211

### （三）背折靠的混元圈动作说明

背折靠由2个混元圈组成：
第1个圈是右拳逆时针旋腕小横立圈与凸腕左引水平圈的复合圈。
第2个圈是右弯背折靠的纵立圈。
或第2个圈是左肩折靠后背靠的水平圈。

### （四）背折靠的缠丝动作说明

第1个右拳的逆时针小横立圈是先顺后逆缠丝旋腕，凸腕左引是顺缠。
第2个纵立圈右弯背折靠或水平圈左肩折靠后背靠的两拳臂都是逆缠。

## （五）背折靠十三势动作说明

第1个右拳的缠丝旋腕和凸腕左引八法是缠丝拿捋；五行是定步左顾。
第2个纵立圈右弯背折靠八法是右背靠；五行是定步后退。
或第2个水平圈左肩折靠后背靠八法是左肩靠和后背靠；五行是定步右盼。

## （六）背折靠的阴阳折叠动作说明

第1个折叠是右拳先逆时针小横立圈左半圆向左、向下缠引，再折向右半圆向右、向上再向左缠拿捋。
第2个折叠是先向左水平圈捋引，再折向右纵立圈弯背靠。
或第2个折叠是先向左水平圈捋引，再折向右水平圈左肩靠。

## （七）背折靠的手型步型说明

右弯背折靠的手型：右拳是反拳，左拳是垂拳；步型是右后坐步。
左折肩靠的手型：右拳是反拳，左拳是垂拳；步型是右弓马步。

## （八）背折靠的体用示例说明

动作（2）的弯背折靠用法一：两手顺势接彼，先腰胯腿脚左转身，右拳向左引进彼身断彼根，再右臀、腰背沿纵立圈后半圆向后折叠弯背靠对方。（图2-212）

图2-212

动作（2）的弯背折靠用法二：右手顺势接拿对方右手，腰胯背从左向右后水平圈逆缠右捋，用左肩折靠彼右臂。（图2-213）

图2-213

## 第13式　青龙出水练法

### （一）练法说明

第一步练习青龙出水拳式动作。
第二步练习青龙出水混元圈动作。
第三步练习青龙出水缠丝动作。
第四步练习青龙出水十三势动作。
第五步练习青龙出水阴阳折叠动作。
第六步练习青龙出水手型步型动作。
第七步练习青龙出水拳法动作体用。

扫码观看
第13式

## （二）青龙出水的拳式动作图解说明

### （1）右转摆拳

接上势，心意混元地领右拳先随腰胯左转、重心左移，沿顺时针横立圈右半圆，由右上方向左下方逆缠松引蓄势；再随右脚外撇、腰身右转、重心右移，左脚转正成右弓马步，折叠顺缠屈臂合腰向后挂肘；同时，以身领左手平拳沿顺时针横立圈左半圆，由左下方折叠斜向右前上方逆缠摆拳掤打。（图2-214）

图2-214

### （2）左转反拳

接上势，腰胯先右后左转，重心左移成左马弓步，领左拳沿顺时针横立圈右半圆，由右上方折叠顺缠屈臂合腰向后挂肘；同时，领右拳先向右下方松引蓄势，再沿逆时针横立圈右半圆，由右下方折叠斜向右前上方逆缠反拳掤打。（图2-215）

图2-215

### （3）右转指裆

接上势，右拳先在原位，沿右下左上顺时针小横立圈路线，顺缠旋腕松引松转一小圈；再随腰胯右转，重心右移成右弓马步，沿纵立圈下半圆，由右前上方折叠向右后下方屈臂合腰向后挂肘；同时，领左拳折叠逆缠变左阳八字手斜向右前下方伸臂指裆。（图2-216）

图2-216

### （4）左转横打

接上势，腰胯左转旋拧，重心左移成左马弓步，领左八字手顺缠屈臂斜向左后方横挂肘；同时，领右拳先在脐腹前，沿逆时针小水平圈路线，折叠逆缠旋绕松引一小圈，再斜向右前下方垂拳横鞭打定势。（图2-217）

图2-217

### （三）青龙出水的混元圈动作说明

青龙出水由4个混元圈组成：

第1个圈是顺时针横立圈右挂肘、左摆拳。

第2个圈是两手交替顺、逆时针横立圈右半圆左挂肘、右反拳。

第3个圈是两手交替的右拳先顺时针小横立圈，再纵立圈下半圆的复合圈的右挂肘、左指裆。

第4个圈是两手反向的右拳逆时针小水平圈的左挂肘、右横打。

### （四）青龙出水的缠丝动作说明

第1个顺时针横立圈的右挂肘是先逆后顺缠丝，左摆拳是逆缠丝。

第2个顺、逆时针横立圈右半圆的左挂肘是顺缠，右反拳是逆缠。

第3个右拳顺时针小横立圈和纵立圈下半圆的复合圈的右挂肘是顺缠，左指裆是逆缠。

第4个右拳逆时针小水平圈的左挂肘是顺缠，右横打是逆缠。

### （五）青龙出水的十三势动作说明

第1个顺时针横立圈八法：右挂肘是缠丝拿捋肘，左摆拳是掤打；五行是定步右盼。

第2个顺、逆时针横立圈右半圆八法：左挂肘是缠丝拿捋肘，右反拳是掤打；五行是定步左顾。

第3个右拳顺时针小横立圈和纵立圈下半圆的复合圈八法：右挂肘是缠丝拿捋肘，左指裆是指挤；五行是定步右盼。

第4个右拳逆时针小水平圈八法：左挂肘是捋肘，右横打是横挤；五行是定步左顾。

## （六）青龙出水的阴阳折叠动作说明

第1个折叠是右拳先顺时针横立圈右半圆左下引，再折向右屈臂挂肘、左拳横立圈左半圆斜向右前上摆拳。

第2个折叠是先左拳顺时针横立圈右半圆向左后下缠拿捋肘引，再右拳折向逆时针横立圈右半圆向右前上反拳掤打。

第3个折叠是先右拳顺时针小横立圈转纵立圈下半圆向右后下缠拿捋肘引，再左八字手折向右前下指裆。

第4个折叠是先右拳逆时针小水平圈合引，再折向左挂肘、右横打开。

## （七）青龙出水的手型步型说明

第1个左摆拳手型是平拳；步型是右弓马步。
第2个右摆拳手型是反拳；步型是左马弓步。
第3个左手指裆手型是阳八字手；步型是右弓马步。
第4个左挂肘手型是八字手，右横打手型是垂拳；步型是左马弓步。

## （八）青龙出水的体用示例说明

动作（2）的左转反拳用法：两手顺势接彼，先左拳顺缠屈臂拿梢断彼根，再腰胯折叠左转，右拳沿横立圈右半圆由右下折叠斜向右前上逆缠反拳掤打对方。（图2-218）

图2-218

动作（3）的右转指裆用法：两手顺势接彼，腰胯折叠右转，右拳顺缠屈臂挂捋彼根，左八字手斜向右前下方伸臂指打对方裆部。（图2-219）

图2-219

动作（4）的左转横打用法：两手顺势接彼，随腰胯折叠左转，左八字手屈臂拿捋彼根的同时，右拳折叠逆缠斜横向右前下方鞭打对方。（图2-220）

图2-220

## 第14式　双推手练法

（一）练法说明

第一步练习双推手拳式动作。
第二步练习双推手混元圈动作。
第三步练习双推手缠丝动作。
第四步练习双推手十三势动作。
第五步练习双推手阴阳折叠动作。
第六步练习双推手手型步型动作。
第七步练习双推手拳法动作体用。

扫码观看
第14式

## （二）双推手的拳式动作图解说明

### （1）双手转圈

接上势，心意混元地领两手先各在原位，随腰胯先左后右转，重心右移成右弓马步，沿右下左上顺时针混元圈路线，先顺后逆缠丝折叠松引松转一圈，即右手在右腿上方先顺后逆缠丝旋腕圆转一大圈，左手在脐腹前围绕肚脐先顺后逆缠丝旋腕绕转一小圈。（图2-221、图2-222）

图2-221 　　　　　　图2-222

### （2）左捋横挤

接上势，右手随腰胯左转，重心左移成左马弓步，沿顺时针椭圆形横立圈下半圆，从右向下、向左顺缠左捋合至左手腕背上；再随扣右脚、重心右移、左转身90°、收左脚成左前虚步，左手顺缠、右手逆缠，两手腕背相贴成十字手，沿顺时针椭圆形横立圈左上半圆，从左折叠向右横挤。（图2-223、图2-224）

图2-223 　　　　图2-224

太极拳架练法精要

134

### （3）转身上步

接上势，两手交合不变，先顺时针向右松引一小圈；再边右手顺缠边两手分手（两手间距同肩宽），随左脚外撇、左顾转身90°、重心左移、右脚上步成右前虚步，沿逆时针水平圈前半圆，从右折叠向左转圈转捋到胸腹前。（图2-225）

图2-225

图2-226 　　图2-226附图

### （4）左转合手

接上势，两手先手心朝里十字交合，再随腰胯右转，沿水平圈前半圆向左右两侧横侧掌松开松引蓄势；再随腰胯左顾侧身，沿逆时针水平圈左半圆，边由开折叠变合，边向左后方逆缠旋腕立掌屈臂拿捋合到左胸前，两手掌心相对。（图2-226、图2-226附图）

### （5）进步推手

接上势，右脚向前进大步进身，待右脚一落步即右转腰胯踏实，左脚跟步成左侧虚步，领两手沿水平圈左弧线，平向前逆缠横掌双推手定势。（图2-227、图2-227附图）

图2-227 　　图2-227附图

## （三）双推手的混元圈动作说明

双推手由5个混元圈组成：
第1个圈是两手各在原位同向顺时针横立圈。
第2个圈是两手合手同向顺时针椭圆形横立圈。
第3个圈是两手同向逆时针水平圈左转身上步。
第4个圈是两手反向逆时针水平圈开合左侧身。
第5个圈是两手同向上大步水平圈左弧线双推手。

## （四）双推手的缠丝动作说明

第1个两手各在原位顺时针横立圈的下半圆是双顺缠，上半圆是双逆缠。
第2个顺时针椭圆横立圈收左步的下半圆是顺缠，上半圆是左顺右逆缠丝。
第3个逆时针水平圈左转身上步是双顺缠。
第4个逆时针水平圈开合左侧身是双顺缠变双逆缠。
第5个上大步水平圈左弧线双推手是双逆缠。

## （五）双推手的十三势动作说明

第1个横立圈八法：下半圆是捋，上半圆是掤；五行是定步左顾右盼。
第2个椭圆形横立圈收左步八法：下半圆是左捋，上半圆是收步右横挤；五行是活步左顾右盼。
第3个逆时针水平圈左转身上步八法是转身左捋；五行是活步左顾。
第4个逆时针水平圈开合左侧身八法是屈臂拿捋；五行是中定。
第5个上大步水平圈左弧线双推手八法是挤；五行是活步前进。

## （六）双推手的阴阳折叠动作说明

第1个折叠是先下半圆向左下方顺缠捋引，再折向上半圆向右上方逆缠掤。
第2个折叠是先下半圆向左捋引，再折向上半圆向右合手横挤收左步。
第3个折叠是先合手向右转引，再折向左逆时针水平圈转身上步。
第4个折叠是先由合变开引，再折向逆时针水平圈合手左侧身。

第5个折叠是先微向左后引，再折向前上大步水平圈左弧线双推手。

## （七）双推手的手型步型说明

第1个顺时针横立圈右手掤的手型是掌心朝外横掌；步型是右弓马步。

第2个椭圆形横立圈合手右横挤的手型：右手是掌心朝外横掌，左手是掌心朝里横侧掌；步型是左前虚步。

第3个逆时针水平圈左转身上步左将手型：左手是横侧掌，右手是纵侧掌；步型是右前虚步。

第4个逆时针水平圈左侧身屈臂合手拿将手型都是立掌；步型是右前虚步。

第5个上大步水平圈左弧线双推手手型都是横掌；步型是左侧虚步。

## （八）双推手的体用示例说明

动作（2）的左将横挤用法：两手顺势接彼，先左转腰右手向左松引彼根，再扣右脚、左转身、收左脚，合手沿横立圈左上半圆折叠向右横挤对方。扣脚、转身、收步、横挤，同时同步，一动全动，一到全到。（图2-228）

图2-228

图2-229

动作（4）的左转合手用法：两手顺势接彼，先腰胯右转顺缠开手引动彼根，再腰胯左转侧身，两手沿水平圈左半圆折叠逆缠屈臂合手向左后方拿将对方。（图2-229）

动作（5）的进步推手用法：两手顺势接彼，先腰胯微左转引动彼根，随即右脚向前进大步进身右转腰跟左步，两手沿水平圈左弧线平向前逆缠双推手对方。步要过人，身要夺人，步到身到手到，一到全到。（图2-230）

图2-230

## 第15式　三换掌练法

### （一）练法说明

第一步练习三换掌拳式动作。
第二步练习三换掌混元圈动作。
第三步练习三换掌缠丝动作。
第四步练习三换掌十三势动作。
第五步练习三换掌阴阳折叠动作。
第六步练习三换掌手型步型动作。
第七步练习三换掌拳法动作体用。

扫码观看
第15式

### （二）三换掌的拳式动作图解说明

#### （1）右转开引

接上势，左侧虚步不变；心意混元地领两手随腰胯右转，先放松向下再沿纵立圈下半圆，左手向前、右手斜向右后方双逆缠松开松引蓄势。（图2-231）

图2-231

### （2）左转推掌

接上势，左侧虚步不变；再双顺缠丝折叠翻掌变仰掌，然后随腰胯左转，沿纵立圈上半圆，左顺右逆缠丝合手推右掌：即右手逆缠屈臂变横掌合到左手前臂上，经左手心上方向前伸臂推掌；同时，左手顺缠仰掌屈臂收至脐下小腹前。（图2-232、图2-233、图2-233附图）

图2-232　　　　　图2-233　　　　　图2-233附图

### （3）左转开引

接上势，左侧虚步不变；两手再随腰胯左转，先放松向下再沿纵立圈下半圆，右手向前、左手斜向左后方双逆缠松开松引蓄势。（图2-234）

图2-234

### （4）右转推掌

接上势，左侧虚步不变；再双顺缠丝折叠翻掌变仰掌，然后随腰胯右转，沿纵立圈上半圆，右顺左逆缠丝合手推左掌：即左手逆缠屈臂变横掌合到右手前臂上，经右手心上方向前伸臂推掌；同时，右手顺缠仰掌屈臂收至脐下小腹前。（图2-235、图2-236、图2-236附图）

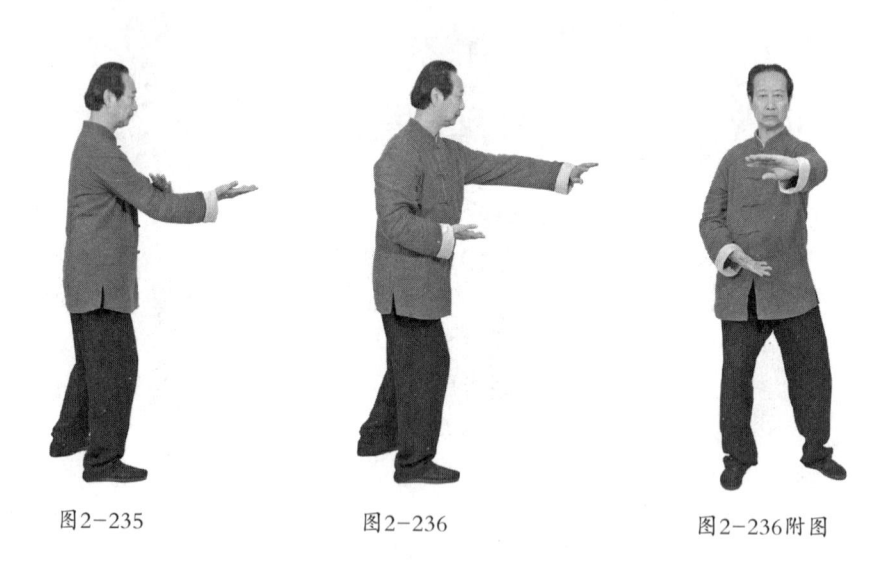

图2-235　　　　　图2-236　　　　　图2-236附图

### （5）右转开引

接上势，左侧虚步不变；两手再随腰胯右转，先放松向下再沿纵立圈下半圆，左手向前、右手斜向右后双逆缠松开松引蓄势。（图2-237）

图2-237

### （6）左转推掌

接上势，左侧虚步不变；再双顺缠丝折叠翻掌变仰掌，然后随腰胯左转，沿纵立圈上半圆，左顺右逆缠丝合手推右掌；即右手逆缠屈臂变横掌合到左手前臂上，经左手心上方向前伸臂推掌；同时，左手顺缠仰掌屈臂收至脐下小腹前定势。
（图2-238、图2-239）

图2-238　　　　图2-239

### （三）三换掌的混元圈动作说明

三换掌由3个混元圈组成，3个圈都是两手反向的纵立圈开合换掌：
第1个圈是两手反向的纵立圈开合右换掌。
第2个圈是两手反向的纵立圈开合左换掌。
第3个圈是两手反向的纵立圈开合右换掌。

### （四）三换掌的缠丝动作说明

第1个纵立圈开合右换掌是先下半圆双逆缠变双顺缠翻掌，再上半圆左顺右逆缠丝合手推右掌。

第2个纵立圈开合左换掌也是先下半圆双逆缠变双顺缠翻掌，再上半圆右顺左逆缠丝合手推左掌。

第3个纵立圈开合右换掌还是先下半圆双逆缠变双顺缠翻掌，再上半圆左顺右逆缠丝合手推右掌。

### （五）三换掌的十三势动作说明

第1个纵立圈开合右换掌八法：下半圆开的左手是挤、右手是捋，上半圆合的右手是拿按，右手推掌是挤；五行是右实左虚中定。

第2个纵立圈开合左换掌八法：下半圆开的右手是挤、左手是捋，上半圆合的左手是拿按，左手推掌是挤；五行是右实左虚中定。

第3个纵立圈开合右换掌八法和第1个一样：下半圆开的左手是挤、右手是捋，上半圆合的右手是拿按，右手推掌是挤；五行是右实左虚中定。

### （六）三换掌的阴阳折叠动作说明

第1个折叠是先右转腰纵立圈下半圆由合变左前、右后双逆双顺缠伸臂开引，再折向左转腰，上半圆左顺右逆屈臂合手向前推右掌。

第2个折叠是先左转腰纵立圈下半圆由合变右前、左后双逆双顺缠伸臂开引，再折向右转腰，上半圆右顺左逆屈臂合手向前推左掌。

第3个折叠又是先右转腰纵立圈下半圆由合变左前、右后双逆双顺缠伸臂开引，再折向左转腰，上半圆左顺右逆屈臂合手向前推右掌。

### （七）三换掌的手型步型说明

第1个右换掌手型是右横掌；步型是左侧虚步。
第2个左换掌手型是左横掌；步型是左侧虚步。
第3个右换掌手型又是右横掌；步型是左侧虚步。

### （八）三换掌的体用示例说明

动作（2）的左转推掌用法一：两手顺势接彼，随腰胯左转，左手顺缠拿对方右手梢节、右手逆缠屈臂拿对方左手梢节断彼根。（图2-240）

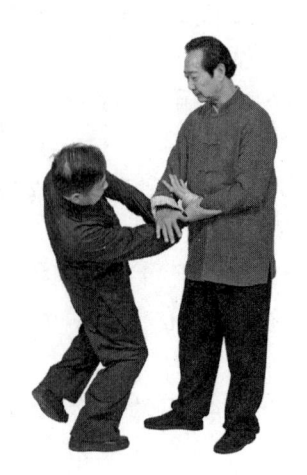

图2-240

动作（2）的左转推掌用法二：拿梢断彼根，能拿就能发，右手顺势伸臂推掌对方。（图2-241）

图2-241

## 第16式　倒卷肱练法

### （一）练法说明

第一步练习倒卷肱拳式动作。
第二步练习倒卷肱混元圈动作。
第三步练习倒卷肱缠丝动作。
第四步练习倒卷肱十三势动作。
第五步练习倒卷肱阴阳折叠动作。
第六步练习倒卷肱手型步型动作。
第七步练习倒卷肱拳法动作体用。

扫码观看
第16式

### （二）倒卷肱的拳式动作图解说明

#### （1）抓拳推掌

接上势，左侧虚步不变，心意混元地领右手先沿顺时针纵立圈下半圆，由前向左后下方松引蓄势，再两手沿顺时针纵立圈右前左后相开，即右手沿上半圆逆缠向正前方开，左手沿纵立圈下半圆顺缠向左后方开；再随腰胯右转，两手由开折叠变合：即右手沿纵立圈前下半圆，由前折叠往回顺缠抓拳变立拳收合至左肘下方，左手沿纵立圈后上半圆向后折叠向前逆缠旋腕立掌屈臂前推挤掌。（图2-242、图2-242附图）

图2-242 　　　　图2-242附图

### （2）左退步捋

接上势，左脚先随腰胯右转向右脚旁虚收步，领两手顺缠交合松引蓄势，即左手顺缠横向右合，右拳顺缠变掌穿合于左手臂弯内；再随左脚斜向左后方45°退步退身，左转腰胯成斜左后坐步，领两手由合折叠变开左下捋，即左手沿斜纵立圈下半圆，由右前上方斜向左后下方逆缠平掌下捋至左腿上方；同时，右手在右腿上方由后向正前方逆缠立掌推挤。（图2-243、图2-244、图2-244附图）

图2-243 　　　　图2-244 　　　　图2-244附图

### （3）开合卷臂

接上势，两手先随腰胯右转，重心前移顺缠屈臂松合到胸前，再逆缠伸臂向下沿斜横立圈下半圆，顺两腿方向斜向右前、左后双逆缠卷臂双分开引，再随左脚扣正、重心后移、左脚踏实、右脚向左脚旁收步虚立，沿斜横立圈上半圆，由开折叠变合、由逆折叠变顺缠卷臂屈肘交合到胸腹前。（图2-245、图2-246）

图2-245 　　　　图2-246

### （4）右退步捋

接上势，随右脚斜向右后方45°退步退身，右转腰胯成斜右后坐步，领两手再由合折叠变开右下捋，即右手沿斜纵立圈下半圆，由左前上方斜向右后下方逆缠平掌下捋至右腿上方；同时，左手在左腿上方由后向正前方逆缠立掌推挤。（图2-247、图2-247附图）

图2-247　　　　图2-247附图

### （5）开合卷臂

接上势，两手再随腰身左转，重心前移顺缠屈臂松合到胸前，再逆缠伸臂向下沿斜横立圈下半圆，顺两腿方向斜向左前、右后双逆缠卷臂双分开引，再随右脚扣正、重心后移、右脚踏实、左脚向右脚旁收步虚立，沿斜横立圈上半圆，由开折叠变合、由逆折叠变顺缠卷臂屈肘交合到胸腹前。（图2-248、图2-249）

图2-248 　　　　图2-249

145

### （6）左退步捋

接上势，随左脚斜向左后方45°（西北）退步退身，左转腰胯成斜左后坐步，两手再由合折叠变开左下捋，即左手沿斜纵立圈下半圆，由右前上方斜向左后下方逆缠平掌下捋至左腿上方，右手在右腿上方由后向正前方（东）逆缠立掌推挤定势。（图2-250）

图2-250

### （三）倒卷肱的混元圈动作说明

倒卷肱由6个混元圈组成：
第1个圈是两手反向顺时针纵立圈肘底捶。
第2个圈是斜退左步两手反向顺时针斜纵立圈下半圆。
第3个圈是两手反向斜横立圈双逆双顺缠丝卷臂开合收右步。
第4个圈是斜退右步两手反向顺时针斜纵立圈下半圆。
第5个圈是两手反向斜横立圈双逆双顺缠丝卷臂开合收左步。
第6个圈是斜退左步两手反向顺时针斜纵立圈下半圆。

### （四）倒卷肱的缠丝动作说明

第1个顺时针纵立圈肘底捶右手是先逆后顺缠丝，左手先顺后逆缠丝。
第2个斜退左步顺时针斜纵立圈下半圆两手先双顺缠合，再双逆缠开。
第3个斜横立圈卷臂开合收右步是先双逆缠开，再双顺缠合。
第4个斜退右步顺时针斜纵立圈下半圆是双逆缠开。
第5个斜横立圈卷臂开合收左步是先双逆缠开，再双顺缠合。
第6个斜退左步顺时针斜纵立圈下半圆是双逆缠开。

## （五）倒卷肱的十三势动作说明

第1个顺时针纵立圈肘底捶八法：左手是挤掌，右拳是拿将并暗藏肘下挤打；五行是右实左虚中定。

第2个斜退左步顺时针斜纵立圈下半圆的八法是左将手、右挤掌；五行是活步后退。

第3个斜横立圈双逆双顺缠丝卷臂开合收右步的八法是卷臂拿将；五行是活步后退。

第4个斜退右步顺时针斜纵立圈下半圆的八法是右将手、左挤掌；五行是活步后退。

第5个斜横立圈双逆双顺缠丝卷臂开合收左步的八法是卷臂拿将；五行是活步后退。

第6个斜退左步顺时针斜纵立圈下半圆的八法是左将手、右挤掌；五行是活步后退。

## （六）倒卷肱的阴阳折叠动作说明

第1个肘底捶折叠是右手先向左后下松引，再折向前上与左手先开后合纵立圈抓拳拿将挤掌。

第2个折叠是两手先顺缠交叉合引，再折向斜退左步逆缠开手左将右挤。

第3个折叠是先斜横立圈双逆双顺缠丝开合卷臂收右步的合手合步合引，再折向纵立圈下半圆，斜退右步逆缠开手右将左挤。

第4个折叠也是先斜横立圈双逆双顺缠丝开合卷臂收左步的合手合步合引，再折向纵立圈下半圆，斜退左步逆缠开手左将右挤。

## （七）倒卷肱的手型步型说明

第1个正转纵立圈肘底捶手型：左手是立掌，右手是立拳；步型是左侧虚步。

第2个斜退左步顺时针斜纵立圈下半圆左将右挤手型：左手是平掌，右手是立掌；步型是斜左后坐步。

第3个斜退右步顺时针斜纵立圈下半圆右将左挤手型：右手是平掌，左手

147

是立掌；步型是斜右后坐步。

第4个斜退左步顺时针斜纵立圈下半圆左将右挤手型：左手是平掌，右手是立掌；步型是斜左后坐步。

### （八）倒卷肱的体用示例说明

动作（1）的抓拳推掌用法：两手顺势接彼，先左转腰左手顺缠向下化引对方，再右转腰左手沿纵立圈上半圆，由后折叠向前逆缠屈臂拿梢断彼根推掌挤发对方。（图2-251）

图2-251

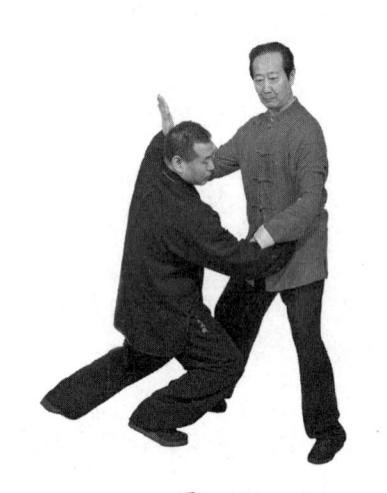

图2-252

动作（2）的左退步按将用法：拿梢断根以后，左脚斜向左后方退步退身左转腰胯，左手沿斜纵立圈下半圆，斜向左后下方逆缠拿按将对方。（图2-252）

动作（3）的开合卷臂用法：两手顺势接彼，先逆缠卷臂开引对方，再折叠顺缠卷臂屈肘拿彼梢断彼根。（图2-253）

图2-253

图2-254

动作（4）的右退步捋用法：拿梢断根以后，右脚斜向右后方退步退身右转腰胯，右手沿斜纵立圈下半圆，斜向右后下方逆缠拿捋对方。步退身退手退，一退全退。（图2-254）

## 第17式 退步压肘练法

### （一）练法说明

第一步练习退步压肘拳式动作。
第二步练习退步压肘混元圈动作。
第三步练习退步压肘缠丝动作。
第四步练习退步压肘十三势动作。
第五步练习退步压肘阴阳折叠动作。
第六步练习退步压肘手型步型动作。
第七步练习退步压肘拳法动作体用。

扫码观看
第17式

### （二）退步压肘的拳式动作图解说明

#### （1）右手压肘

接上势，心意混元地领右手先随腰胯左转向左下方松引蓄势，再屈臂以肘为轴，随腰身先右后左转成斜左后坐步，沿水平圈路线，从左向后、向右折叠向前、向左顺缠旋腕变仰掌磨盘转一圈合到左腹腰侧。（图2-255）

图2-255

### （2）左手压肘

接上势，左手侧掌随腰胯右转，重心右移成斜右前弓马步，沿顺时针水平圈路线，从左向右、由顺变逆缠俯掌转合到右腹腰侧和右肘下方。（图2-256）

图2-256

图2-257

### （3）右肘压肘

接上势，抱肩合肘，领右肩肘沿顺时针纵立圈路线，向前下坐胯下蹲压右肘。（图2-257）

### （4）开手压肘

接上势，两手肘先蓄合一下，再随腰胯左转，重心左移成左后坐步，沿顺时针水平圈路线，由合折叠变开旋拧捯压肘：即右手横掌沿水平圈左半圆，边右下旋拧压肘边向前开手推掌，左手从右腹腰侧，边顺缠旋拧变仰掌边收拉到脐下小腹前。（图2-258）

图2-258

### （5）退步压肘

接上势，两手先随腰胯右转、重心右移，向下、向左右两侧松开松引蓄势；再随腰胯左转、重心左移，磨盘逆缠屈臂相合：右手屈臂在上，左手屈臂在下，两手心皆朝下；再随腰胯先右后左转，沿大磨盘水平圈路线，从右折叠向左，边顺缠翻腕手心朝上变仰掌边大磨盘转圈相开：即左手从左向后、向右、向前转开到前，右手从右向前、向左、向后转开到后屈臂合于肩；随左脚扣正、收右脚斜向右后方45°退步成左前弓马步，左手逆缠向下屈臂合于脐腹前，右手由顺变逆缠俯掌向左转合到左腹腰侧和左肘下方。（图2-259、图2-260）

图2-259 　　　　　　　　图2-260

### （6）左肘压肘

接上势，抱肩合肘，领左肩肘沿顺时针纵立圈路线，向前下坐胯下蹲压左肘。（图2-261）

图2-261

### （7）开手压肘

接上势，两手肘再蓄合一下，随腰胯右转，重心右移成右后坐步，沿逆时针水平圈路线，由合折叠变开旋拧捌压肘，即左手横掌沿水平圈右半圆，边左下旋拧压肘边向前开手推掌，右手从左腹腰侧，边顺缠旋拧变仰掌边收拉到脐下小腹前定势。（图2-262）

图2-262

### （三）退步压肘的混元圈动作说明

退步压肘由7个缠丝混元圈组成：
第1个圈是右手磨盘水平圈擒拿压肘。
第2个圈是左手顺时针水平圈擒拿压肘。
第3个圈是抱肩合肘顺时针纵立圈擒拿坐胯右压肘。
第4个圈是两手反向顺时针水平圈拧捌擒拿压肘。
第5个圈是两手反向磨盘开合水平圈退步擒拿压肘。
第6个圈是抱肩合肘顺时针纵立圈擒拿坐胯左压肘。
第7个圈是两手反向逆时针水平圈拧捌擒拿压肘。

### （四）退步压肘的缠丝动作说明

第1个右手磨盘水平圈擒拿压肘是先逆后顺缠丝。
第2个左手水平圈擒拿压肘是先顺后逆缠丝。
第3个抱肩合肘纵立圈擒拿坐胯右压肘是顺缠丝。
第4个水平圈拧捌擒拿压肘是右逆左顺缠丝。
第5个两手磨盘开合水平圈是先逆后顺缠丝，退步右手擒拿压肘是由顺缠丝变逆缠丝。
第6个抱肩合肘纵立圈擒拿坐胯左压肘是顺缠丝。
第7个水平圈拧捌擒拿压肘左逆右顺缠丝。

## （五）退步压肘的十三势动作说明

退步压肘八法属缠丝擒拿肘法，共有7个压肘，包含2种肘法：一是用手缠丝拿压对方肘关节，二是用肘缠丝拿压对方肘关节。

第1个右手磨盘压肘是用右手缠丝擒拿横向捌压对方左肘，或缠丝擒拿对方右手臂；五行是虚实中定。

第2个左手水平圈压肘是先顺后逆缠丝拿压对方右肘；五行是虚实中定。

第3个纵立圈坐胯右压肘是用右肘缠丝拿压对方右肘；五行是虚实中定。

第4个水平圈拧捌压肘是用右肘臂和左手右逆左顺缠丝拧捌拿压对方左臂肘，或右手臂；五行是虚实中定。

第5个双手磨盘开合退步压肘的右手是先顺后逆缠丝擒拿捌压对方左肘；五行是后退。

第6个纵立圈坐胯左压肘是用左肘缠丝拿压对方左肘；五行是虚实中定。

第7个水平圈拧捌压肘是用左肘臂和右手左逆右顺缠丝拧捌拿压对方右臂肘；五行是虚实中定。

## （六）退步压肘的阴阳折叠动作说明

第1个折叠是右手先向左下引，再折向右向左磨盘缠拿压肘。
第2个折叠是左手先顺缠引，再折向逆缠水平圈擒拿压肘。
第3个折叠是右肩肘先上引，再折向前下纵立圈坐胯缠丝拿压肘。
第4个折叠是两手先合引，再折向水平圈右逆左顺缠丝开手拧捌压肘。
第5个折叠是两手先磨盘右转开引，再折向磨盘左转退步缠拿合手压肘。
第6个折叠是左肩肘先上引，再折向前下纵立圈坐胯缠丝拿压肘。
第7个折叠是两手先合引，再折向水平圈左逆右顺缠丝开手拧捌压肘。

## （七）退步压肘的手型步型说明

第1个右手磨盘压肘手型是仰掌；步型是斜左后坐步。
第2个左手水平圈压肘手型是先侧掌再变俯掌；步型是斜右前弓马步。
第3个抱肩合肘纵立圈坐胯右压肘步型是斜右前弓马步。
第4个水平圈右逆左顺缠丝拧捌压肘手型：左手是仰掌，右手是掌心朝下

153

的横掌；步型是斜左后坐步。

第5个双手磨盘开合退步压肘手型右手是仰掌变俯掌；步型是斜左前弓马步。

第6个抱肩合肘纵立圈坐胯左压肘步型是斜左前弓马步。

第7个水平圈左逆右顺缠丝拧捌压肘手型：右手是仰掌，左手是掌心朝下的横掌；步型是斜右后坐步。

## （八）退步压肘的体用示例说明

动作（1）的右手压肘用法：两手顺势接彼，右手随腰胯折叠左转，磨盘逆缠变顺缠拿压对方左肘关节。（图2-263）

图2-263

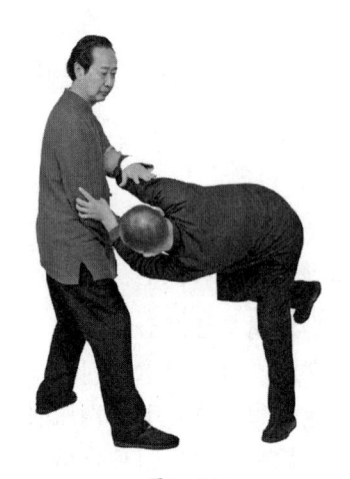

图2-264

动作（2）的左手压肘用法：两手顺势接彼，左手随腰胯右转，沿水平圈从左向右顺缠变逆缠拿压对方肘关节。（图2-264）

动作（3）的右肘压肘用法：两手顺势接彼，抱肩合肘坐胯，用右肩肘沿纵立圈后上前下缠丝拿压对方肘关节。（图2-265）

图2-265

动作（4）的开手压肘用法：左手顺势接对方左手，右腿套封对方左腿，左手顺缠旋拧对方左手、右肘反向旋拧对方肘臂成拧捌压肘。（图2-266）

图2-266

## 第18式　中盘练法

### （一）练法说明

第一步练习中盘拳式动作。
第二步练习中盘混元圈动作。
第三步练习中盘缠丝动作。
第四步练习中盘十三势动作。
第五步练习中盘阴阳折叠动作。
第六步练习中盘手型步型动作。
第七步练习中盘拳法动作体用。

### （二）中盘的拳式动作图解说明

#### （1）左转斜掤

接上势，心意混元地领两手先向右后下松引蓄势，再随腰胯左转、重心左移成左前弓马步，沿逆时针斜横立圈右半圆，从右后下方折叠斜向左前上方左逆右顺缠丝横掌斜上掤。（图2-267）

扫码观看
第18式

图2-267

### （2）收步下捋

接上势，随重心后移，收左脚成左前虚步，沿顺时针斜纵立圈下半圆，由左前上方斜向右后下方平掌斜下捋。（图2-268）

图2-268

图2-269

### （3）摆脚翻掌

接上势，左手以肘为轴，随左脚摆脚斜上步、腰身左转、重心左移、左脚踏实成右后虚步，沿右上左下逆时针横立圈路线，由右下折叠向上、向左下顺缠翻掌变仰掌下按。（图2-269）

### （4）提腿上掤

接上势，右手亦沿逆时针斜横立圈右半圆，从右下方斜向左前上方立掌横上掤；同时，右腿屈膝向上掤提，左脚踏实独立稳定。（图2-270）

图2-270

## （5）斩手开步

接上势，右立掌向下斩手合至左手成十字相交；同时，右腿向下松气松落松震脚，左脚斜向左偏后30°斜开小步虚立。（图2-271）

图2-271

## （6）斜开收步

接上势，两手先向下、向左右两侧松开松引蓄势，再随腰胯右转，右上左下双顺缠交叉相合，即右手沿逆时针横立圈右半圆，由右下方向左上方顺缠屈臂转合到左胸前，左手顺缠伸臂下合到右胯前；再随腰身腿脚折叠缠绕左转、重心左移、右脚向左脚旁收步虚立，左上右下双逆缠绕斜开横立圈：即左手沿横立圈左半圆，由右下方斜向左前上方逆缠旋腕横掌掤开，右手沿横立圈左半圆，由左上斜向右下方逆缠旋腕横掌坐腕按开。（图2-272）

图2-272

## （7）合手开步

接上势，随腰身腿脚折叠缠绕右转、重心右换、右脚踏实、左脚斜向左偏后30°斜开大步成右马弓步，左下右上双顺缠绕横立圈交叉合手，即左手沿横立圈左半圆，由左上方向右下方顺缠垂掌合到右胯前，右手沿横立圈右半圆，由右下方向左上方顺缠屈臂立掌合到左胸前。（图2-273）

图2-273

### （8）坠肘开手

接上势，两手先随腰胯微右转松合松引蓄势，再随腰胯左转、坐胯开裆略下蹲、重心左移成斜左弓马步，由合折叠变开：即左手沿横立圈右半圆，由右下方松腕垂掌屈臂坠肘，向左上方掤开到左腿上方，右手沿横立圈右半圆，由左上方经左手虎口处向右下方逆缠坐腕伸臂横掌按开到右腿上方定势。（图2-274）

图2-274

### （三）中盘的混元圈动作说明

中盘由6个混元圈组成：
第1个圈是两手同向左前上的逆时针斜横立圈右半圆。
第2个圈是左脚收步、两手同向右后下的顺时针斜纵立圈下半圆。
第3个圈是左手逆时针横立圈翻掌。
第4个圈是右手逆时针斜横立圈右上左下斩手提腿震脚斜开步。
第5个圈是两手反向活步斜行斜开合逆时针斜横立圈。
第6个圈是两手反向横立圈右半圆左屈右伸开手。

### （四）中盘的缠丝动作说明

第1个两手斜横立圈右半圆左前上是左逆右顺缠丝。
第2个左脚收步、两手斜纵立圈下半圆右后下是双逆缠。
第3个左手横立圈翻掌是顺缠。
第4个右手斜横立圈右上左下斩手是逆缠。
第5个两手活步斜开合横立圈的开是双逆缠，合是双顺缠。
第6个横立圈左屈右伸开手是双逆缠。

## （五）中盘的十三势动作说明

第1个两手斜横立圈右半圆左前上八法是掤；五行是定步左顾。

第2个左脚收步、两手斜纵立圈下半圆右后下八法是捋；五行是活步后退。

第3个左摆脚、左手横立圈翻掌八法是按；五行是左顾。

第4个右手斜横立圈右上左下斩手提腿震脚开步八法的右手右上是手掤，右腿屈提是膝掤，斩手震脚是按；五行是独立中定转左顾。

第5个两手活步斜开合横立圈的八法：开是左掤、右按，合是手捯；五行是活步左顾。

第6个横立圈左屈右伸开手的八法：左屈臂是坠肘、右伸臂是按掌；五行是定步左顾。

## （六）中盘的阴阳折叠动作说明

第1个折叠是两手先向右后下引，再折向斜横立圈右半圆左前上掤。

第2个折叠是先向左前上引，再折向斜纵立圈下半圆右后下捋收步。

第3个折叠是左手先横立圈右半圆向上引，再折向横立圈左半圆翻掌下按。

第4个折叠是上一个左手横立圈左半圆翻掌左下按引，再折向右手斜横立圈右半圆上掤和提腿掤。

第5个折叠是两手先右转合引，再折向活步左转斜开横立圈。

第6个折叠是两手先右转合引，再折向左开横立圈左屈右伸坠肘按掌。

## （七）中盘的手型步型说明

第1个两手斜横立圈右半圆左前上掤的手型都是掌心朝外、横掌；步型是斜左前弓马步。

第2个左脚收步、两手斜纵立圈下半圆向右后下捋的手型都是平掌；步型是斜左前虚步。

第3个左摆脚、左手横立圈翻掌下按的手型是仰掌；步型是斜右后虚步。

第4个右手斜横立圈右上掤和斩手下按的手型都是立掌；步型是独立步转斜左侧虚步。

第5个两手活步斜开合横立圈手型：开时左手是掌心朝外的横掌、右手是

159

掌心朝下的横掌，合时左手是垂掌、右手是立掌；步型是活步右侧虚步转右马弓步。

第6个横立圈左屈右伸开手手型：左手是垂掌，右手是掌心朝下的横掌；步型是斜左弓马步。

## （八）中盘的体用示例说明

动作（1）的左转斜掤用法：两手顺势接彼，先向右后下松引彼根，再腰胯左转，沿斜横立圈右半圆，折叠斜向左前上左逆右顺缠丝掤对方左手臂。（图2-275）

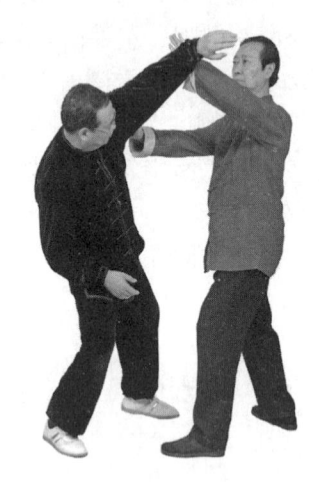

图2-275

动作（4）的提腿上掤用法：两手顺势接彼，左手向左翻掌按引彼根、右手从右下横向左前上掤对方左臂，右腿屈提掤顶对方。（图2-276）

图2-276

动作（8）的坠肘开手用法：右手顺势接彼右手，左腿套封彼右腿，左肘进到彼心窝坠肘左转腰胯肘膝捌对方。（图2-277）

图2-277

## 第19式　闪通背练法

### （一）练法说明

第一步练习闪通背拳式动作。
第二步练习闪通背混元圈动作。
第三步练习闪通背缠丝动作。
第四步练习闪通背十三势动作。
第五步练习闪通背阴阳折叠动作。
第六步练习闪通背手型步型动作。
第七步练习闪通背拳法动作体用。

扫码观看
第19式

### （二）闪通背的拳式动作图解说明

#### （1）开合收步

接上势，心意混元地领右手先向左下方与左手交叉松合松引蓄势，即右手合到左腿前，左手合到右胸前；再随腰胯先右后左转、重心先右后左换、收右脚成右前虚步，两手沿顺时针横立圈路线先右上左下双逆缠右开，即右手沿横立圈左半圆，由左下方经左手臂外侧向右上方掤开，左手沿横立圈右半圆，由右上经右手臂内侧向左下方按开；再右下左上折叠双顺缠左合，即右手沿横立圈右半圆，由右上方向左下方顺缠伸臂纵侧掌下合到裆前护裆，左手沿横立圈左半圆，由左下方向右上方顺缠屈臂立掌上合到右胸前护胸。（图2-278）

图2-278

### （2）合手上步

接上势，随腰胯先右后左转，沿顺时针纵立圈，先逆后顺缠丝折叠开合上右步，即先随腰胯右转，右手沿纵立圈后半圆，经左手臂内侧逆缠向右前上方开，左手沿纵立圈前半圆，逆缠向左后下方开；再随腰身左转、右脚上步成左后坐步，右手沿纵立圈前半圆，向左后下方顺缠伸臂纵侧掌下合到裆前护裆，左手沿纵立圈后半圆，向右前上方顺缠屈臂立掌上合到右胸前护胸。（图2-279）

图2-279

### （3）单手通背

接上势，右手随腰胯先左后右转，重心前移成右前弓马步，沿顺时针纵立圈后上半圆，由左后下经左手臂内侧折叠逆缠向前转圈通背平掌前下按；同时，左手逆缠平掌下按至左胯旁。（图2-280）

图2-280

### （4）双手通背

接上势，先右手随腰胯左转、重心后移成左后坐步，向左后下方松引蓄势，再两手随右脚摆脚垫步、左脚上步进身、腰身右转成右后坐步，沿顺时针纵立圈后上半圆，由右后折叠逆缠向前转圈通背平掌下按，左手45°前下按、右手向下按至右胯旁。（图2-281）

图2-281

### （5）穿掌通背

接上势，随腰胯左转、重心前移成左前弓马步，右手边顺缠屈臂翻掌变仰掌边沿顺时针纵立圈上半圆，由后折叠向前上方穿掌通背伸挤，高与咽喉平；同时，左手沿纵立圈下半圆，由前折叠往回平掌下捋至坐胯旁。（图2-282、图2-282附图）

图2-282　　　图2-282附图

### （6）倒转通背

接上势，先右脚跟暗暗内碾调整，然后两手先随腰胯右转、重心后移身后坐、右脚踏实，向右后下方松引蓄势；再随左脚横向右扣摆，沿逆时针横立圈右上半圆，由右下方折叠横向左上方左逆右顺缠丝横掌倒转圈通背。（图2-283、图2-283附图）

图2-283　　　图2-283附图

### （7）扣脚回身

接上势，随左脚以脚跟为轴内旋扣正、右转回身90°向后成内八字步，两手左顺右逆缠丝先沿横立圈左下半圆，由左向下、向右复转向逆时针纵立圈下半圆，绕经身体左侧反向后挤；左手在下，屈臂合于身体左侧，垂掌坐腕、手心朝前，右手在上，手臂呈半圆型环合于胸前，横掌、手心朝前。（图2-284、图2-284附图）

图2-284 　　　图2-284附图

### （8）闪身通背

接上势，两手先沿纵立圈下半圆，由前向下、向左后方左逆右顺缠丝松引蓄势；再随右脚向后划弧后扫、腰身右转、向后闪身、重心后移成右后坐步，右手领左手沿顺时针纵立圈后上半圆、由后上方经左肩上方折叠向前下方逆缠转圈通背平掌下按，左手45°前下按、右手向下按至右胯旁定势。（图2-285、图2-285附图）

图2-285　　　图2-285附图

### （三）闪通背的混元圈动作说明

闪通背由8个混元圈组成：
第1个圈是两手反向开合顺时针横立圈收右步。
第2个圈是两手反向开合顺时针纵立圈上右步。
第3个圈是右手顺时针纵立圈通背。
第4个圈是两手同向顺时针纵立圈上步通背。
第5个圈是两手反向顺时针纵立圈穿掌通背。
第6个圈是两手同向逆时针横立圈上半圆摆脚倒转通背。
第7个圈是两手同向逆时针横立圈下半圆转逆时针纵立圈下半圆的复合圈扣脚回身向后。
第8个圈是两手同向顺时针纵立圈撤步闪身通背。

### （四）闪通背的缠丝动作说明

第1个横立圈开合收右步是双逆缠开，双顺缠合。
第2个纵立圈开合上右步是双逆缠开，双顺缠合。
第3个右手纵立圈通背是逆缠。
第4个纵立圈上步通背是双逆缠。

第5个纵立圈穿掌通背是右顺左逆缠丝。
第6个横立圈摆脚倒转通背是左逆右顺缠丝。
第7个复合圈扣脚回身向后是左顺右逆缠丝。
第8个撤步闪身通背纵立圈是双逆缠。

## （五）闪通背的十三势动作说明

第1个横立圈开合收右步八法是两手拿捌和腿手并用捌摔；五行是定步右盼转活步左顾。
第2个纵立圈开合上右步八法是两手拿捌，暗手是靠；五行是进步。
第3个右手纵立圈通背八法是按摔；五行是定步进。
第4个纵立圈上步通背八法是腿手并用捌按摔；五行是活步进。
第5个纵立圈穿掌通背八法是挤；五行是定步进。
第6个横立圈摆脚倒转通背八法是腿手并用捌摔；五行是左顾右盼。
第7个复合圈扣脚回身向后八法是反身后挤；五行是右盼回身。
第8个纵立圈撤步闪身通背八法是腿手并用过肩按摔；五行是退。

## （六）闪通背的阴阳折叠动作说明

第1个折叠是先向左合引，再折向横立圈开合收右步捌。
第2个折叠是先纵立圈逆缠开引，再折向纵立圈顺缠合捌上右步。
第3个折叠是右手先向左后下引，再折向前纵立圈通背。
第4个折叠是两手先向左后下引，再折向前纵立圈上步通背。
第5个折叠是先微右转后引，再折向左转向前纵立圈穿掌通背。
第6个折叠是先向右后下引，再折向左上横立圈摆脚倒转通背。
第7个折叠是先向左下引，再折向右纵立圈扣脚回身向后。
第8个折叠是先向左后下引，再折向前纵立圈撤步闪身通背。

## （七）闪通背的手型步型说明

第1个横立圈开合收右步的左手是立掌，右手是纵侧掌；步型是右前虚步。
第2个纵立圈开合上右步的左手是立掌，右手是纵侧掌；步型是左后坐步。

第3个右手纵立圈通背的手型是平掌；步型是右前弓马步。

第4个两手纵立圈上步通背手型都是平掌；步型是右后坐步。

第5个纵立圈穿掌通背的右手是仰掌，左手是平掌；步型是左前弓马步。

第6个横立圈摆脚倒转通背手型都是掌心朝外的横掌；步型是左虚步。

第7个复合圈扣脚回身向后手型：左手是掌心朝前的垂掌，右手是掌心朝外的横掌；步型是内八字步。

第8个纵立圈撤步闪身通背手型都是平掌；步型是右后坐步。

### （八）闪通背的体用示例说明

动作（1）的开合收步用法：两手顺势接彼，随腰胯先右后左转，引动彼根的同时右脚向左横踢彼右脚、两手折叠缠丝开合横立圈，腿手并用捌摔对方。（图2-286）

图2-286

动作（5）的穿掌通背用法：两手顺势接彼，先腰胯右转引动彼根，再腰胯折叠左转，左手逆缠下捋、右手纵立圈上半圆由后折叠向前上方顺缠穿掌挤发对方。（图2-287）

图2-287

动作（6）的倒转通背用法：两手顺势接彼，先向右下引动彼根，再左脚横向右勾踢对方右脚、两手折叠横立圈向左上方缠丝拿捋，腿手分家捌摔对方。手到脚到，上下齐到。（图2-288）

图2-288

动作（8）的闪身通背用法：两手顺势接彼，左脚一进彼裆动彼根，腰身随即右转闪身向后、右脚后扫，领两手后上前下缠丝圆转纵立圈过肩摔对方。（图2-289）

图2-289

## 第20式　击地捶练法

（一）练法说明

第一步练习击地捶拳式动作。
第二步练习击地捶混元圈动作。
第三步练习击地捶缠丝动作。
第四步练习击地捶十三势动作。
第五步练习击地捶阴阳折叠动作。
第六步练习击地捶手型步型动作。
第七步练习击地捶拳法动作体用。

扫码观看
第20式

## （二）击地捶的拳式动作图解说明

### （1）震脚冲拳

接上势，心意混元地先领左手随腰胯右转、右后坐步，沿顺时针水平圈右半圆，由前向右顺缠捋引合到右腹腰侧，再两手抓拳蓄势，随左脚外撇、腰胯左转、重心前移、左脚踏实，左立拳（或逆缠左平拳）沿逆时针水平圈前半圆，从右折叠横向左伸臂捋开，右立拳由后折叠向前伸臂冲拳挤打；同时，右腿先屈膝上提，再松气松落松震脚成并步。（图2-290、图2-291、图2-291附图）

图2-290 　　　　　图2-291 　　　　　图2-291附图

### （2）并步摆拳

接上势，右拳先随腰胯右转，向右下方松引蓄势；同时，左拳微屈臂与身合住；再随腰胯左转，右平拳沿逆时针横立圈右半圆，由右下方折叠向前上方摆拳掤打。（图2-292、图2-292附图）

图2-292 　　　图2-292附图

### (3) 垫步摆拳

接上势，右拳先随腰胯左转，沿逆时针横立圈左半圆，向左下方顺缠松引，再微屈臂合住腰身蓄势；再随右脚向前摆脚垫步、腰身右转成左后虚步，左平拳沿顺时针横立圈左半圆，由左下方折叠向前上方摆拳掤打。（图2-293、图2-293附图）

图2-293 　　　图2-293附图

### (4) 进步垂拳

接上势，随左脚向前进步进身、腰身左转、重心前移成左前弓马步，左拳沿顺时针横立圈右下半圆，边先顺后逆缠丝边从右下方折叠横向左前上方45°横拳掤开；同时，右拳沿顺时针纵立圈后上半圆，先顺缠屈臂向上到右肩上方，再折叠逆缠伸臂垂拳向下按打定势。（图2-294、图2-294附图）

图2-294 　　　图2-294附图

## （三）击地捶的混元圈动作说明

击地捶由4个缠丝混元圈组成：
第1个圈是左手顺、逆时针水平圈右合左开震脚冲拳。
第2个圈是右拳逆时针横立圈右半圆并步摆拳。
第3个圈是两手交替横立圈左半圆右下左上垫步摆拳。
第4个圈是左拳顺时针横立圈下半圆左开与右拳顺时针纵立圈下打混合圈的进步进身击地捶。

## （四）击地捶的缠丝动作说明

第1个左手水平圈右合左开震脚冲拳两手都是顺缠。
第2个右拳横立圈右半圆并步摆拳是逆缠。
第3个横立圈左半圆右下左上垫步摆拳的右拳是顺缠，左拳是逆缠。
第4个左拳横立圈下半圆左开和右拳纵立圈击地捶都是先顺后逆缠丝。

## （五）击地捶的十三势动作说明

第1个左手水平圈八法的右合是右捋，左开是左捋，震脚冲拳是挤；五行是定步后退转活步前进。
第2个右拳横立圈右半圆并步摆拳八法是掤；五行是中定。
第3个左拳横立圈左半圆垫步摆拳八法是掤；五行是活步前进。
第4个左拳横立圈下半圆左开八法是左掤，右拳纵立圈击地捶八法是按打；五行是活步前进。

## （六）击地捶的阴阳折叠动作说明

第1个折叠是左手先水平圈右捋右合引，再折向左捋左开震脚冲拳。
第2个折叠是右拳先右下松引，再折向前上横立圈右半圆摆拳。
第3个折叠是先右拳顺缠横立圈左半圆左下合引和左拳左下松引，再左拳折向前上横立圈左半圆垫步摆拳。
第4个折叠是先左拳横立圈右半圆右下引、右拳纵立圈后半圆顺缠屈臂后上引，再左拳折向横立圈下半圆左前上掤开、右拳折向纵立圈前半圆下打击地捶。

### （七）击地捶的手型步型说明

第1个左手水平圈左开拳型是立拳（或平拳），右手冲拳拳型是立拳；步型是左实右虚并步。

第2个右拳并步摆拳拳型是平拳；步型是左实右虚并步。

第3个左拳垫步摆拳拳型也是平拳；步型是左后虚步。

第4个左拳左掤开是平拳，右拳击地捶是垂拳；步型是左前弓马步。

### （八）击地捶的体用示例说明

动作（1）的震脚冲拳用法：两手顺势接彼，左拳沿水平圈前半圆，从右折叠横向左捋开对方动彼根、右拳由后折叠向前冲拳挤打对方。（图2-295）

图2-295

动作（2）的并步摆拳用法：两手顺势接彼，先腰胯右转引动彼根，再腰胯左转，右拳沿横立圈右半圆，由右下折叠向前上摆拳掤打对方。（图2-296）

图2-296

动作（3）的垫步摆拳用法：两手顺势接彼，先腰胯左转引动彼根，再腰胯右转，右脚向前垫步贴封彼右脚内侧，左拳沿横立圈左半圆，由左下折叠向前上摆拳掤打对方。（图2-297）

图2-297

动作（4）的进步垂拳用法：两手顺势接彼，左拳逆缠横向左前上方掤开彼根的同时，左脚向前进步进身、右拳折叠逆缠伸臂向下击地，向前发放对方。步进身进头进，一进全进；步到、身到、拳到，一到全到。（图2-298）

图2-298

## 第21式　平心捶练法

（一）练法说明

第一步练习平心捶拳式动作。
第二步练习平心捶混元圈动作。
第三步练习平心捶缠丝动作。
第四步练习平心捶十三势动作。
第五步练习平心捶阴阳折叠动作。

扫码观看
第21式

第六步练习平心捶手型步型动作。
第七步练习平心捶拳法动作体用。

### （二）平心捶的拳式动作图解说明

**（1）向后反打**

接上势，心意混元地领右拳先向下松引蓄势，再随腰胯右盼转身90°、重心后移、右脚踏实、左脚内旋扣正成右后坐步，沿逆时针纵立圈前上半圆，由身体前下方折叠向身体后上方竖拳反打；同时，左拳臂下松与身合住。（图2-299）

图2-299

**（2）右平穿肘**

接上势，随腰胯左转、重心左移、右脚略向身后移步调整（或右脚先向左脚旁虚收步再向右开步）成左马弓步，右拳沿顺时针横立圈右下半圆，从右上方向左下方逆缠合到左腹前；同时，左拳沿顺时针横立圈左上半圆，由左下向右上先顺后逆缠丝屈臂合到右胸前；再随腰胯右转，重心右移成右弓马步，右拳由左折叠逆缠平拳屈臂横向右侧身平穿肘；同时，左拳经右臂内侧边逆缠反拳边对称反向地横向左侧身平穿伸。（图2-300、图2-300附图）

图2-300 　　　　　　图2-300附图

### (3) 倒转上步

接上势，右拳先随腰胯左转、重心左移，沿顺时针横立圈右下半圆，从右上向左下先顺后逆缠丝转圈松引蓄势；同时，左拳臂下松与身合住；再随身体右转90°、重心右移、右脚踏实，左脚倒转上步虚立右脚旁，沿顺时针横立圈左半圆，从左下方折叠向右后上方竖拳反掤打。（图2-301）

图2-301

### (4) 调步合手

接上势，先随左脚跟外碾、身体右转45°、左脚踏实，调整右脚成右前虚步，右拳沿顺时针横立圈右半圆，从右上方向左下方逆缠转合到左腹前；同时，左拳沿顺时针横立圈左半圆，从左下方向右上方先顺后逆缠丝屈臂转合到右胸前。（图2-302）

图2-302

### (5) 独立翻圈

接上势，右拳沿左上右下横立圈路线、左拳沿右下左上横立圈路线折叠转圈右翻独立；即右拳经左拳臂内侧，向身体右侧下方翻转一圈变仰拳向下按砸，左拳经右臂外侧，先逆后顺缠丝翻转一圈到头部左侧变竖拳横向右摆打，随两拳转圈右翻即将到位时，右腿屈膝垂直上提，左脚踏实独立稳定。（图2-303）

图2-303

太极拳架练法精要

174

### (6) 顺逆卷臂

接上势，左独立步不变，两拳臂各在体侧两旁，先随胸腹相合，沿横立圈上半圆，由外向内双逆缠丝垂拳卷臂卷合蓄势，再随胸腹折叠相开，沿横立圈上半圆，由内向外双顺缠丝仰拳卷臂卷开。（图2-304、图2-305）

图2-304　　图2-305

### (7) 震脚开步

接上势，两臂再沿横立圈上半圆，由体侧两旁向体前中心脐腹处，逆缠十字交合垂拳下按，左臂在外、右臂在里；同时，右腿向下松气、松落、松震脚，左脚斜向左侧虚开步成斜右马弓步。（图2-306）

图2-306

### (8) 磨盘开合

接上势，两臂先随腰胯右转、重心右移，向左右两侧松开松引蓄势；再随腰胯左转、重心左移，平拳屈臂合于锁骨前：右拳屈臂在上，左拳屈臂在下，两拳心皆朝下；再随腰胯先右后左转、重心先右后左换成斜左弓马步，沿小磨盘水平圈，边从右折叠向左屈臂转圈相开边顺缠翻腕变仰拳，即右拳由左向后，向右转开到前，左拳由右向前向左转开到后屈臂合于左肩锁骨前（左拳也可变左阴八字手）。（图2-307）

图2-307

175

## （9）逆分顺合

接上势，随腰胯右转、重心右移成斜右马弓步，左手右拳先沿纵立圈下半圆，左前、右后同时逆缠伸臂分引，即左手由中向下、向前分，右拳由中向下、斜向右后分；再沿纵立圈上半圆同时折叠顺缠屈臂平心合收蓄势，即左手顺缠变阴八字手，由前往回微屈臂合于胸前掩手与心口平，右拳顺缠变仰拳，由后往前屈臂合于右胸旁与心口平。（图2-308、图2-309）

图2-308 　　　　　　　　图2-309

## （10）平心冲拳

接上势，先腰胯微右转蓄引，再腰胯左转、重心左移成斜左前弓马步，领左手右拳左屈右伸平心向前螺旋冲拳，即右仰拳边逆缠螺旋180°，边由后折叠向前平心冲拳变平拳，左阴八字手边逆缠螺旋90°，边由前折叠向后屈臂挂肘收合于左胸旁平心定势。（图2-310）

图2-310

## （三）平心捶的混元圈动作说明

平心捶由9个混元圈组成：
第1个圈是右拳逆时针纵立圈向后反打。
第2个圈是两手反向顺时针横立圈左合右开平穿肘。
第3个圈是右拳顺时针横立圈倒转上步反打。
第4个圈是两手反向顺时针开合横立圈右翻独立。
第5个圈是独立步两手反向横立圈开合卷臂。
第6个圈是两手反向横立圈上半圆十字下合震脚开步。
第7个圈是两手反向小磨盘开合水平圈。
第8个圈是两手反向纵立圈下开上合。
第9个圈是两手反向左屈右伸水平螺旋圈平心冲拳。

## （四）平心捶的缠丝动作说明

第1个右拳向后纵立圈反打是顺缠。
第2个横立圈平穿肘右拳是逆缠、左拳是先顺后逆缠。
第3个右拳横立圈倒转上步反打是顺缠。
第4个两拳横立圈开合右翻独立是先双逆缠合，再双顺缠开。
第5个独立步横立圈开合卷臂是先双逆缠卷合，再双顺缠卷开。
第6个两拳横立圈十字下合震脚开步是双逆缠。
第7个小磨盘开合是先双逆缠合，再双顺缠开。
第8个纵立圈下开是双逆缠，上合是双顺缠。
第9个左屈右伸水平螺旋圈平心冲拳是双逆缠。

## （五）平心捶的十三势动作说明

第1个右拳纵立圈向后反打八法是掤；五行是定步退。
第2个横立圈平穿肘八法是肘；五行是定步右盼。
第3个右拳横立圈倒转上步反打八法是掤；五行是活步右盼。
第4个横立圈右翻独立八法：右拳是按，左拳是掤，提腿是膝掤；五行是

177

独立中定。

第5个独立步顺逆开合卷臂八法是卷臂靠；五行是独立中定。

第6个横立圈十字下合震脚开步八法是缠丝拿按；五行是中定。

第7个小磨盘开合水平圈八法是将打、擒捌；五行是定步左顾。

第8个纵立圈下开上合八法：下开是分将，上合是肘拿捌；五行是定步右盼。

第9个螺旋圈平心冲拳八法是挤打；五行是定步左顾。

## （六）平心捶的阴阳折叠动作说明

第1个折叠是右拳先向下松引，再折向纵立圈后上反打。

第2个折叠是两拳先横立圈左合引，再折向右平穿肘开。

第3个折叠是右拳先向左下松引，再折向右横立圈倒转上步反打。

第4个折叠是两拳先横立圈合引，再折向横立圈右翻开独立。

第5个折叠是两拳先逆缠卷臂合引，再折向顺缠卷臂开。

第6个折叠是两臂先微开蓄引，再折向下十字合拳震脚开步。

第7个折叠是两拳先松开松引，再折向小磨盘开合缠丝。

第8个折叠是两手先纵立圈下开引，再折向上合肘拿捌。

第9个折叠是先腰胯微右转蓄引，再腰胯折向左转水平螺旋圈平心冲拳。

## （七）平心捶的手型步型说明

第1个右拳纵立圈向后反打拳型是竖拳；步型是右后坐步。

第2个横立圈平穿肘拳型：右拳是平拳，左拳是反拳；步型是右弓马步。

第3个右拳横立圈倒转上步反打拳型是竖拳；步型是左侧虚步。

第4个两拳横立圈右翻拳型：右拳是仰拳，左拳是竖拳；步型是独立步。

第5个两拳横立圈开合卷臂拳型：卷合是垂拳，卷开是仰拳；步型是独立步。

第6个两拳横立圈十字下合震脚开步拳型是垂拳；步型是斜右马弓步。

第7个小磨盘开合拳型是平拳合，仰拳开；步型是斜左弓马步。

第8个两手纵立圈上合左手是阴八字手，右拳是仰拳；步型是斜右马弓步。

第9个左屈右伸水平螺旋圈平心冲拳手型：右拳是平拳，左拳是八字手；步型是斜左前弓马步。

## （八）平心捶的体用示例说明

动作（1）的向后反打用法：右拳顺势接彼先向下松引彼根，再随腰胯右转身，沿纵立圈上半圆，由身体前下方折叠向身体后上方反打对方。（图2-311）

图2-311

动作（2）的右平穿肘用法：两手顺势接彼，先屈臂蓄合引彼根，再右脚进彼裆，右肘平向右侧身穿肘弹射对方。（图2-312）

图2-312

动作（3）的倒转上步用法：右拳臂顺势接彼，先向左下方缠丝转圈松引彼根，再随身体右转，左脚倒转上步，沿横立圈左半圆，从左下方折叠向右后上方反打对方。（图2-313）

图2-313

动作（5）的独立翻圈用法：两拳臂顺势接彼，先屈臂蓄合引彼根，然后右拳左上右下横立圈，左拳右下左上横立圈折叠转圈右翻缠拿掤按对方，右腿即屈提掤顶对方。（图2-314）

图2-314

动作（8）的磨盘开合用法：两拳臂顺势接彼，然后屈臂缠拿彼根，绕着对方头部颈项小磨盘缠头打脑。（图2-315）

图2-315

动作（10）的平心冲拳用法：两拳臂顺势接彼，先腰胯微右转引动彼根，再腰胯左转，领右拳由后折叠，平心向前逆缠螺旋冲拳挤发对方。（图2-316）

图2-316

## 第22式 煞腰压肘练法

### （一）练法说明

第一步练习煞腰压肘拳式动作。
第二步练习煞腰压肘混元圈动作。
第三步练习煞腰压肘缠丝动作。
第四步练习煞腰压肘十三势动作。
第五步练习煞腰压肘阴阳折叠动作。
第六步练习煞腰压肘手型步型动作。
第七步练习煞腰压肘拳法动作体用。

扫码观看
第22式

### （二）煞腰压肘的拳式动作图解说明

#### （1）收步反打

接上势，心意混元地领右拳先沿顺时针横立圈右半圆，由右上方向左下方松引蓄势，再随重心右移、右脚踏实、左脚向右脚旁收步虚立成左侧虚步，沿顺时针横立圈左半圆，从左下方折叠横向右上方顺缠翻转变竖拳侧身反掤打；同时，左拳臂下松与身合住。（图2-317）

图2-317

#### （2）撤步合拳

接上势，左脚斜向左后方撤步退身，重心左移成左后坐步，领右拳沿顺时针横立圈右下半圆，从右上向左下逆缠收合至左腹前；同时，左拳沿横立圈左半圆，从左下向右上先顺后逆缠丝屈臂转合至右胸前。（图2-318）

图2-318

### （3）煞腰压肘

接上势，先腰胯左转领两臂，再松合松引蓄势，然后右顾转身90°煞腰下坐，重心不变仍在左脚，领右拳臂沿顺时针3个复合混元圈（即后上前下纵立圈、左上右下横立圈、左前右后水平圈3个圈的复合混元圈），由左后上经左拳臂内侧向右前下方顺缠转圈变仰拳，压肘到右大腿外侧；同时，领左拳亦沿复合混元圈左后上路线，先逆后顺缠丝转圈到头部左侧变竖拳横向右摆打定势。（图2-319）

图2-319

### （三）煞腰压肘的混元圈动作说明

煞腰压肘由2个混元圈组成：
第1个圈是右拳顺时针横立圈侧身反打收左步。
第2个圈是先左脚撤步，两手反向顺时针横立圈合，再两手同向顺时针复合混元圈煞腰压肘开。

### （四）煞腰压肘的缠丝动作说明

第1个右拳横立圈侧身反打收左步是顺缠。
第2个先左脚撤步横立圈合手的右拳是逆缠、左拳是先顺后逆缠，再复合混元圈煞腰压肘的右拳是顺缠、左拳是先逆后顺缠。

### （五）煞腰压肘的十三势动作说明

第1个右拳横立圈侧身反打收左步八法是掤；五行是活步右盼。
第2个左脚撤步横立圈合手八法是拿捌，复合混元圈煞腰压肘八法是右压肘、左拳掤；五行是先活步后退再定步右盼。

## （六）煞腰压肘的阴阳折叠动作说明

第1个折叠是右拳先向左下引，再折向右上横立圈侧身反打收左步。

第2个折叠是先撤左步横立圈左合引，再折向右前下复合混元圈煞腰压肘。

## （七）煞腰压肘的手型步型说明

第1个右拳横立圈侧身反打收左步拳型是竖拳；步型是左侧虚步。

第2个复合混元圈煞腰压肘拳型是右仰拳、左竖拳；步型是左后坐步。

## （八）煞腰压肘的体用示例说明

动作（1）的收步反打用法：右拳臂顺势接彼，先向左下方松引彼根，再随重心右移收左脚，沿横立圈左半圆，从左下方折叠横向右上方顺缠翻转侧身反打对方。（图2-320）

图2-320

图2-321

动作（3）的煞腰压肘用法：两拳臂顺势接彼，先屈臂蓄势引彼根，随即右腿进彼裆，腰胯右转煞腰下坐，领右肘定在对方右腰处向下压肘，肘腿并用捌压对方。（图2-321）

## 第23式　当头炮练法

### （一）练法说明

第一步练习当头炮拳式动作。
第二步练习当头炮混元圈动作。
第三步练习当头炮缠丝动作。
第四步练习当头炮十三势动作。
第五步练习当头炮阴阳折叠动作。
第六步练习当头炮手型步型动作。
第七步练习当头炮拳法动作体用。

扫码观看
第23式

### （二）当头炮的拳式动作图解说明

#### （1）抓採收步

接上势，心意混元地领两拳先随重心前移成右前弓马步，沿顺时针纵立圈上半圆，逆缠变掌由后向前上方伸臂松引蓄势；再随左脚调正、重心后移、腰身左转，退身收右步变右前虚步，两手边抓採边沿纵立圈下半圆，由前上方折叠往下、往回收合到裆腹前变平拳。（图2-322、图2-323）

图2-322　　　　　图2-323

### （2）翻身换步

接上势，两拳先随腰胯左转，左顺右逆缠丝向左后下方松引蓄势；再随右腿屈膝上提，先沿顺时针纵立圈后上半圆，从身体左侧后下方左顺右逆缠丝屈臂向前上方翻转半圈，再随右盼翻身180°，右脚向左脚旁松气、松落、松震脚，左脚换步调整变左前虚步，沿顺时针纵立圈前下半圆，由前上方折叠向身体右侧下方左逆右顺缠丝翻转半圈向下砸按，左拳变平拳、右拳变仰拳，合于裆腿前。（图2-324、图2-325）

图2-324　　　图2-325

### （3）进步冲炮

接上势，两拳先向右后下方松引蓄势；再随左脚向前进步进身、重心前移成左前弓马步，沿顺时针纵立圈后上半圆，由右后下方折叠向前上方左顺右逆缠丝立拳（或45°斜平拳）冲炮定势。（图2-326、图2-326附图）

图2-326 　　　图2-326附图

## （三）当头炮的混元圈动作说明

当头炮由3个混元圈组成，3个圈都是纵立圈：
第1个圈是两手同向顺时针纵立圈抓採拳、收右步。
第2个圈是两手同向顺时针纵立圈提腿翻身换步。
第3个圈是两手同向顺时针纵立圈进步冲炮。

## （四）当头炮的缠丝动作说明

第1个纵立圈抓採收右步两手都是逆缠。
第2个纵立圈提腿翻身换步是先左顺右逆缠丝，再变左逆右顺缠丝。
第3个纵立圈进步冲炮是左顺右逆缠丝。

## （五）当头炮的十三势动作说明

第1个纵立圈抓採收右步八法是採；五行是活步后退。
第2个纵立圈提腿翻身换步八法是按，包括拿按和按打；五行是活步右盼。
第3个纵立圈进步冲炮八法是掤打；五行是活步前进。

## （六）当头炮阴阳折叠动作说明

第1个折叠是两手先向前上方伸引，再折向左下方纵立圈抓採、收步。
第2个折叠是两拳先向左下蓄引，再折向前上右下纵立圈提腿翻身换步按。
第3个折叠是两手先向右后下蓄引，再折向前上方纵立圈进步冲炮掤打。

## （七）当头炮的手型步型说明

第1个纵立圈抓採收右步的拳型都是平拳；步型是右前虚步。
第2个纵立圈提腿翻身换步的左拳是平拳，右拳是仰拳；步型是左前虚步。
第3个纵立圈进步冲炮掤打拳型都是立拳或斜平拳；步型是左前弓马步。

## （八）当头炮的体用示例说明

动作（2）的翻身换步用法：两拳顺势接彼，先随腰胯左转，左顺右逆缠丝向左后下方松引彼根，再随腰身右翻换步，沿纵立圈从身体左侧后下方屈臂折叠向前、向身体右侧下方左逆右顺缠拿对方。（图2-327）

图2-327

图2-328

动作（3）的进步冲炮用法：两拳顺势接彼，先向右后下松引彼根落空，再随左脚向前进步进身，沿纵立圈上半圆、折叠向前上缠丝冲炮发放对方。步到、身到、拳到，一到全到。（图2-328）

## 第24式　收势练法

### （一）练法说明

第一步练习收势拳式动作。
第二步练习收势混元圈动作。
第三步练习收势缠丝动作。
第四步练习收势十三势动作。
第五步练习收势阴阳折叠动作。

扫码观看
第24式

第六步练习收势手型步型动作。
第七步练习收势拳法动作体用。

## （二）收势的拳式动作图解说明

### （1）前后松引

接上势，心意混元地领两拳先随腰胯右转、重心后移成右后坐步，沿纵立圈下半圆，由前上方向后下方松手垂掌、松气松引蓄势；再随腰胯左转、重心前移成左前弓马步，沿纵立圈下半圆，由后下方折叠向前松气松放。（图2-329）

图2-329

### （2）平圈收势

接上势，随腰胯右转、重心后移成右后坐步，沿顺时针水平圈右半圆，由前向右、向后左顺右逆缠丝横掌右捋收气归入中丹田；再右手不动，左手随腰胯左转、左脚外撇，沿水平圈后半圆，由右折叠向后经脐腹前向左逆缠，左转、左开到左前方。（图2-330、图2-331）

图2-330 　　　　　　图2-331

### （3）立圈收势

接上势，右手先随重心前移、右脚向前进步进身踏实成左后虚步，沿纵立圈下半圆，顺缠垂掌、掌心朝前由后向下、向前松引蓄势；同时，左手沿横立圈，先顺后逆缠丝屈臂合于右臂肘弯处；再随重心后移、身体后退收右脚、左脚调正成平步，沿纵立圈上半圆，由前折叠向上、往回向下仰掌收到左手心上；同时，左手顺缠翻掌变仰掌，两手相叠合于脐下小腹前，收气归入中丹田。（图2-332、图2-333）

图2-332 　　图2-333

### （4）横圈收势

接上势，降气收功：即两手先垂掌垂臂下松，再心意混元地沿横立圈左右半圆，从身体两侧顺缠变仰掌分手上行，到头部前上方逆缠变平掌合手，经脸前、胸前向下降至脐腹前；同时，向心力收气降气连同口中津液一起收归到中丹田；稍停，两手再垂掌、垂臂下松，再心意混元地沿横立圈左右半圆，从身体两侧顺缠变仰掌分手上行，到头部前上方再逆缠变平掌合手，再经脸前、胸前、向下降至脐腹前；同时，再向心力收气降气连同口中津液一起收归到中丹田。如此共做3次。（图2-334、图2-335）

图2-334 　　图2-335

### （5）静归无极

接上势，身心放松，垂掌、垂臂回到无极式，意守丹田，静站片刻结束。（图2-336）

图2-336

### （三）收势的混元圈动作说明

收势由7个混元圈组成：
第1个圈和第2个圈是两手同向纵立圈下半圆前后松气松引。
第3个圈是先两手同向再左手单手顺时针水平圈收气。
第4个圈是右脚上步收步右手逆时针纵立圈收气。
第5、第6、第7个圈是两手反向横立圈收气。

### （四）收势的缠丝动作说明

第1个和第2个纵立圈下半圆前后松气松引都是双逆缠。
第3个水平圈收气是先两手左顺右逆缠丝，再左手由顺变逆缠。
第4个右脚上步收步纵立圈收气右手是顺缠，左手是先顺后逆再变顺缠。
第5、第6、第7个横立圈收气分手上行是顺缠，合手下降是逆缠。

### （五）收势的十三势动作说明

第1个和第2个纵立圈下半圆前后松气松引八法：向后松是捋，向前松是挤；五行是先定步后退，再定步前进。
第3个水平圈收气八法是捋；五行是定步右盼。
第4个右脚上步收步纵立圈收气八法：下半圆向前是挤，上半圆回收是捋；五行是先活步前进，再活步后退。

第5、第6、第7个横立圈收气八法：分手上行是掤，合手下降是逆缠拿按；五行是中定。

## （六）收势的阴阳折叠动作说明

第1个折叠是先第1个纵立圈下半圆向后松引，再折向第2个纵立圈下半圆向前松挤。

第2个折叠是前一势的第2个纵立圈下半圆的先向前松引，再折向水平圈向右后捋。

第3个折叠是前一势的左手水平圈先向左开引，再折向右脚上步纵立圈合手向前挤。

第4个折叠是横立圈先分手上行掤引，再折向合手下降按收。

## （七）收势的手型步型说明

第1个和第2个纵立圈下半圆前后松气松引手型都是垂掌；步型：向后松引是右后坐步，向前松引是左前弓马步。

第3个水平圈收气手型都是掌心朝外横掌；步型是右后坐步。

第4个右脚上步收步纵立圈收气手型：上步右手前挤是掌心朝前的垂掌，收步收手都是仰掌；步型：右脚上步是左后虚步，收步是无极平步。

第5、第6、第7个横立圈收气手型：分手上行是仰掌，合手下降是平掌，松手垂臂是垂掌；步型是无极平步。

## （八）收势的体用示例说明

动作（4）的横圈收势用法一：两手顺势接彼，顺缠开引彼根掤对方。（图2-337）

动作（4）的横圈收势用法二：逆缠屈臂拿按对方。（图2-338）

图2-337　　　　图2-338

## 第四节　拳式动作容易出现的问题

### 一、手型容易出现的问题

手型的意义，一是合，二是通，三是灵活。

#### 1. 无极起势上掤的手型

容易出现的问题是平掌向上，手型不明，掤点不清，没有合。产生的结果是不能掤起对方，反而受制于对方，被对方一推就倒。

正确的手型是垂掌掤，掤点在腕背，合住了，对方推不了，又能掤起对方。

#### 2. 无极起势前挤的手型

容易出现的问题是翘指向前，手型不明，挤点不清，没有合。产生的结果是不能挤出对方，反而受制于对方，被对方一推就倒。

正确的手型是平掌挤，挤点在指梢，合住了，对方推不了，又能挤出对方。

#### 3. 无极起势下按的手型

容易出现的问题是手指向下，手型不明，按点不清，没有合。产生的结果是不能按下对方，反而受制于对方，被对方一推就倒。

正确的手型是平掌按，按点在掌根，合住了，对方推不了，又能按下对方。

#### 4. 六封四闭定势斜按的手型

容易出现的问题是平掌向下，手型不明，按点不清，没有合。产生的结果是不能按下对方，反而受制于对方，被对方一推就倒。

正确的手型是横掌按，按点在掌心（或掌根），合住了，对方推不了，又能按下对方。

### 5. 白鹤亮翅定势的手型

容易出现的问题是两手指梢都朝外，手型不明，右掤左按不清，只有开没有合，是散的。产生的结果是不能掤起对方，反而受制于对方，被对方一推就倒。

正确的手型是右手立掌，左手平掌，两手指梢合住，开中有合，合中有开，对方推不了，又能掤起对方。

### 6. 金刚捣碓右勾拳掤的拳型

容易出现的问题是没有顺缠，不是勾拳，不明拳型，没有合。产生的结果是不能掤起对方，反而受制于对方，被对方一推就倒。

正确的拳型是竖拳，顺缠，拳心朝内，掤点在拳指骨，合住了，对方推不了，又能掤起对方。

### 7. 掩手肱捶定势的螺旋冲拳拳型

容易出现的问题，一种是没有逆缠螺旋，不是平拳是立拳，不明拳型；另一种是凹腕，拳背腕背不平，不明三节贯通，劲路断在腕，不能通梢头，没有合。产生的结果是不能螺旋穿伸化中发，受力顶力，受制于对方，被对方一推就倒，而且腕关节易受伤。

正确的拳型是平拳，逆缠螺旋冲拳，三节对正贯通，挤点在拳面，合住了，对方推不了，又能挤发对方。

## 二、步型容易出现的问题

步型的意义，一是合，二是稳，三是活。

### 1. 无极起势无极步的步型

容易出现的问题是外八字步型。从力学上来说，外八字步型的前后稳定性最小，合不住，被对方一推就倒。包括太极拳在内的所有武术项目都不允许出现外八字步型。

正确的步型是两脚尖自然朝前，合住了，对方推不了。

### 2. 金刚捣碓定势的震脚步型

容易出现的问题是右脚不是垂直下落，而是斜向外下落，并成外八字步型，没有合。产生的结果是没有稳定性，合不住，站不稳，被对方一推就倒。

正确的步型是右脚垂直向下松气震脚，全身合住了，对方推不了。

### 3. 懒扎衣定势的步型

容易出现的问题是外八字步，两脚都是斜的，没有合。产生的结果是没有稳定性，合不住，站不稳，被对方一推就倒。

正确的步型是右弓马步，也叫半弓半马步，即右脚弓步，右脚斜为实为开；左脚马步，左脚正为虚为合。合中有开，开中有合，增加稳定角和稳定性，合住了，对方推不了，又能合即出。

### 4. 六封四闭定势的步型

容易出现的问题，一种是两脚都是正的；另一种两脚都是斜的外八字步。产生的结果是没有稳定性，合不住，站不稳，被对方一推就倒。

正确的步型是左侧虚步，右脚正为实为合，左脚斜为虚为开，合中有开，开中有合，增加稳定角和稳定性，合住了，对方推不了，又能合即出。

### 5. 白鹤亮翅定势的步型

容易出现的问题是两脚都是斜的外八字步，没有合。产生的结果是没有稳定性，合不住，站不稳，被对方一推就倒。

正确的步型是左侧虚步，右脚正为实为合，左脚斜为虚为开，合中有开，开中有合，增加稳定角和稳定性，合住了，对方推不了，又能合即出。

## 三、混元圈容易出现的问题

混元圈也是合，是混合的圆形运动，合是太极拳的灵魂，所有的混元圈都是合起来的混元圈。

### 1. 单鞭的第1个右合左开横立圈

容易出现的问题是没有圆，圈没有走圆，手没有合圆，只有开没有合，是散的。产生的结果是没有合，没有圆，被对方一推就倒。

正确的是横立圈开合，是合成圆的开合，合中开圆，开中合圆，合圆了，对方推不了，又能合即出，把对方圆转出去。

### 2. 金刚捣碓的最后1个开合捣碓纵立圈

容易出现的问题不是纵立圈开合，而是横向运动，是散的。产生的结果是没有合，没有圆，被对方一推就倒。

正确的是纵立圈开合，是合住了做纵立圆开合运动，合圆了，对方推不了，又能合即出，把对方圆转出去。

### 3. 金刚捣碓的第1个顺时针横立圈

容易出现的问题是散的横立圈，不是合的横立圈，好像很大、很放松、很舒服，但不是合的圆，不符合冯老师说的"混合的圆"，是散的，合不住，被对方一推就倒。

正确的顺时针横立圈是合起来的横立圈，是混合的圆，不是散的圆，合圆了，对方推不了，又能合即出，把对方圆转出去。

## 四、头部容易出现的问题

例如：金刚捣碓第5个圈左掤右捋横立圈的头部。

容易出现的问题是头和眼睛都跟着手走了，没有阴阳对立统一，不明"意气君来骨肉臣"。头是首领，也叫六阳之首，里面有神，有眼神、心意。手是梢节，是小兵。首领不能跟着手走，不能跟着小兵走。产生的结果是阴阳既不平衡，又没相合，被对方一推就倒。

正确的是头不动，眼神由前往里收敛，前后、左右、上下阴阳平衡相合，对方推不了，又能合即出，把对方捋出去。

## 五、身体容易出现的问题

例如：无极起势的下引上掤的身体。

容易出现的问题是向下、向后引的时候身体向前倾，没有中正不偏，不明阴阳折叠，不知始足发根。产生的结果是没有中正，没有合，没有根，被对方一推就倒。

正确的身体是虚灵顶劲，头顶天，脚踏地，中正不偏，阴阳平衡，相合一体，对方推不了，又能合即出，把对方掤出去。

## 六、上肢容易出现的问题

容易出现的问题主要是在肘，一是肘先动，二是抬肘，没有合。产生的结果是三节断在肘，合不住，动不了，受制于人，被对方一推就倒。

正确的是上肢三节的手梢节先动，肩根节和肘中节松沉不动或微动，也就是后面要说的"第二阶段拳架身法练法"的沉肩坠肘打拳。

## 七、下肢容易出现的问题

容易出现的问题主要是在膝，一是膝先动，二是屈膝过头，不通，不合。产生的结果是三节断在膝，劲路不通，到不了根，合不住，被对方一推就倒。

正确的是膝不动，膝是腿中节，中节要中定，中不离位，劲路不断，通达于根，始足发根，节节贯通。

# 第三章　第二阶段拳架身法练法

## 第一节　第二阶段练法说明

"有形者为姿势（拳架身法），无形者为气功（内气内劲），两者必备，否则无用。"混元太极拳第二阶段练法，就是从有体有象入手，练好拳架身法练好拳。

太极拳是由太极理、太极气、太极身、太极法4个部分组成的。太极理即太极阴阳之理，是太极拳的思想和指导，拳由理而生；太极气即先天太极一气，是太极拳的核心和能量，拳由气而动；太极身即合一、合中、合圆身，是太极拳的架构和载体，拳由身而运；太极法即阴阳五行八法，是太极拳的方法和内容，拳由法而用。理、气、身、法构成了完整的太极拳运动。因此，练太极拳除了要明理知法、练气练劲，还要练身法，而且先要练身法，练好身法。

▶ 打拳备身法——以身练拳，以拳练身

练太极拳最重视身法，拳法运用全赖身法之助，身法是拳术的基础、行气的基础、用法的基础。练拳不练身，就不能真正练好太极拳。

第二阶段拳架身法练法是在第一阶段套路动作规范熟练的基础上，以混元之意为统帅，以丹田身法窍为法门，以一气中正混圆为宗旨，从放松入手，从中正入门，从整体落脚，心静用意不用力地练松开、练松顺、练松沉、练松柔、练合一、练合中、练合圆，松柔圆活静安舒地以身练拳、以拳练身，使太极体象之理与头手身步和拳中动作紧密结合，理法身法拳法混元统一，手眼身步法合理合法合规矩，达到人体结构系统的最大整合力和稳定性、协调性、灵活性，初步具备整体合一、中正稳定、混圆灵活的拳架身法功能。

▶ **练拳练用法——以体练用，以用练体**

练太极拳最注重体用，拳法运用全靠以体为用和着熟懂劲。用法是太极拳的武术本义，是训练太极功夫的路径，是理解太极要领的入口，是明白太极理法的平台，是检验太极拳架身法、拳法动作、功夫水平的标准。练拳不练用，就不能真正练好太极拳。

拳架身法练法必须结合拳架用法练习。拳架就是身架，身法就是用法。用混元之意想着丹田身法窍，从不顶不丢入手，从致中达和入门，从引进落空落脚，从人顺势，折叠转换，合一、合中、合圆地以体练用、以用练体，使太极体用之理与一气中正混圆之体和四个拳法动作之用紧密结合，理法身法用法混元统一，在身法体用中认识太极身法的重要性和以身练拳、以拳练身的作用机理，检验、实证、了解、提高自己的练拳水平和体用能力，初步具备粘听化引、阴阳折叠的拳架身法体用功能。

## 一、第二阶段练法目标

### （一）认知目标

了解混元太极拳理法思想，认识混元太极拳的身法意义作用和拳架身法打拳的运动特点、练法特点、用法特点和养生特点。

### （二）能力目标

掌握混元太极拳真传练法，一气中正混圆地练好太极身法，初步具备拳架身法的运动功能、调养功能、保健功能、体用功能。

## 二、第二阶段练法思想

以太极之理为指导，以"内以修身，外以致敌"为主线，围绕太极拳的武术本义、运动特点和拳架身法要求，采用6步阶梯法和套路单操兼练法，理法、练法、用法、研究法四法合一地系统完整地练好拳架身法，达到第二阶段练法目标。

### 三、第二阶段练法重点

第二阶段拳架身法练法的重点在太极身法，也就是练一气中正混圆太极身。太极是一，太极是中，太极是圆，一气中正混圆之理既是太极之理，也是太极拳法之理、太极功法之理、太极身法之理、太极用法之理。太极就是一中圆，练太极就是练一中圆。混元太极拳的每一个缠丝混元圈中的混元圈、缠丝、十三势和阴阳折叠四个拳法动作，都是通过一气中正混圆的太极身法来运动、来体现、来体用的，即用身法转圈，用身法缠丝，用身法五行八法，用身法阴阳折叠。反过来，通过混元圈、缠丝、十三势和阴阳折叠四个拳法动作练一气中正混圆太极身，即用混元圈练一中圆，用缠丝练一中圆，用十三势练一中圆，用折叠练一中圆，身就是拳，拳就是身，相反相成，身拳一体。

### 四、第二阶段练法步骤

各家太极对拳架身法练法，既有相同的思想认识，又有各自的经验总结。古人云："物有本末，事有终始，知所先后，则近道也。"混元太极拳第二阶段拳架身法练法，归纳为以下六条六步，谓"六步身法打拳"，是练好拳架身法的方法、步骤和窍要。

第一步身法中正打拳。
第二步沉肩坠肘打拳。
第三步腰腹臀胯打拳。
第四步腰胯腿脚打拳。
第五步身备五弓打拳。
第六步六合浑圆打拳。

## 第二节　身法要求说明

拳术运动以身法为主体，拳法体用以身法为驱使。各家太极根据自己对太极拳的认知和践行，对身法要求各有经验和发挥，并以要领形式给出了很多明确、具体而严格的要求和规矩。身法要求是依据太极体象之理针对太极身法结构提出的全身内外一体的要求，是练好身法练好拳的窍要，分身法总要求和身法分要求两个部分。总要求是整体系统的，支配统领分要求；分要求是局部要素的，是总要求的组成部分。虽分而言之，实则互为统一不可分，其出发点和落脚点都是为了"一气中正混圆太极身"这个目标，缺少其中一条都不能练好身法练好拳。

## 一、身法总要求说明

太极身法总要求，就是依照一气中正混圆太极理，心神虚静地用混元之意将全身各要素（先天的、后天的、有形的、无形的、内部的、外部的）向丹田逆而运之混而为一气中正混圆太极身，也就是用混元之理、混元之法、混元之意向丹田混而为一气中正混圆身。概括地说，就是全身内外向丹田合一、合中、合圆。合一、合中、合圆三者构成了太极身法总要求。下面分别说明。

### （一）合一

**1. 含义**

太极是一，"一者太极也""一者混元之义""一者混元之体"。合一，就是心意混元地将头、手、身、步、精、气、神向丹田合一气、合一体，也叫相合一气、整体合一，也就是向丹田混而为一气、混而为一体。不明整体合一的意义作用，没有整体合一的太极之身，就没有拳术整体运动，就没有拳中整体内劲。

**2. 操作**

围绕"内外合一、上下相随、周身一家、混元一体"四条法则，心意混元地想着丹田身法窍，先阴阳合一，即上下阴阳合一、前后阴阳合一、左右阴阳合一、内外阴阳合一；再头手身步合一，即头与手合，手与身合，身与步合；再三体合一，即内三体精气神合一，外三体身手步合一；再心意六合，即内三合的心与意合、意与气合、气与力合，外三合的肩与胯合、肘与膝合、手与脚合；再方位六合，即前、后、左、右与上、下六个方位六合一气；再九窍合一，即上丹窍、中丹窍、下丹窍、肩井窍、曲池窍、劳宫窍、环跳窍、阳陵泉窍、涌泉窍相合一气；再三才合一，即天、地、人合一（在室内练拳练功时，为避免浊气入身，只可用自己的天即"囟宫"、地即"涌泉"、人即"丹田"

合一）。合而言之，就是精气神、身手步、筋骨肉、梢中根、天地人向丹田混而为一气、混而为一体，以合一之心支配合一之气、合一之身、合一之拳，以合一之气、合一之身、合一之拳贯通合一之心，意合一，气合一，身合一，拳合一，意气身拳合一。

### 3. 作用

身法即拳法，拳法即身法，身是合一身，拳是合一拳，拳中每一动，无论大动、小动、微动、快动、慢动、不动、屈伸动、开合动、缠丝动、转圈动、十三势动、折叠动，都是合一动，动至一，即合一起势，起势到一；合一屈伸，屈伸到一；合一开合，开合到一；合一转圈，转圈到一；合一缠丝，缠丝到一；合一五行，五行到一；合一八法，八法到一；合一折叠，折叠到一；合一收势，收势到一；合一化引，化引到一；合一拿发，拿发到一。从而达到真正的"一动一太极""一动无有不动，一静无有不静"。一而破不开，一而撞不散，一而人难进，一而合即出。而又合一养生，即三元合一，"肌肉若一"，不外散，不损耗，积蓄真力，蓄养本元，性命凝合，可保无忧。

## （二）合中

### 1. 含义

太极是中，中者太极也，至中至正，不偏不倚。合中，就是心意混元地将头、手、身、步、精、气、神向丹田整体合一到至中至正、致中达和，也就是向中合一，合一到中。中正存在于阴阳对称均衡之中。中，指得当、恰好，不偏不倚；正，指正且直；和，指动之皆中，即在前后的当中、左右的当中、上下的当中、阴阳的当中运动，不多不少，不偏不倚，不顶不丢，无过不及，得当恰好。不明整体合中的意义作用，没有整体合中的太极之身，就没有拳术整体中正运动，就没有拳中致中达和内劲。

### 2. 操作

心意混元地想着丹田中心，上至头顶，下至足底，上下对称均衡合一到中；前至身前，后至体后，前后对称均衡合一到中；左至左半身左臂腿，右至右半身右臂腿，左右对称均衡合一到中。而又头手身步的中节不离中，即鼻不离中，肘不离中，腰不离中，膝不离中，中不离位，与丹田合一合中。以中正之心支配中正之气、中正之身、中正之拳，以中正之气、中正之身、中正之拳贯通中正之心，意中正，气中正，身中正，拳中正，意气身拳合一至中正。

### 3. 作用

身法即拳法，拳法即身法，身是中正身，拳是中正拳，拳中每一动，包括大动、小动、微动、快动、慢动、不动、屈伸动、开合动、转圈动、缠丝动、十三势动、折叠动，都是一气中立、中正稳定、从容中道、合一合中在丹田当中、阴阳当中、时空当中的致中达和的动，也就是合中动，动至中，即合中起势，起势到中；合中屈伸，屈伸到中；合中开合，开合到中；合中转圈，转圈到中；合中缠丝，缠丝到中；合中五行，五行到中；合中八法，八法到中；合中折叠，折叠到中；合中收势，收势到中；合中化引，化引到中；合中拿发，拿发到中。中而不动摇，中而不受力，中而人不知，中而至神妙。而又中和养生，即心中和，性中和，气中和，身中和，拳中和，劲中和，阴阳中和，健康无忧。

## （三）合圆

### 1. 含义

太极是圆，圆者太极也，一是混合圆成之物，二是混合圆形运动。合圆，就是心意混元地将头、手、身、步、精、气、神向丹田整体混合混圆，也叫合一圆、合中圆，即圆是合一的圆，一是合圆的一；圆是合中的圆，中是合圆的中。不明整体混合混圆的意义作用，没有整体混合混圆的太极之身，就没有拳术整体混圆运动，就没有拳中虚灵圆融内劲。

### 2. 操作

心意混元地想着丹田圆心，先合三圆，即沉肩坠肘两臂圆，塌腰敛臀腰背圆，坐胯开裆裆腿圆；再三圆合一圆，即前后圆、左右圆、上下圆（圆到头顶脚底），立体三维浑身合一圆；再顺中用逆内外混合一中圆，即一气中正混圆地从丹田由外向内合圆裹圆、由内向外掤圆开圆。圆而有弹性，一身备五弓，即臂圆似弓，腿圆似弓，背圆似弓，混合混圆，五弓合一。而又圆融通灵，灵而圆活，一是丹田腰腹臀胯混合混圆成太极腰、混圆球的圆活；二是腰胯腿脚与大地混合混圆的虚实中定圆活；三是不多不少、不顶不丢、无过不及、得当恰好的致中达和圆活；四是内体感觉与肢体触觉极为灵敏、挨物即知的虚静虚灵圆活。以混圆之心支配混圆之气、混圆之身、混圆之拳，以混圆之气、混圆之身、混圆之拳贯通混圆之心，意混圆，气混圆，身混圆，拳混圆，意气身拳混合一中圆。

### 3. 作用

身法即拳法，拳法即身法，身是混圆身，拳是混圆拳，拳中每一动，无论大动、小动、微动、快动、慢动、不动、屈伸动、开合动、转圈动、缠丝动、十三势动、折叠动，都是合圆动，动至圆，即合圆起势，起势到圆；合圆屈伸，屈伸到圆；合圆开合，开合到圆；合圆转圈，转圈到圆；合圆缠丝，缠丝到圆；合圆五行，五行到圆；合圆八法，八法到圆；合圆折叠，折叠到圆；合圆收势，收势到圆；合圆化引，化引到圆；合圆拿发，拿发到圆。圆而不受力，圆而转落空，圆而有弹性，圆而含虚灵。而又混圆养生，即精气神圆满无亏，具足圆成，先后天混元一体，圆融活泼，邪不外干，混元护体。

## （四）关于放松及放松与合一、合中、合圆的关系作用说明

放松，是指身心放松。放松之义，一是不紧张，不紧张就是放松，紧张就会拘谨、僵滞；二是不用力，不用力就是放松，包括不用肌肉力，不用拙力，不用心力。不用心力就是意念不要太重太实；三是心静，心静就能放松，心不静就不能放松；四是放而松之，即放下执念，放下担心，放下紧张，放下用力习惯，能放才能松，不能放就不能松。身心不放松，则紧张有阻力，气血不通畅。

放松，是手段，合一、合中、合圆是目的，即放松的目的是为了合一、合中、合圆。放松是合一的放松，合中的放松，合圆的放松。反过来，合一、合中、合圆是放松的合一、合中、合圆。无极入门生太极，放松入手练太极。放松的作用是为了更好地合一、合中、合圆。身心越放松，合一、合中、合圆的效能越高，因为精神、意气、神经、细胞的传递性越快、通畅性越好、灵敏性越高、集中性越速。合一放松，放松合一，越合一越放松，越放松越合一，内劲充盈根劲足；合中放松，放松合中，越合中越放松，越放松越合中，胆力增加实力升；合圆放松，放松合圆，越合圆越放松，越放松越合圆，一粒圆物至虚灵。

放松，是有目的的放松，有原则的放松，有涵义的放松。太极拳是武术，

放松的目的、原则、涵义，是为了使太极拳"内以修身，外以致敌"的内外双修两用的武术本义、武术功效得到更好地统一，既增强武术能量、技术、反应效能，又提高祛病、保健、养生功效。片面强调放松，没有目的、原则、涵义的放松，没有合一、合中、合圆的放松，就是松懈、松散、松丢。把精气神松懈了，把神形意松散了，把一中圆松丢了，就把太极松掉了，把太极拳的武术本义松掉了，就不是太极拳的放松。

随着放松合一、合中、合圆功夫的深入和质量提升，一气中正混圆太极功夫就越高，即由松静、松开、松顺、松沉、松柔、松活，直至松虚。"虚而灵，灵而通，通而变，变而化，化而虚空，空而缥缈"，浑身似无极，内含一太极，"一羽不能加、蝇虫不能落""人不知我，我独知人"。

## 二、身法分要求说明

太极身法分要求，是围绕内外合一、合中、合圆身法总要求，针对头、手、身、步各部提出的分要求。身法各部要求很多，但最主要的是"眼神内敛，意守丹田，舌贴上颚，会阴提收，虚灵顶劲，沉肩坠肘，塌腰敛臀，坐胯圆裆"八条。这八条是构建一气中正混圆太极身和拳架整体结构的基本要件，简称身法八条，也称拳功八条、桩功八条。虽分而言之，实则互为联系、相互作用、整体统一的，缺少其中一条就不能练好身法、练好拳架，就不能周身一家、内外两用。

先作特别说明：这八条要领是心神虚静地虚虚用意、静静用意、微微用意、自然用意操作，意念不可重，不可用心力，重则生心火，重则是心力。

### （一）眼神内敛

**1. 含义**

眼神内敛，就是逆运眼内视、神内敛的阴阳混合混元，即大脑思想注意力和两眼内视力往回收敛，亦即眼神心意往祖窍上丹田收敛，不使意散、神散、注意力分散和视力射出去，否则胡思乱想，东瞧西看，心就不能静定，意就不能集中，神就不能凝聚，功夫就不能发动。

眼神内敛，既是身法分要求中对眼法眼神的要求，也是心意混元用功的体现和操作，是太极拳所有练法要求之首条和统领，并主宰以下七条分要求，即眼神内敛意守丹田，眼神内敛舌贴上颚，眼神内敛会阴提收，眼神内敛虚灵顶劲，眼神内敛沉肩坠肘，眼神内敛塌腰敛臀，眼神内敛坐胯圆裆。

### 2. 作用

眼神内敛主要是关乎神。

①眼神内敛合一意，即自然使先天之神与后天之意混而为一意用功。

②眼神内敛心自静，即自然锁心猿，栓意马，杂念不起，心自静定。

③眼神内敛蓄养神，即自然敛神、凝神、安神、蓄神、积神、养神，使先天元神充盈满足。

④眼神内敛看想听，即自然眼不外看、心不外想、耳不外听，内中之意内视内想内听三性归一。

⑤眼神内敛气自回，即自然神返身中气自回。

⑥眼神内敛至中正，即自然敛神到前后的当中、左右的当中、上下的当中、阴阳的当中，得当恰好，不偏不倚。

⑦眼神内敛入骨髓，即自然敛神敛气入骨髓。

⑧眼神内敛聚神气，即敛神聚神，一气鼓铸，便于功夫发动。

⑨眼神内敛摄彼身，即敛神摄对方控彼身的摄神功夫。

⑩眼神内敛神还虚，即敛神还虚，虚至虚灵，虚明自照。

## （二）意守丹田

### 1. 含义

意守丹田，就是逆运神向下、气合一的阴阳混合混元，即用混元之意向丹田逆而运之敛神、提精、聚气混而为一气，并将头手身步窍位和天地时空方位也向丹田混而为一气，守着丹田练拳、练气、练精、练神、练劲、练一、练中、练圆、练根，也就是"拿住丹田练太极，哼哈二气妙无穷"。

### 2. 作用

意守丹田主要是关乎气。

①意守丹田入虚静，即大脑思想注意力集中在丹田，一念代万念，抑制后天识神，摒除思想杂念，虚极静笃，物我两忘。

②意守丹田返先天，即守着丹田，阴阳混合，天地合璧，从后天返还先天虚无状态。

③意守丹田蓄养气，即敛神下行，神入气窍，神气相合，积神生气，凝神蓄气，安神养气，使先天元气充盈满足。

④意守丹田合一气，即心意混元地从丹田由外向内（由上下、前后、左右向内）逆而运之混元一气，以达内外合一、上下相随、周身一家、混元一体。

⑤意守丹田守中正，即心意混元地守着丹田的当中、前后的当中、左右的当中、上下的当中、阴阳的当中，得当恰好，不偏不倚。

⑥意守丹田练内劲，即先天元精元气元神合一于丹田之内，逐渐由无而有、由微而著、混合混融混化混元成先天内劲，也叫聚气成劲。

⑦意守丹田气鼓荡，即丹田自发呼吸开合鼓荡，发动内气内劲，产生全身内动外动、内变外变、内开合外开合。

⑧意守丹田气化神，即敛神聚气，练气化神。

⑨意守丹田长命宝，即生阳气退阴气、补正气去邪气，提高免疫力、抵抗力、自愈力，祛病养生延年。

## （三）舌贴上腭

### 1. 含义

舌贴上腭，就是逆运舌向上、上搭桥的阴阳混合混元，即用意想着舌头放平向上贴住上颚，而且贴得特别紧，像有吸力一样放不下来。如果只是用舌尖部位抵住上颚的"舌抵上颚"还不行，只有整个舌头贴紧上颚，也就是舌头上贴的面积越大，练功效果才越好。

### 2. 作用

舌贴上腭主要是关乎水和接通任督二脉。

①舌贴上腭多生水，即可以更加多生口中津液。"天一生水"，这个水，是练功练拳中产生的气血精华之水，谓"琼浆""甘露""玉液"。一是火中之水，即心为离火的火中之水，也叫离中之阴的真阴之水，谓"真水"；二是督阳之水，即从后背上来、头顶下来的督阳之气所化之水，谓"阳水"；三是肾中之水，即肾中之气所化之水，谓"肾水"。"液自心中降，气从水中

生"，就是气化水下降，水化气上升，也就是气生水（精）、水（精）化气。"千口活水一条命"，吞气咽津到丹田，可滋养丹田五脏，壮阳补气培元，加强脏腑消化、吸收、分泌、运化功能，提高免疫力、抵抗力、自愈力，祛病养生延年。

②舌贴上腭上搭桥，即接通上被嘴断开的任督二脉，便于气通小周天。

③舌贴上腭心肾交，即舌下有窍，上通心脑下通肾，心肾相交水火济。

## （四）会阴提收

### 1. 含义

会阴提收，就是逆运阴向上、水上升的阴阳混合混元，即用混元之意将会阴窍向上、向下丹田吸提收缩，同时肛门与前阴也收缩上提，即会阴会同后阴与前阴一起向上吸提收缩，也叫缩肛提阴、缩阴提肛、提住会阴谷道。

### 2. 作用

会阴提收主要是关乎精和接通任督二脉。

①会阴提收闭地户，即牢固精关，防止精气下漏。

②会阴提收蓄养精，即蓄精、聚精、养精，使下丹元精充盈满足，补其亏损，复其本原。

③会阴提收提精气，一是提下丹之精到丹田，使元精元气元神混而为一气；二是提脚底涌泉之气到丹田（涌泉属肾经），既可使脚底与大地接通生根，又能使涌泉、会阴、两肾联通一气。

④会阴提收下搭桥，即接通下被肛门断开的任督二脉，便于气通小周天。

⑤会阴提收提坎阳，即阳气发动，以坎中之一阳济离中之一阴。

⑥会阴提收精化气，即逆运精向上，练精化气，循督上行，还精补脑，提练气血精华返还于身。

⑦会阴提收合一体，即提会阴提肛有助于腰胯裆臀腿脚丹田合一，全身内外上下结构连为一体。

⑧会阴提收延衰老，即防止内脏器官下垂和脏腑功能下降，保持内环境平衡有序稳定，促进气血升降循环正常，延缓衰老。

## （五）虚灵顶劲

### 1. 含义

虚灵，是指在真正入静的情况下，大脑达到虚静无物，身心极为舒畅灵敏，即神虚灵。顶劲，是指虚灵之神自然由下向上顶，即神贯顶，同时天地人三才向丹田逆而运之、混而为一气中正混圆。也就是说，虚灵是立地顶天的神虚灵，顶劲是虚至虚灵的神贯顶。

虚灵顶劲是顺中用逆、阴阳混合混元的虚灵顶劲，即头上顶天为阳，脚下踏地为阴，想着丹田立地顶天为顺，天地人三才向中向丹田混而为一为逆，上中有下，下中有上，阴中有阳，阳中有阴，顺中有逆，逆中有顺，阴阳混合，对立统一。也就是顶天地，合天地，一气中正离中虚，头含虚灵积弹劲。而不是头部单方向的既上领又上顶的"虚领顶劲"。所谓"孤阴不生，孤阳不长""一阴一阳谓之道"。

### 2. 作用

虚灵顶劲主要是关乎中和神。

①虚灵顶劲至中正，即精神领起神贯顶，一气中正不偏倚，使先天无形的神中正（神不离中）、气中正（气不离中）、劲中正（劲不离中）与后天有形的头中正（梢不离中）、身中正（中不离中）、尾闾中正（根不离中）和天（头顶囟宫）地（脚底涌泉）、人（脐内中丹田）三才合一合中在前后的当中、左右的当中、上下的当中，好像足踏于地、头顶于天，任何力量也不能动摇。

②虚灵顶劲自发动，即大脑虚空无物，身心松静虚无，元神虚灵贯顶，便于气行全身而自发运动、神乎其神运动。

③虚灵顶劲知觉灵，即内体虚空而感觉神灵，肢体虚无而触觉灵敏，也就是知觉神明，听劲灵敏，挨物即知，"一羽不能加，蝇虫不能落"。

## （六）沉肩坠肘

### 1. 含义

沉肩，是想着两个肩关节的肩井窍，意到气到入窍中，使两肩骨节松开，不紧张，不耸起，自然向下松垂沉；坠肘，是想着两个肘关节的曲池窍，意到气到入窍中，使两肘骨节松开，不紧张，不抬起，自然向下松沉坠，并保持肘尖垂直朝下朝大地。沉肩必须坠肘，坠肘保证沉肩。一般练太极者最易犯耸肩抬肘毛病。用眼神内敛的以意循窍行气之法，由肩井、曲池一并直下涌泉，骨节即可松开，肩自下沉，肘自下坠。

沉肩坠肘是顺中用逆、阴阳混合混元的沉肩坠肘，即上肢为上、为阳、为顺，沉肩坠肘为下、为阴、为逆，上中有下，开中有合，虚中有实，轻中有沉，升中有降，动中有静，阳中有阴，顺中有逆，阴阳混合，对立统一。也就是肩肘沉，手松虚，胳膊沉重乾三连，手含虚灵储弹劲。

### 2. 作用

沉肩坠肘主要是关乎合。

①沉肩坠肘周身合，一使上下合，即沉肩坠肘到脚底；二使左右合，即沉坠之中寓抱肩合肘之意；三使手身合，即肘不离腰的手与身合；四使内外合，即想着丹田沉肩坠肘，沉肩坠肘到丹田里。若耸肩抬肘则不合。

②沉肩坠肘护两肋，即能使肘不离肋，不使肋部暴露，不被对方制约。若耸肩抬肘则露肋，犯武术大忌。

③沉肩坠肘骨节对，即意注肩井、曲池、劳宫三节窍使肩肘手三节松开对正，对则有力。若耸肩抬肘则不对。

④沉肩坠肘气贯通，即想着肩井、曲池沉肩坠肘的同时，就是在以意循窍行气，节节贯通臂三节。若耸肩抬肘则不通。

⑤沉肩坠肘臂中正，一是肘不离中，即肘为臂中节，能坠肘就能使肘不离中，中不离位，不被对方所制；二是臂不离中，即不离节窍的当中、臂骨的当中、前后的当中、左右的当中、上下的当中、阴阳的当中，得当恰好，不偏不倚。若耸肩抬肘则不中。

⑥沉肩坠肘臂似弓，即能使两臂保持弧度，肘是弓把臂似弓，储蓄弹性张力。若耸肩抬肘则无弓。

⑦沉肩坠肘气下沉，即沉肩坠肘能使胸松空，气沉丹田，上虚下实，重心稳固，心定身安。若耸肩抬肘则气上浮、胸肺憋，上实下虚、重心不稳。

⑧沉肩坠肘臂沉重，即能使气入节窍，敛入臂骨，沉气储劲，胳膊沉重如绵裹铁。若耸肩抬肘则不沉。

### （七）塌腰敛臀

#### 1. 含义

塌腰，是指腰背部放松下塌。一是眼神内敛想着夹脊窍使背部放松、松开往下塌，即松背塌背；二是眼神内敛想着命门窍使腰部放松、松开往下塌，即松腰塌腰。敛臀，是随塌背塌腰而想着尾闾往里收、会阴向上提，即眼神内敛将臀部往下、往前、往裆里收敛内含，并将小腹部自然放松托起，便于丹田之气呼吸鼓荡。塌背塌腰须敛臀，敛臀才能塌腰背。

塌腰敛臀是顺中用逆、阴阳混合混元的塌腰敛臀，即背为后、为阳，胸为前、为阴，后中有前，前中有后，阳中有阴，阴中有阳，阴阳混合，对立统一；塌背塌腰为下、为阴、为顺，拔背督升为上、为阳、为逆，即下中有上，上中有下，阴中有阳，阳中有阴，顺中有逆，逆中有顺，阴阳混合，对立统一。也就是塌腰背、拔腰背，胸空腹实坎中满，身含虚灵蓄弹劲。

这里需要指出的是，患有腰椎间盘突出症者不宜塌腰敛臀，否则会加重病情，应保持自然姿势，并用意将气敛入椎间盘。

#### 2. 作用

塌腰敛臀主要是关乎身具弹性（身似大弹簧）。

①塌腰敛臀气贴背，即能使胸空腹实气贴脊背，也就是含胸拔背的意思。所谓含胸，就是胸空虚含微下沉；所谓拔背，就是气贴脊背微伸拔。虚灵内含，脊背敏感。

②塌腰敛臀身似弓，即能使腰背圆，身似弓，腰为弓把，身有弹性，一气伸缩，开合折叠。

③塌腰敛臀合一体，即能使身中节的胸、腹、背、腰、臀、裆与顶混合一体，周身如一，满身轻利。

④塌腰敛臀身中正，即能使颈椎、胸椎、腰椎、骶椎、尾椎节节对正贯通，合中守中不离中，不离中就是不离脊骨的当中、前后的当中、左右的当中、上下的当中、阴阳的当中，得当恰好，不偏不倚。

⑤塌腰敛臀太极腰，即能使腰、腹、臀、胯、裆、中丹、后丹、下丹混而为一气中正混圆太极腰和富有弹性混圆球，使一身之劲合于腰，丹田开合鼓荡腰，命门出入发于腰。

⑥塌腰敛臀劲下贯，即能使腰劲下贯足底与地合一，中节与根节合一，腰劲与胯劲、根劲合一。

⑦塌腰敛臀气上升，即能使阳气从督脉上升，也就是"鹿运尾闾通督脉"。

## （八）坐胯圆裆

### 1. 含义

坐胯，是眼神内敛想着两个胯关节的环跳窍，意到气到入窍中，两腿根部髋关节和腹股沟放松、松开、松坐，即松胯、开胯、坐胯，而又坐胯到脚底，劲从脚底起。胯部关节、大筋、肌肉群能放松、松开，才能坐胯，进而能使两胯收束、开张、转动，即束胯、开胯、转胯，练成胯根劲。圆裆，是用眼神内敛的混元之意由内圆和外圆两方面圆成：内圆是会阴向上提，两大腿根内侧微微由内向外开圆、撑圆，也叫提裆、开裆、圆裆；外圆是两大腿外侧和两胯臀微微由外向内裹圆、抱圆，也叫裹裆、圆裆、圆胯。而又圆裆到脚底，劲由裆内升。开中合圆，合中开圆，圆裆圆胯互为一体。坐胯圆裆又要与塌腰敛臀和会阴提收互相配合联动，即敛臀必须开胯开裆，开胯开裆才能敛臀；尾闾往里收、会阴向上提才能圆裆，敛臀坐胯，圆裆敛臀。

坐胯圆裆是顺中用逆、阴阳混合混元的坐胯圆裆，即坐胯为下、为阴、为顺，圆裆（提裆）为上、为阳、为逆，下中有上，上中有下，阴中有阳，阳中有阴，顺中有逆，逆中有顺，阴阳混合，对立统一；开裆圆裆为开、为阳、为顺，裹裆圆胯为合、为阴、为逆，开中有合，合中有开，阳中有阴，阴中有阳，顺中有逆，逆中有顺，阴阳混合，对立统一。也就是坐臀胯，提裆脚，生根成桩坤六断，步含虚灵存弹劲。

### 2. 作用

坐胯圆裆主要是关乎根。腿是总三节之根节；胯是腿之根节，又是联接腰身与腿脚一体的枢机；脚是腿之梢节，又是全身之根节。坐胯圆裆就是将下丹田（根节窍、步法窍）与臀、裆、胯、腿、膝、脚和大地混而为一，练出混元根劲。

①坐胯圆裆下盘稳，即能使重心降低，意气沉着，既能增加稳定角和稳定面积，又能增强腿力和下盘稳定力与灵活性。

②坐胯圆裆骨节对，即坐胯自然屈膝，圆裆自然挺膝，胯、膝、脚三节自

然放松对正，对则有力不动摇，小腿不动或微动，膝不过涌泉，可避免因主动先屈膝和屈膝过头造成的断劲、伤膝。

③坐胯圆裆腿中正，一是膝不离中，即膝为腿中节，圆裆虚挺膝，能使膝不离中，中不离位，中不受力，中正稳定；二是腿不离中，即臀、裆、胯、腿、膝、脚合中守中不离中，不离中就是不离节窍的当中、腿骨的当中、前后的当中、左右的当中、上下的当中、内外的当中、阴阳的当中，得当恰好，不偏不倚。

④坐胯圆裆气贯通，即以意循窍提降运气，节节贯通腿三节，反复传运，增强根节气能、势能、劲能。

⑤坐胯圆裆腿似弓，即能使两腿保持弧度，膝是弓把，腿似弓，敛气入腿骨，储蓄弹性能，并与大地弹性反作用力混而为一，增加腿弓弹性，气机腾挪，劲起足底。

⑥坐胯圆裆生根劲，即坐胯圆裆气沉脚底，脚底有气与地接成一气入地中，腰胯腿脚与地合；提裆提气提脚底，脚底似吸盘一般吸住大地向上提，又似植地生根由地下吸收养分向上吸，使后天有形之胯根、脚根与先天无形之气根、劲根混合为一，用根劲运起一气中正混圆的太极腰、混元体、整体劲。

为便于熟记默识，兹将头手身步各部要求归纳为以下十六条：
眼神往里收，两耳向内听，意想中丹田，舌头贴上颚，
头部虚顶天，腰背往下塌，胸部松虚空，脐腹松充实，
尾闾往里收，会阴向上提，两胯松开坐，两膝自然屈，
两脚松踏地，两肩松下沉，两肘松下坠，两手松虚绵。

## 第三节　拳架身法练法

### 一、第一步身法中正打拳

#### （一）练法说明

第一步身法中正打拳是在第一阶段套路动作达到规范熟练以后的练法。此时的思想注意力全部集中在身法中正打拳上，而不能分心在套路动作上，也就

是只想身法中正打拳，而不想拳式如何动作。

身法中正打拳主要是练中。太极是中，中正是太极核心思想，中正是太极体象之理，中正是太极身法拳法用法之首要，中正之身即为太极之身。

身法中正打拳包括3个方面：一是练心意混元中正；二是练身法结构中正；三是练拳法动作中正：即以中正之心支配中正之身和中正之拳，以中正之身和中正之拳贯通中正之心。

### 1. 心意混元中正

就是眼神心意想着丹田身法窍这个中正原点，想中正，调中正，合中正，至中正，守中正，养中正，心意混元中正。

### 2. 身法结构中正

就是在心意混元中正支配下，依次按下述"身法中正四要素"，逐条递加，练好身法结构中正。

#### （1）虚灵顶劲、上虚下实的中正

即想着丹田中心，头顶天，脚踏地，天地人三才合一合中正，上中下一气中立，得当恰好不偏倚。

#### （2）阴阳各半、四面均衡的中正

即丹田中心到前、后、左、右的意念半径对称均衡一致，中正在阴阳对称当中，得当恰好不偏倚。

#### （3）头手身步、四个中节的中正

即在头是鼻不离中，在手是肘不离中，在身是腰不离中，在腿是膝不离中，得当恰好不偏倚。

#### （4）脊骨、腿骨、臂骨的中正

即中正在全身脊骨、腿骨、臂骨的骨髓当中，得当恰好不偏倚。

### 3. 拳法动作中正

按照"身法中正四要素"，眼神心意想着丹田身法窍中心，用中正之心将中正之身和拳中动作合到丹田的当中、阴阳的当中、时空方位的当中（即前后

的当中、左右的当中、上下的当中），得当恰好、不偏不倚、动而皆中的运动中正之拳。也就是以中正中和之身练中正中和之拳，用中正中和之拳练中正中和之身，拳中每一动，无论大动、小动、微动、快动、慢动、不动、屈伸动、开合动、缠丝动、转圈动、十三势动、折叠动，既都是想着中正中和的动，又都是在练中正中和。也就是说，练拳的过程就是练中正中和的过程，用中正中和练每一招、每一式，用每一招、每一式练中正中和，即：

想着中正起势，起势到中；
想着中正屈伸，屈伸到中；
想着中正开合，开合到中；
想着中正转圈，转圈到中；
想着中正缠丝，缠丝到中；
想着中正五行，五行到中；
想着中正八法，八法到中；
想着中正折叠，折叠到中；
想着中正收势，收势到中。

练至功成，浑身是致中达和的折叠缠丝混元圈十三势，中即拳，拳即中，不勉而中，中和自至。

## （二）教学练说明

**教：**教拳者首先要练好身法中正打拳，具备身法中正功夫，并认真仔细阅读和熟记理解掌握"身法要求说明"和身法中正打拳的"练法说明""拳式分解说明"，分解清楚每一个拳式的每一个折叠缠丝混元圈十三势的身法中正打拳，认真恭敬地四面反复示范示教每一个拳法动作的身法中正打拳，认真仔细地讲解每一个拳法动作的身法中正打拳，认真负责地一个中正一个中正地指导、检查、纠正。再结合"身法体用说明"，手把手地喂劲试力、演示讲解每一个拳式的每一个折叠缠丝混元圈十三势的身法中正体用。

**学：**学习者也要认真仔细阅读"身法要求说明"和身法中正打拳的"练法说明""拳式分解说明"，认真恭敬地跟着授课老师反复临摹学习每一拳式的每一个折叠缠丝混元圈十三势的身法中正打拳，一个中正一个中正地对照、自查、自纠。

**练：**练习时，一要采用拳套与拳式、组合与单操、定桩与活桩相结合的单人练习法，正确掌握每一个拳法动作的身法中正打拳，反复熟练身法中正之体和身法中正之拳；二要通过师生之间、同学之间的体用对练法，相互喂劲试力身法中正打拳，体验、了解太极中正与阴阳平衡、心意中正与身法中正、丹田中正与身法中正、身法中正与拳法中正、身法中正与身心放松、身法中正与整体稳定、身法中正与其根在脚、静态中正与动态中正、定步中正与活步中正、身法中正与接听化引、身法中正与沾黏连随、身法中正与拳法运用的关系，体会身法中正的含义作用，认识身法中正的重要意义，掌握身法中正要领，符合身法中正要求，养成身法中正习惯，初步具备身法中正功夫。

### （三）身法中正打拳的拳式分解说明

身法中正打拳的拳式分解说明以"第1式无极起势、第2式金刚捣碓、第3式懒扎衣、第4式六封四闭"4个拳式为例，练习时可据此扩展到所有拳式。

## 第1式　无极起势中正练法

#### （1）静站无极生中正

无极步站立，先心意混元中正地调身放松调中正，再调心守丹生中正。

#### （2）中正折叠掤到中

然后心意混元中正地先向后、向下引到中，再折叠反转纵立圈下半圆向前、向上掤到中。

#### （3）中正折叠挤到中

先想着中正反转纵立圈上半圆屈臂往回引到中，再折叠下半圆向前挤到中。

#### （4）中正折叠捋到中

先想着中正正转纵立圈上半圆向前引到中，再折叠下半圆往回捋到中。

#### （5）中正折叠按到中

先想着中正反转纵立圈前半圆向上引到中，再折叠后半圆向下按到中。

（6）回到无极回到中

最后想着丹田中正放松起身复原回到无极回到中。

## 第2式　金刚捣碓中正练法

（1）中正折叠横立圈

先心意混元中正地右转腰向右引到中，再左、右折叠转腰缠丝正转横立圈左掤到中、右捋到中、右按到中、左斜挤到中。

（2）中正折叠左平圈

先想着中正右转腰向右引到中，再折叠左转腰缠丝左转水平圈左捋到中。

（3）中正折叠右平圈

先想着中正左转腰向左后缠丝翻掌引到中，再折叠右转身缠丝右转水平圈右捋到中。

（4）中正折叠腿手挒

先想着中正左腿缠丝屈提里合，再折叠铲脚开步腿手分家捋挒到中。

（5）中正折叠横立圈

想着中正左、右转腰折叠缠丝正转横立圈左掤到中、右捋到中。

（6）中正折叠左手按

想着中正左转腰转左脚左手折叠逆缠横立圈下半圆斜下按到中。

（7）中正折叠勾拳掤

想着中正右脚向前上步到中、左手折叠缠丝横立圈合手到中、右手折叠顺缠纵立圈下半圆勾拳掤到中。

（8）中正折叠轮转圈

先想着中正折叠转腰右拳逆顺缠丝正转纵立圈掤挤按捋到中，再右转腰左手逆顺缠丝正转纵立圈掤挤按捋到中。

### （9）中正折叠震脚捣碓

先想着中正左下右上、左顺右逆缠丝纵立圈开引蓄势到中，再右腿屈膝提掤震脚、右拳折叠逆缠纵立圈捣碓到中，浑身向中丹田合中定势。

## 第3式 懒扎衣中正练法

### （1）中正折叠斜立圈

先心意混元中正地抱拳右转腰斜向右前引到中，再折叠转腰抱拳斜转纵立圈先逆缠上掤到中、再顺缠回捋到中。

### （2）中正折叠横立圈

先想着中正左转腰顺缠屈臂交合引到中，再折叠右转腰逆缠横立圈右掤、左按开到中。

### （3）中正折叠合手挒

先想着中正折叠转腰两手各在原位顺逆折叠缠丝旋腕小横立圈，再折叠左转腰顺缠横立圈左上、右下合手挒到中。

### （4）中正提腿分手捋

想着中正先合手上掤到中、再逆缠横立圈上半圆分手捋到中，右腿随分捋屈膝提掤独立到中。

### （5）中正合手腿手挒

想着中正顺缠横立圈下半圆右伸左屈交合、右脚向右横开步腿手分家挒到中。

### （6）中正折叠右平圈

先想着中正左转腰右手向左后方逆缠小圈合引到中，再折叠右转腰右手水平圈向右开到中，即顺缠坠肘、肘膝挒到中，浑身向中丹田合中定势。

## 第4式　六封四闭中正练法

**（1）中正缠丝大小圈**

先心意混元中正地折叠转腰领两手各在原位顺逆折叠缠丝正转大、小横立圈左引右掤到中。

**（2）中正折叠合手挤**

然后想着中正左转腰重心左移右手沿横立圈下半圆顺缠左将到中，再右转腰，重心右移，十字合手沿横立圈上半圆顺逆折叠缠丝挤到中。

**（3）中正折叠左将掤**

先想着中正右转腰十字合手在原位旋腕缠丝一小圈，再左转腰沿横立圈下半圆从右向左顺逆折叠缠丝左将掤到中。

**（4）中正折叠左拿将**

先想着中正合手上引到中，再折叠转腰沿横立圈下半圆顺缠开引到中，再沿上半圆逆缠屈臂左转拿将到中。

**（5）中正收步斜右按**

最后想着中正折叠右转腰沿横立圈下弧线收步斜向右前下逆缠按到中，浑身向中丹田合中定势。

### （四）身法中正体用说明

以中正之体，用中正之拳。身法中正体用包括两个方面：一是静态的身法中正体用；二是动态的身法中正体用。

**1. 静态的身法中正体用**

就是将拳中每一个动作的混元时空位移运动定格为静态定势，也叫身法中正静桩定桩体用，从前、后、左、右四个方向喂劲试力，检验静态中的"未动守中"的身法中正和动作中正的掌握程度及功夫水平。

**2. 动态的身法中正体用**

就是身法中正地顺势随彼运用每一个拳式中的每一个折叠缠丝混元圈十三势动作，也叫身法中正动桩活桩体用，检验动态中的"动而皆中"的身法中正和动作中正的掌握程度及功夫水平。

特别说明：不在当中不动手。

## 二、第二步沉肩坠肘打拳

### （一）练法说明

第二步沉肩坠肘打拳是在第一步身法中正打拳练达合中的基础上的练法。此时的思想注意力全部集中在沉肩坠肘打拳上，而不能分心在套路动作上，也就是只想沉肩坠肘打拳，而不想拳式如何动作。

沉肩坠肘打拳主要是练合、练松沉，也叫松沉合一。太极是一，一气是太极的本原本体，包括先天一气和相合一气两个方面：先天一气就是太极一气，也称混元一气；相合一气就是周身上下、前后、左右、内外、精气神、身手步、梢中根、天地人向丹田混而为一气。而要达到相合一气，首先要做到沉肩坠肘的手与脚、手与手、手与身、手与丹田的松沉合一。

第二步沉肩坠肘打拳练法包括两个方面：一是练沉肩坠肘的松沉合一之体；二是练沉肩坠肘的松沉合一之拳，即以松沉合一的沉肩坠肘之心支配松沉合一的沉肩坠肘之体和沉肩坠肘之拳，以松沉合一的沉肩坠肘之体和沉肩坠肘之拳贯通松沉合一的沉肩坠肘之心。

#### 1. 练松沉合一的沉肩坠肘之体

心意混元合一地想着丹田沉肩坠肘，依次按下述"沉肩坠肘四要素"，逐条递加，练好沉肩坠肘松沉合一本体：

#### （1）沉肩坠肘上下合

即沉肩坠肘到脚底与脚合。

### （2）沉肩坠肘左右合

即抱肩合肘的肩与肩、肘与肘合。

### （3）沉肩坠肘与身合

即沉肩坠肘的肘不离身与身合。

### （4）沉肩坠肘内外合

即沉肩坠肘与丹田合。

### 2. 练松沉合一的沉肩坠肘之拳

按照"沉肩坠肘四要素"，心意混元合一地想着丹田身法窍，用松沉合一的沉肩坠肘之心，边练松沉合一的沉肩坠肘之体，边练沉肩坠肘之拳。也就是拳中每一动，无论大动、小动、微动、快动、慢动、不动、屈伸动、开合动、转圈动、缠丝动、十三势动、折叠动，既都是想着沉肩坠肘的松沉合一的动，又都是在练沉肩坠肘的松沉合一。也就是说，练拳的过程就是练沉肩坠肘的松沉合一的过程，用沉肩坠肘的松沉合一练每一招、每一式，用每一招、每一式练沉肩坠肘的松沉合一，即：

想着沉肩坠肘合一起势，不沉肩坠肘不起势；
想着沉肩坠肘合一屈伸，不沉肩坠肘不屈伸；
想着沉肩坠肘合一开合，不沉肩坠肘不开合；
想着沉肩坠肘合一转圈，不沉肩坠肘不转圈；
想着沉肩坠肘合一缠丝，不沉肩坠肘不缠丝；
想着沉肩坠肘合一八法，不沉肩坠肘不八法；
想着沉肩坠肘合一折叠，不沉肩坠肘不折叠；
想着沉肩坠肘合一收势，不沉肩坠肘不收势。

练至功成，浑身是沉肩坠肘合成一的折叠缠丝混元圈十三势，一即拳，拳即一，不思而合，一体自至。

### （二）教学练说明

**教：** 教拳者首先要练好沉肩坠肘打拳，具备沉肩坠肘松沉合一功夫，并认真仔细阅读和熟记理解掌握"身法要求说明"和沉肩坠肘打拳的"练法说明""拳式分解说明",分解清楚每一个拳式的每一个折叠缠丝混元圈十三势的沉肩坠肘合一打拳,认真恭敬地四面反复示范示教每一个拳法动作的沉肩坠肘合一打拳,认真仔细地讲解每一个拳法动作的沉肩坠肘合一打拳,认真负责地一个沉肩坠肘一个沉肩坠肘地指导、检查、纠正。再结合"沉肩坠肘体用说明",手把手地喂劲试力、演示讲解每一个拳式的每一个折叠缠丝混元圈十三势的沉肩坠肘合一体用。

**学:**学习者也要认真仔细阅读"身法要求说明"和沉肩坠肘打拳的"练法说明""拳式分解说明",认真恭敬地跟着授课老师反复临摹学习每一拳式的每一个折叠缠丝混元圈十三势的沉肩坠肘合一打拳,一个沉肩坠肘一个沉肩坠肘地对照、自查、自纠。

**练:**练习时,一要采用拳套与拳式、组合与单操、定桩与活桩相结合的单人练习法,正确掌握每一个拳法动作的沉肩坠肘打拳,反复熟练沉肩坠肘之体和沉肩坠肘之拳;二要通过师生之间、同学之间的体用对练法,相互喂劲试力沉肩坠肘打拳,体验、了解松肩与沉肩、松肘与坠肘、沉肩坠肘与三节对正、沉肩坠肘与节节贯串、沉肩坠肘与重心稳定、沉肩坠肘与气沉丹田、沉肩坠肘与身法相合、沉肩坠肘与上下相随、沉肩坠肘与周身一家、沉肩坠肘与其根在脚、静态沉肩坠肘合一与动态沉肩坠肘合一、沉肩坠肘合一与拳法运用、沉肩坠肘合一与沾粘连随、沉肩坠肘合一与化引拿发的关系,体会沉肩坠肘合一的含义作用,认识沉肩坠肘合一的重要意义,逐步掌握沉肩坠肘合一要领,符合沉肩坠肘合一要求,养成沉肩坠肘合一习惯,初步具备沉肩坠肘合一功夫。

### (三)沉肩坠肘打拳的拳式分解说明

沉肩坠肘打拳的拳式分解说明以"第5式单鞭、第6式白鹤亮翅、第7式斜行拗步、第8式提收"4个拳式为例,练习时可据此扩展到所有拳式。

#### 第5式 单鞭沉肩坠肘练法

**(1)沉肩坠肘右合左开**

左侧虚步不变,心意混元合一地先想着沉肩坠肘右转腰顺缠合引,再想着沉肩坠肘折叠左转腰逆缠斜开横立圈左掤右按。

### （2）沉肩坠肘上开下合

左侧虚步不变，先想着沉肩坠肘右转腰左手沿横立圈左半圆右转下合，再想着沉肩坠肘先左转腰逆缠横立圈上半圆上开掤捋，再折叠右转腰顺缠横立圈下半圆下合捋手。

### （3）沉肩坠肘勾手单鞭

左侧虚步不变，先想着沉肩坠肘右手在左手心上方顺缠转合一小横立圈变勾手，再想着沉肩坠肘折叠逆缠勾手沿纵立圈下半圆斜向右前上掤左转身，左手向左合至脐下小腹。

### （4）沉肩坠肘提腿开步

想着沉肩坠肘右勾手斜掤不变，左腿先缠丝屈提上掤里合，再折叠横向左铲脚开步。

### （5）沉肩坠肘旋腹转臀

想着沉肩坠肘右勾手斜掤不变，左手先沉肩坠肘左转腰向左蓄引，再沉肩坠肘折叠旋腹转臀在脐腹前折叠缠丝绕转小横立圈。

### （6）沉肩坠肘左合右开

想着沉肩坠肘右勾手斜掤不变，左手先沉肩坠肘向右手臂顺缠穿掌上掤，再沉肩坠肘逆缠翻掌一小圈合引，再沉肩坠肘折叠逆缠左转水平圈开到左腿上方，到位后即沉肩坠肘顺缠肘膝捌，浑身想着丹田沉肩坠肘合一定势。

## 第6式　白鹤亮翅沉肩坠肘练法

### （1）沉肩坠肘折叠转圈

心意混元合一地先想着沉肩坠肘右转腰向右下蓄引，再想着沉肩坠肘折叠缠丝转腰顺时针横立圈左掤、右捋、右按、左挤。

### （2）沉肩坠肘折叠右捋

先想着沉肩坠肘向左后方顺逆缠丝翻掌合引，再想着沉肩坠肘折叠右转腰左顺右逆缠丝右转水平圈右将。

### (3) 沉肩坠肘收步转圈

想着沉肩坠肘两手在原位缠丝旋腕正转小横立圈向右横将收左步。

### (4) 沉肩坠肘上步左将

先想着沉肩坠肘缠丝翻掌，再想着沉肩坠肘折叠左转身上右步反转水平圈向左横将。

### (5) 沉肩坠肘合手开步

先想着沉肩坠肘顺缠交叉合引，再想着沉肩坠肘折叠转腰缠丝先开后合正转斜纵立圈斜上右步套封捌。

### (6) 沉肩坠肘转圈捌手

再想着沉肩坠肘折叠转腰缠丝先开后合正转斜纵立圈合手捌。

### (7) 沉肩坠肘跟步掤开

再想着沉肩坠肘折叠右转身收左步逆缠斜开横立圈右掤左按，浑身想着丹田沉肩坠肘合一定势。

## 第7式 斜行拗步沉肩坠肘练法

### (1) 沉肩坠肘调步将引

心意混元合一地想着沉肩坠肘边调整步子向右拗转身，边右手逆缠斜横立圈左半圆向右下将引。

### (2) 沉肩坠肘折叠掤将

先想着沉肩坠肘左转腰右手折叠顺缠斜横立圈右半圆横向左前上掤，再想着沉肩坠肘右转腰重心前移右手折叠逆缠斜横立圈左半圆横向右下将引，左手折叠顺缠斜横立圈左半圆横向上屈臂右将到中线。

223

### （3）沉肩坠肘提腿开步

想着沉肩坠肘左腿先屈膝缠丝提掤里合，再折叠斜向左铲脚斜开步；同时，右手斜向右上方斜掤展。

### （4）沉肩坠肘折叠掤捋

先想着沉肩坠肘折叠左转腰重心前移右手顺缠沿斜横立圈右上半圆横向左前上掤，再想着沉肩坠肘折叠右转腰重心后移右手逆缠沿斜横立圈左下半圆横向右下捋引，左手折叠顺缠沿斜横立圈左上半圆横向上屈臂右捋到中线。

### （5）沉肩坠肘勾手推掌

想着沉肩坠肘折叠左转腰重心前移左手折叠缠丝横立圈下半圆搂膝勾手斜上掤，右手折叠缠丝屈臂纵立圈上半圆向前挤掌。

### （6）沉肩坠肘折叠左合

左勾手沉肩坠肘不变，先想着沉肩坠肘右转腰重心后移领右手沿纵立圈下半圆向右后下蓄引，再想着沉肩坠肘左转腰重心前移右手折叠顺缠左转水平圈左合到左臂内侧。

### （7）沉肩坠肘折叠右开

左勾手沉肩坠肘不变，先想着沉肩坠肘右手在左臂内向左逆缠旋腕翻掌合引一小圈，再想着沉肩坠肘折叠右转腰重心后移斜水平圈斜向右后开捋到右腿上方腿手挒。

### （8）沉肩坠肘拗步推掌

最后想着沉肩坠肘折叠左转腰拧身重心前移，右手顺缠斜向右后拗步反推掌，浑身想着丹田沉肩坠肘合一定势。

## 第8式　提收沉肩坠肘练法

### （1）沉肩坠肘退步提收

先心意混元合一地想着沉肩坠肘沿横立圈下半圆折叠缠丝下合蓄引收右

步，再想着沉肩坠肘折叠下开蓄引，然后想着沉肩坠肘折叠交合先向前上掤提，再沿横立圈上半圆逆缠上开退右步退身收左步捋收。

### （2）沉肩坠肘虚步提收

先想着沉肩坠肘沿横立圈下半圆折叠下合蓄势，再想着沉肩坠肘沿纵立圈前上半圆先顺缠向上掤提再右转腰逆缠屈臂向后捋收。

### （3）沉肩坠肘独立提收

最后想着沉肩坠肘沿顺时针纵立圈前下后上折叠缠丝向前合手推挤，右腿独立、左腿屈膝上提脚根后收，浑身想着丹田沉肩坠肘合一独立定势。

## （四）沉肩坠肘体用说明

以沉肩坠肘之体，用沉肩坠肘之拳。沉肩坠肘体用也包括两个方面：一是静态的沉肩坠肘体用；二是动态的沉肩坠肘体用。

### 1. 静态的沉肩坠肘体用

就是将拳中每一个动作的混元时空位移运动定格为静态定势，也叫沉肩坠肘静桩定桩体用，从前、后、左、右四个方向喂劲试力，检验静态中的沉肩坠肘松沉合一合中的掌握程度及功夫水平。

### 2. 动态的沉肩坠肘体用

就是沉肩坠肘松沉合一合中地顺势随彼运用每一个拳式中的每一个折叠缠丝混元圈十三势动作，也叫沉肩坠肘动桩活桩体用，检验动态中的沉肩坠肘松沉合一合中的掌握程度及功夫水平。

特别说明：不沉肩坠肘合一不动手。

## 三、第三步腰腹臀胯打拳

### （一）练法说明

第三步腰腹臀胯打拳是在第二步沉肩坠肘打拳练达松沉合一基础上的练

法。此时的思想注意力全部集中在腰腹臀胯打拳上，而不能分心在套路动作上，也就是只想腰腹臀胯打拳，而不想拳式如何动作。

腰腹臀胯打拳主要是练腰胯，也就是练太极腰。太极拳"腰为主宰"的真正含义是"丹田腰腹臀胯为主宰"。太极在哪里？从太极体象之理来说，腹为无极，脐为太极，腰为两仪，四肢为四象，前臂、上臂、小腿、大腿为八卦，也叫八节。脐内中丹田为一身之中心，又为一气之所在，因其位像极，故称脐为太极。脐内中丹田、命门后丹田、会阴下丹田与腰、腹、臀、胯、裆内外联合一体构成了太极拳的太极腰，是太极拳先天能量与后天能量混元一体的所在和源泉，是腰领四肢八节一气中正混圆折叠缠丝混元圈十三势的核心和枢纽。丹田腰腹臀胯太极腰又像一个圆坨坨、活泼泼的中空内实的立体混合圆球，所以也叫混圆腰、混圆球。太极一动（即丹田气动）是生两仪（即丹田呼吸与左右转腰），两仪生四象、四象生八卦（即腰领四肢八节混圆齐动）。

第三步腰腹臀胯打拳练法包括两个方面：一是练腰腹臀胯太极腰之球；二是练腰腹臀胯太极腰之拳，即以圆活太极腰之心支配圆活太极腰之球和圆活太极腰之拳，以圆活太极腰之球和圆活太极腰之拳贯通圆活太极腰之心。

**1. 练腰腹臀胯太极腰之球**

心意混元灵活地想着丹田腰腹臀胯，依次按下述"腰腹臀胯三步法"，逐条递加，练好腰腹臀胯太极腰。

第一步练塌腰敛臀、坐胯圆裆的腰腹臀胯裆向丹田合一、合中、合圆。

第二步练丹田腰腹臀胯太极腰的左右水平圆活圆转。

第三步练丹田腰腹臀胯混圆球的多方位立体圆活圆转。

**2. 练腰腹臀胯太极腰之拳**

心意混元灵活地将头手身步精气神和拳中动作向丹田腰腹臀胯太极腰合一、合中、合圆，边练丹田腰腹臀胯太极腰，边练丹田腰腹臀胯太极拳。也就是拳中每一动，无论大动、小动、微动、快动、慢动、不动、屈伸动、开合动、转圆动、缠丝动、十三势动、折叠动，既都是想着丹田腰腹臀胯太极腰的动，又都是在练丹田腰腹臀胯太极腰。也就是说，练拳的过程就是练丹田腰腹臀胯太极腰的过程，用丹田腰腹臀胯太极腰练每一招、每一式，用每一招、每一式练丹田腰腹臀胯太极腰，即：

想着丹田腰腹臀胯合一、合中、合圆起势，腰腹臀胯不动不起势；

想着丹田腰腹臀胯合一、合中、合圆屈伸，腰腹臀胯不动不屈伸；

想着丹田腰腹臀胯合一、合中、合圆开合，腰腹臀胯不动不开合；
想着丹田腰腹臀胯合一、合中、合圆转圈，腰腹臀胯不动不转圈；
想着丹田腰腹臀胯合一、合中、合圆缠丝，腰腹臀胯不动不缠丝；
想着丹田腰腹臀胯合一、合中、合圆五行，腰腹臀胯不动不五行；
想着丹田腰腹臀胯合一、合中、合圆八法，腰腹臀胯不动不八法；
想着丹田腰腹臀胯合一、合中、合圆折叠，腰腹臀胯不动不折叠；
想着丹田腰腹臀胯合一、合中、合圆收势。腰腹臀胯不动不收势。

练至功成，浑身是丹田腰腹臀胯太极腰混圆球的折叠缠丝混元圈十三势，腰即拳，拳即腰，太极一动，圆活自至。

## （二）教学练说明

**教：** 教拳者首先要练好丹田腰腹臀胯打拳，具备丹田腰腹臀胯太极腰功夫，并认真仔细阅读和熟记理解掌握"身法要求说明"和腰腹臀胯打拳的"练法说明""拳式分解说明"，分解清楚每一个拳式的每一个折叠缠丝混元圈十三势的丹田腰腹臀胯太极腰打拳，认真恭敬地四面反复示范示教每一个拳法动作的丹田腰腹臀胯太极腰打拳，认真仔细地讲解每一个拳法动作的丹田腰腹臀胯太极腰打拳，认真负责地一个腰腹臀胯一个腰腹臀胯地指导、检查、纠正。再结合"腰腹臀胯体用说明"，手把手地喂劲试力、演示讲解每一个拳式的每一个折叠缠丝混元圈十三势的丹田腰腹臀胯太极腰体用。

**学：** 学习者也要认真仔细阅读"身法要求说明"和腰腹臀胯打拳的"练法说明""拳式分解说明"，认真恭敬地跟着授课老师反复临摹学习每一拳式的每一个折叠缠丝混元圈十三势的丹田腰腹臀胯太极腰打拳，一个腰腹臀胯一个腰腹臀胯地对照、自查、自纠。

**练：** 练习时，一要采用拳套与拳式、组合与单操、定桩与活桩相结合的单人练习法，正确掌握每一个拳法动作的腰腹臀胯打拳，反复熟练腰腹臀胯之球和腰腹臀胯之拳；二要通过师生之间、同学之间的体用对练法，相互喂劲试力腰腹臀胯打拳，体验、了解松腰与塌腰、塌腰与敛臀、塌腰与命门、敛臀与尾闾往里收、松腰与松胯、松胯与开胯、敛臀与开胯、开胯与坐胯、坐胯与圆胯、敛臀与提裆、提裆与会阴向上提、提裆与开裆、开裆与圆裆、圆裆与坐胯、圆裆与圆胯、坐胯与坐丹田、塌腰敛臀与尾闾中正、塌腰敛臀与腰劲下贯、塌腰敛臀与坐胯圆裆、坐胯圆裆与虚腿开裆、坐胯圆裆与自然屈膝、坐胯圆裆与三节对正、坐胯圆裆与松到脚底、坐胯圆裆与身法中正、坐胯圆裆与阴阳平衡、坐胯圆裆与虚实互变、腰腹臀胯与丹田、腰腹臀胯与合一合中合圆、腰腹臀胯与混合圆转、腰腹臀胯与灵活中定、腰腹臀胯与上下相随、腰腹臀胯与四肢齐动、腰腹臀胯与周身一家、腰腹臀胯与阴阳折叠、腰腹臀胯与顺逆缠丝、腰腹臀胯与混元转圈、腰腹臀胯与五行八法、静态丹田腰腹臀胯太极腰与动态丹田腰腹臀胯太极腰、丹田腰腹臀胯太极腰与拳法运用、丹田腰腹臀胯太极腰与沾粘连随、丹田腰腹臀胯太极腰与化引拿发的关系，体会塌腰敛臀、坐胯圆裆和丹田腰腹臀胯太极腰的含义作用，认识塌腰敛臀、坐胯圆裆和丹田腰腹臀胯太极腰的重要意义，逐步掌握塌腰敛臀、坐胯圆档和丹田腰腹臀胯太极腰的要领，符合塌腰敛臀、坐胯圆档和丹田腰腹臀胯太极腰的要求，养成塌腰敛臀、坐胯圆裆和丹田腰腹臀胯太极腰的习惯，初步具备塌腰敛臀、坐胯圆裆和丹田腰腹臀胯太极腰功夫。

（三）腰腹臀胯打拳的拳式分解说明

腰腹臀胯打拳的拳式分解说明以"第9式前蹚拗步、第10式掩手肱捶、第11式披身捶、第12式背折靠"4个拳式为例，练习时可据此扩展到所有拳式。

### 第9式　前蹚拗步腰腹臀胯练法

（1）腰腹臀胯折叠挤手

心意混元灵活地先想着腰腹臀胯左脚落步，再想着腰腹臀胯右转蓄引，然后想着腰腹臀胯折叠左转进左步重心前移、缠丝纵立圈上半圆合手前挤。

（2）腰腹臀胯折叠左开

想着腰腹臀胯右盼转身重心后移扣左脚、顺缠转圈合手蓄势，再想着先腰腹臀胯圆活折叠左顾转身转左脚、逆缠斜开横立圈左掤右按。

（3）腰腹臀胯合手开步

想着腰腹臀胯左脚踏实，边折叠顺缠横立圈合手拿捌，边领右腿先屈膝缠丝拗转提掤里合再折叠斜向右前铲脚斜开步。

### （4）腰腹臀胯折叠拿挒

两手交合不变，先想着腰腹臀胯右盼拗转重心右移沿横立圈下半圆向右下蓄引，再想着腰腹臀胯圆活折叠左顾拗转重心左移沿横立圈上半圆向左上屈臂拿挒回到原位。

### （5）腰腹臀胯肘膝拗捌

最后想着腰腹臀胯先逆缠蓄合，再想着腰腹臀胯圆活折叠右转重心右移逆缠横立圈上半圆开到两腿上方：即向下顺缠坠肘，肘膝拗捌，浑身向丹田腰腹臀胯合一、合中、合圆定势。

## 第10式　掩手肱捶腰腹臀胯练法

### （1）腰腹臀胯折叠挒按

心意混元灵活地先想着腰腹臀胯左转重心左移、左上右下顺缠横立圈合手蓄引，再腰腹臀胯圆活折叠右转重心右移、缠丝横立圈向右按挒。

### （2）腰腹臀胯折叠左掤

先想着腰腹臀胯右转蓄引，再想着腰腹臀胯折叠左转右手沿横立圈右半圆向左上掤。

### （3）腰腹臀胯回身独立震脚开步

先想着腰腹臀胯圆活折叠右转扣左脚回身、提右腿独立、扣右拳合手，再震脚斜开左步。

### （4）腰腹臀胯闪身反打

先想着腰腹臀胯右转左手顺缠横立圈左半圆向前上拦手，再想着腰腹臀胯圆活折叠左转左闪身右拳横立圈左半圆横向前反掤打。

### （5）腰腹臀胯磨盘开合

先想着腰腹臀胯右转开引蓄势，再想着腰腹臀胯先折叠左转逆缠屈臂相合，再圆活折叠右转左转顺缠磨盘相开。

229

### （6）腰腹臀胯掩手推掌

再想着腰腹臀胯折叠右转下坐左逆右顺缠丝先合后开水平圈掩手推掌。

### （7）腰腹臀胯折叠开合掩手

然后想着腰腹臀胯先微左转开引蓄势，再合手向上掤引蓄势，再想着腰腹臀胯圆活折叠右转先逆缠纵立圈下半圆左前右后双分，再顺缠纵立圈上半圆屈臂上合掩手蓄势。

### （8）腰腹臀胯螺旋冲拳

最后想着腰腹臀胯圆活折叠左转逆缠水平螺旋冲右拳挂左肘，浑身向丹田腰腹臀胯合一、合中、合圆定势。

## 第11式 披身捶腰腹臀胯练法

### （1）腰腹臀胯转圈捯手

心意混元灵活地先想着腰腹臀胯左转蓄引，再想着腰腹臀胯先右后左圆活折叠圆转缠丝开合横立圈捯手。

### （2）腰腹臀胯开手背靠

再想着腰腹臀胯微右转右上左下逆缠横立圈开手右肩背后靠。

### （3）腰腹臀胯转身捯摔

然后想着腰腹臀胯左转蓄引，再想着腰腹臀胯圆活折叠右盼转身缠丝横立圈右按左挒腿手捯摔。

### （4）腰腹臀胯立圈收步

先想着腰腹臀胯重心前移左逆右顺缠丝纵立圈下半圆合手向前塞挤，再想着腰腹臀胯重心后移纵立圈上半圆收手收步。

### （5）腰腹臀胯开合捯手

先想着腰腹臀胯向下顺缠开引蓄势，再想着腰腹臀胯折叠逆缠合手向上掤引，然后想着腰腹臀胯圆活折叠顺缠横立圈下半圆下开再折叠逆缠横立圈上半圆上合十字捯手。

### （6）腰腹臀胯开步捯手

先想着腰腹臀胯横立圈下半圆开引蓄势收右脚，再想着腰腹臀胯横向右进身开右步逆缠横立圈上半圆十字捯手。

### （7）腰腹臀胯磨盘拿捋

两手十字交叉不变，先想着腰腹臀胯抓拳右转重心右移蓄引，再想着腰腹臀胯圆活折叠左转重心左移向左缠丝磨盘反转圈拿捋。

### （8）腰腹臀胯折叠冲拳

先想着腰腹臀胯右转重心右移挂右肘冲左拳，再想着腰腹臀胯圆活折叠左转重心左移挂左肘拿捋冲右拳。

### （9）腰腹臀胯披身右摆拳

然后想着腰腹臀胯先右转重心右移蓄引，再腰腹臀胯圆活折叠左顾披身重心左移沿斜横立圈右半圆斜向左上逆缠右摆拳掤打。

### （10）腰腹臀胯披身左摆拳

再想着腰腹臀胯先左引蓄势再圆活折叠右盼披身重心右移沿斜横立圈左半圆斜向右上逆缠左摆拳掤打。

### （11）再腰腹臀胯披身右摆拳

最后想着腰腹臀胯先右引蓄势再圆活折叠左顾披身重心左移沿斜横立圈右半圆向右上逆缠右摆拳掤打，浑身向丹田腰腹臀胯合一、合中、合圆定势。

## 第12式　背折靠腰腹臀胯练法

### （1）腰腹臀胯折叠左引

心意混元灵活地先想着腰腹臀胯右转重心右移领右拳在原位逆时针缠丝旋腕一小圈，再想着腰腹臀胯折叠左转蓄引。

231

### （2）腰腹臀胯折叠背靠

最后想着腰腹臀胯圆活折叠右转重心右移水平圈向右后背折靠（在前则为左肩折靠），浑身向丹田腰腹臀胯合一、合中、合圆定势。

另一种练法：腰腹臀胯折叠立转纵立圈后半圆弯向后折靠。

### （四）腰腹臀胯体用说明

以太极腰，用太极拳。腰腹臀胯体用也包括两个方面：一是静态的腰腹臀胯体用；二是动态的腰腹臀胯体用。

#### 1. 静态的腰腹臀胯体用

就是将拳中每一个动作的混元时空位移运动定格为静态定势，也叫腰腹臀胯静桩定桩体用，从前、后、左、右四个方向喂劲，检验静态中的腰腹臀胯太极腰的掌握程度及功夫水平。

#### 2. 动态的腰腹臀胯体用

就是用腰腹臀胯太极腰混圆球顺势随彼运用每一个拳式中的每一个折叠缠丝混元圈十三势动作，也叫腰腹臀胯动桩活桩体用，检验动态中的腰腹臀胯太极腰混圆球的掌握程度及功夫水平。

特别说明：腰腹臀胯不动手不动。

## 四、第四步腰胯腿脚打拳

### （一）练法说明

第四步腰胯腿脚打拳是在第三步腰腹臀胯打拳练达圆活合一基础上的练法。此时的思想注意力全部集中在腰胯腿脚打拳上，而不能分心在套路动作上，也就是只想腰胯腿脚打拳，而不想拳式如何动作。

腰胯腿脚打拳主要是练根，也就是练身法结构之根。太极拳是武术，也称桩功拳，根是拳之基，无桩不成拳；拳无根，一场空；拳无根基，必遭颠覆；

拳自心出凭根运，五行八法由根始；始于足，发于根，主宰于腰，形于手。

腰胯腿脚打拳就是上虚下实，以下为主；步运太极，足分阴阳；中统四方，和合五行；步步是桩，活桩慢练；缠丝拧转，植地生根；其根在脚，始足发根。

腰胯腿脚打拳的练法包括两个方面，一是练腰胯腿脚之根；二是练腰胯腿脚之拳，即以混元生根之心支配身法结构之根和拳法动作之根，以身法结构之根和拳法动作之根贯通混元生根之心。

**1. 练腰胯腿脚之根**

心意混元生根地想着丹田腰胯腿脚，依次按下述"腰胯腿脚四步法"，逐条递加，练好腰胯腿脚之根。

第一步练丹田腰胯腿脚合一，即六断合一（两腿三节谓坤六断）。

第二步练丹田腰胯腿脚大地合一，即根地合一。

第三步练胯根。

第四步练脚根。

**2. 练腰胯腿脚之拳**

可分3个层次练腰胯腿脚之拳。

**（1）先练丹田腰胯腿脚合一打拳**

心意混元生根地将头手身步精气神和定步五行、活步五行拳法动作向丹田腰胯腿脚合一，边练丹田腰胯腿脚合一之根，边练丹田腰胯腿脚合一之拳。也就是拳中每一动，无论大动、小动、微动、快动、慢动、不动、屈伸动、开合动、转圈动、缠丝动、十三势动、折叠动，既都是想着丹田腰胯腿脚合一的动，又都是在练丹田腰胯腿脚合一之根。也就是说，练拳的过程就是练丹田腰胯腿脚合一之根的过程，用丹田腰胯腿脚合一之根练每一招、每一式，用每一招、每一式练丹田腰胯腿脚合一之根，即：

想着丹田腰胯腿脚合一起势，腰胯腿脚不合一不起势；

想着丹田腰胯腿脚合一屈伸，腰胯腿脚不合一不屈伸；

想着丹田腰胯腿脚合一开合，腰胯腿脚不合一不开合；

想着丹田腰胯腿脚合一转圈，腰胯腿脚不合一不转圈；

想着丹田腰胯腿脚合一缠丝，腰胯腿脚不合一不缠丝；

想着丹田腰胯腿脚合一五行，腰胯腿脚不合一不五行；
想着丹田腰胯腿脚合一八法，腰胯腿脚不合一不八法；
想着丹田腰胯腿脚合一折叠，腰胯腿脚不合一不折叠；
想着丹田腰胯腿脚合一收势，腰胯腿脚不合一不收势。

### （2）再练胯根打拳

心意混元生根地将头手身步精气神和定步五行、活步五行拳法动作合到胯根里，想着胯根打拳，即：
想着胯根起势，胯根不动不起势；
想着胯根屈伸，胯根不动不屈伸；
想着胯根开合，胯根不动不开合；
想着胯根转圈，胯根不动不转圈；
想着胯根缠丝，胯根不动不缠丝；
想着胯根五行，胯根不动不五行；
想着胯根八法，胯根不动不八法；
想着胯根折叠，胯根不动不折叠；
想着胯根收势，胯根不动不收势。

### （3）最后练脚根打拳

再进一步，心意混元生根地将头手身步精气神和定步五行、活步五行拳法动作合到脚根里，想着脚根打拳，即：
想着脚根起势，脚根不动不起势；
想着脚根屈伸，脚根不动不屈伸；
想着脚根开合，脚根不动不开合；
想着脚根转圈，脚根不动不转圈；
想着脚根缠丝，脚根不动不缠丝；
想着脚根五行，脚根不动不五行；
想着脚根八法，脚根不动不八法；
想着脚根折叠，脚根不动不折叠；
想着脚根收势，脚根不动不收势。

练至功成，浑身是腰胯腿脚之根的折叠缠丝混元圈十三势，根即拳，拳即根，生根生拳，根拳自至。

## （二）教学练说明

**教**：教拳者首先要练好腰胯腿脚打拳，具备腰胯腿脚之根功夫，并认真仔细阅读和熟记理解掌握"身法要求说明"和腰胯腿脚打拳的"练法说明""拳式分解说明"，分解清楚每一个拳式的每一个折叠缠丝混元圈十三势的腰胯腿脚打拳，认真恭敬地四面反复示范示教每一个拳法动作的腰胯腿脚打拳，认真仔细地讲解每一个拳法动作的腰胯腿脚打拳，认真负责地一个腰胯腿脚一个腰胯腿脚地指导、检查、纠正。再结合"腰胯腿脚体用说明"，手把手的喂劲试力、演示讲解每一个拳式的每一个折叠缠丝混元圈十三势的腰胯腿脚体用。

**学**：学习者也要认真仔细阅读"身法要求说明"和腰胯腿脚打拳的"练法说明""拳式分解说明"，认真恭敬地跟着授课老师反复临摹学习每一拳式的每一个折叠缠丝混元圈十三势的腰胯腿脚打拳，一个腰胯腿脚一个腰胯腿脚地对照、自查、自纠。

**练**：练习时，一要采用拳套与拳式、组合与单操、定桩与活桩相结合的单人练习法，正确掌握每一个拳法动作的腰胯腿脚打拳，反复熟练腰胯腿脚之根和腰胯腿脚之拳；二要通过师生之间、同学之间的体用对练法，相互喂劲试力腰胯腿脚打拳，体验、了解丹田与阴阳五行、丹田与腰胯腿脚、丹田气根与胯根脚根、转丹田与转腰胯腿脚、转丹田与转胯根、转丹田与转脚根、腰胯腿脚与合一合中、腰胯腿脚与节节贯串、腰胯腿脚与上下相随、腰胯腿脚与周身一家、腰胯腿脚与上虚下实、腰胯腿脚与以下为主、腰胯腿脚与其根在脚、腰胯腿脚与向心力离心力、腰胯腿脚折叠与胯根脚根折叠、腰胯腿脚缠丝与胯根脚根缠丝、腰胯腿脚转圈与胯根脚根转圈、腰胯腿脚八法与胯根脚根八法、腰胯腿脚与五行、胯根脚根与五行、步运太极与以下为主、足分阴阳与虚实动静、五行五步与始足发根、定步五行与活步五行、五行和合与从容中道、腰胯腿脚打拳与胯根脚根打拳、腰胯腿脚与拳法运用、胯根脚根与拳法运用、腰胯腿脚与沾粘连随、胯根脚根与沾粘连随、腰胯腿脚与化引拿发、胯根脚根与化引拿法的关系和区别，体会腰胯腿脚打拳和胯根脚根打拳的含义作用，认识腰胯腿脚和胯根脚根的重要意义，逐步掌握腰胯腿脚打拳和胯根脚根打拳要领，符合腰胯腿脚打拳和胯根脚根打拳要求，养成用腰胯腿脚打拳和用胯根脚根打拳习惯，初步具备腰胯腿脚和胯根脚根功夫。

## （三）腰胯腿脚打拳的拳式分解说明

腰胯腿脚打拳的拳式分解说明以"第13式青龙出水、第14式双推手、第15式三换掌、第16式倒卷肱"4个拳式为例，练习时可据此扩展到所有拳式。

### 第13式　青龙出水腰胯腿脚练法

**（1）腰胯腿脚挂肘左摆拳**

心意混元生根地先想着腰胯腿脚合一左顾向下螺旋缠丝拧转的同时，领右拳沿横立圈右半圆向左下方松沉逆缠蓄引，再想着腰胯腿脚合一折叠右盼向下螺旋缠丝拧转的同时，领右拳松沉顺缠屈臂挂肘、领左拳沿斜横立圈左半圆斜向右上松沉摆拳掤打。

**（2）腰胯腿脚挂肘右摆拳**

然后想着腰胯腿脚合一先右盼向下，再折叠左顾向下螺旋缠丝拧转的同时，领左拳沿斜横立圈右半圆松沉顺缠屈臂挂肘，领右拳沿横立圈右半圆向右上方松沉逆缠反拳掤打。

**（3）腰胯腿脚挂肘指裆**

想着腰胯腿脚合一先左顾向下，再折叠右盼向下螺旋缠丝拧转的同时，领右拳先在原位松沉顺缠旋腕正转小横立圈再沿纵立圈下半圆松沉下捋屈臂挂肘，领左八字手松沉逆缠伸臂指裆。

**（4）腰胯腿脚挂肘横打**

最后想着腰胯腿脚合一左顾向下螺旋缠丝拧转的同时，领左八字手松沉顺缠屈臂横挂肘，右拳松沉逆缠反转小水平圈斜横向右鞭打，浑身想着丹田腰胯腿脚合一中定。

### 第14式 双推手腰胯腿脚练法

**（1）腰胯腿脚缠丝大小圈**

心意混元生根地想着腰胯腿脚合一先左顾向下，再折叠右盼向下螺旋缠丝拧转的同时，领两手各在原位松沉顺逆折叠缠丝正转大、小横立圈左下捋右上掤。

**（2）腰胯腿脚收步横挤**

然后想着腰胯腿脚合一左顾向下螺旋缠丝拧转的同时，领右手松沉顺缠沿横立圈下半圆左捋合手；再想着腰胯腿脚合一扣右脚折叠右盼向下螺旋缠丝拧转左转身收左脚的同时，领两手松沉顺逆缠丝沿横立圈上半圆向右横挤。

**（3）腰胯腿脚上步左捋**

想着腰胯腿脚合一先右盼向下，再折叠左顾向下螺旋缠丝拧转左转身上右步的同时，领两手先松沉折叠缠丝旋腕转引一小圈再松沉左转水平大圈向左捋。

**（4）腰胯腿脚折叠拿捋**

想着腰胯腿脚合一先右盼向下，再折叠左顾向下螺旋缠丝拧转侧身的同时，领两手松沉折叠先合后开左转水平圈逆缠屈臂拿捋合到左胸前。

**（5）腰胯腿脚进步推手**

最后想着腰胯腿脚合一向前侧身右脚进大步进身跟左步，一落步即想着腰胯腿脚合一右盼向下螺旋缠丝拧转的同时，领两手松沉逆缠沿水平圈左弧线向前双推手，浑身想着丹田腰胯腿脚合一中定。

### 第15式 三换掌腰胯腿脚练法

**（1）腰胯腿脚折叠推右掌**

左侧虚步不变，心意混元生根地想着腰胯腿脚合一先右盼向下，再折叠左顾向下螺旋缠丝拧转的同时，领两手先松沉逆缠沿纵立圈下半圆左前、右斜后开引，再松沉折叠顺缠翻掌右手逆缠经左手心上方伸臂推掌，左手屈臂回收。

### （2）腰胯腿脚折叠推左掌

左侧虚步不变，想着腰胯腿脚合一先左顾向下，再折叠右盼向下螺旋缠丝拧转的同时，领两手先松沉逆缠沿纵立圈下半圆右前、左斜后开引，再松沉折叠顺缠翻掌左手逆缠经右手心上方伸臂推掌，右手屈臂回收。

### （3）腰胯腿脚折叠推右掌

左侧虚步不变，想着腰胯腿脚合一先右盼向下，再折叠左顾向下螺旋缠丝拧转的同时，领两手先松沉逆缠沿纵立圈下半圆左前、右斜后开引，再松沉折叠顺缠翻掌右手逆缠经左手心上方伸臂推掌，左手屈臂回收，浑身想着丹田腰胯腿脚合一中定。

## 第16式　倒卷肱腰胯腿脚练法

### （1）腰胯腿脚推掌肘底捶

左侧虚步不变，心意混元生根地先想着腰胯腿脚合一左顾向下螺旋缠丝拧转的同时，领右手沿纵立圈下半圆向左下松沉蓄引；再想着腰胯腿脚合一折叠右盼向下螺旋缠丝拧转的同时，领右手先逆后顺松沉折叠缠丝正转纵立圈抓拳收至左肘下方，领左手先顺后逆松沉折叠缠丝正转纵立圈后半圆向前屈臂推掌。

### （2）腰胯腿脚退左步捋挤

先左侧虚步不变，想着腰胯腿脚合一右盼向下螺旋缠丝拧转的同时，领两手松沉顺缠屈臂交合蓄引；再想着腰胯腿脚合一折叠斜向左后方退左步退身螺旋缠丝拧转的同时，领左手沿斜纵立圈下半圆向左后下方松沉逆缠下捋，领右手向正前方松沉逆缠推挤。

### （3）腰胯腿脚卷臂收右步

先想着腰胯腿脚合一右盼向下螺旋缠丝拧转的同时，领两手沿斜横立圈下半圆右前、左后松沉逆缠卷臂双分；再想着腰胯腿脚合一扣左脚收右脚的同时，领两手沿斜横立圈上半圆松沉折叠顺缠卷臂屈肘交合蓄引。

### （4）腰胯腿脚退右步捋挤

再想着腰胯腿脚合一折叠斜向右后方退右步退身螺旋缠丝拧转的同时，领右手沿斜纵立圈下半圆向右后下方松沉逆缠下捋，领左手向正前方松沉逆缠推挤。

### （5）腰胯腿脚卷臂收左步

先想着腰胯腿脚合一左顾向下螺旋缠丝拧转的同时，领两手沿斜横立圈下半圆左前、右后松沉逆缠卷臂双分；再想着腰胯腿脚合一扣右脚收左脚的同时，领两手沿斜横立圈上半圆松沉折叠顺缠卷臂屈肘交合蓄引。

### （6）腰胯腿脚退左步捋挤

最后想着腰胯腿脚合一折叠斜向左后方退左步退身螺旋缠丝拧转的同时，领左手沿斜纵立圈下半圆向左后下方松沉逆缠下捋，领右手向正前方松沉逆缠推挤定势，浑身想着丹田、腰胯、腿脚合一中定。

## （四）腰胯腿脚体用说明

以太极之根，用太极之拳。腰胯腿脚体用也包括两个方面：一是静态的腰胯腿脚体用；二是动态的腰胯腿脚体用。

### 1. 静态的腰胯腿脚体用

就是将拳中每一个动作的混元时空位移运动定格为静态定势，也叫腰胯腿脚静桩定桩体用，从前、后、左、右四个方向喂劲试力，检验静态中的腰胯腿脚太极根的掌握程度及功夫水平。

### 2. 动态的腰胯腿脚体用

就是用腰胯腿脚合一合中之根和胯根、脚根顺势随彼运用每一个拳式中的每一个折叠缠丝混元圈十三势动作，也叫腰胯腿脚动桩活桩体用，检验动态中的腰胯腿脚太极根的掌握程度及功夫水平。

特别说明：腰胯腿脚不动手不动。

## 五、第五步身备五弓打拳

### （一）练法说明

第五步身备五弓打拳是在第四步腰胯腿脚打拳练达合一生根基础上的练法。此时的思想注意力全部集中在身备五弓打拳上，而不能分心在套路动作上，也就是只想身备五弓打拳，而不想拳式如何动作。

身备五弓打拳主要是练弓，也就是练身法结构弹性。打拳备身法，一身备五弓；五弓合一弓，弹性运开合。

身备五弓打拳的练法包括3个方面：一是练五弓形态；二是练五弓弹性；三是练五弓之拳，即以五弓弹性之心支配五弓弹性之身和五弓弹性之拳，以五弓弹性之身和五弓弹性之拳贯通五弓弹性之心。

**1. 练五弓形态**

心意混元五弓地想着丹田身法窍，依次按下述"弓形四条"，逐条递加，练好五弓形态。

**（1）练臂弓形态**

即沉肩坠肘、臂三节放松对正的以肘为弓把、肩与手为弓梢的臂似弓。

**（2）练身弓形态**

即虚灵顶劲、塌腰敛臀、含胸拔背、脊骨对准、中气贯通、胸腹折叠的以命门为弓把、头顶与尾闾为弓梢的身似弓。胸腹折叠就是在前是胸腹、在后是背腰臀的前开后合与前合后开的折叠开合。

**（3）练腿弓形态**

即坐胯圆裆、腿三节放松对正的以膝为弓把、胯与脚为弓梢的腿似弓。

**（4）练五弓合一形态**

即虚灵顶劲、气沉脚底的以命门为弓把、头梢脚梢手梢为弓梢的以身弓为主弓的臂弓腿弓身弓五合成一张弓。

## 2. 练五弓弹性

练五弓弹性，也叫张弓积蓄弹性势能，简称张弓蓄势。心意混元五弓地想着丹田身法窍，依次按下述"调弓心法三要素"，逐条递加，练好五弓弹性。

### （1）调弧度调弹性

即心意混元五弓地调控弓形弧度变化来调济五弓弹性张力。

①在臂弓，保持肘中定，意注肩、手两弓梢，通过调控臂弓屈伸弧度来调济臂弓弹性张力。

②在腿弓，保持膝中定，意注胯、脚两弓梢，通过调控腿弓屈伸弧度来调济腿弓弹性张力。

③在身弓，保持命门中定，意注头顶、尾闾两弓梢，通过调控身弓弧度来调济身弓弹性张力。

### （2）调松紧调弹性

即心意混元五弓地调控松紧弛张变化来调济五弓弹性张力。

### （3）调折叠调弹性

即心意混元五弓地调控胸腹开合折叠变化来调济身弓弹性张力，并通过身弓弹性来统合五弓弹性张力。

## 3. 练五弓之拳

按照五弓形态和五弓弹性练法说明，心意混元五弓地想着丹田身法窍，以身弓胸腹开合折叠为主弓，边练五弓齐备，边练五弓之拳。也就是拳中每一动，无论大动、小动、微动、快动、慢动、不动、屈伸动、开合动、转圈动、缠丝动、十三势动、折叠动，既都是胸腹折叠为主弓的身备五弓的动，又都是在练身备五弓。也就是说，练拳的过程就是练身备五弓的过程，用身备五弓练每一招、每一式，用每一招、每一式练身备五弓，练习中可依次按臂弓打拳、身弓打拳、腿弓打拳，直至达到五弓合一打拳，即：

想着身备五弓起势——臂弓起势，身弓起势，腿弓起势，五弓合一起势；

想着身备五弓屈伸——臂弓屈伸，身弓屈伸，腿弓屈伸，五弓合一屈伸；

想着身备五弓开合——臂弓开合，身弓开合，腿弓开合，五弓合一开合；

想着身备五弓转圈——臂弓转圈，身弓转圈，腿弓转圈，五弓合一转圈；

想着身备五弓缠丝——臂弓缠丝，身弓缠丝，腿弓缠丝，五弓合一缠丝；
想着身备五弓五行——臂弓五行，身弓五行，腿弓五行，五弓合一五行；
想着身备五弓八法——臂弓八法，身弓八法，腿弓八法，五弓合一八法；
想着身备五弓折叠——臂弓折叠，身弓折叠，腿弓折叠，五弓合一折叠；
想着身备五弓收势——臂弓收势，身弓收势，腿弓收势，五弓合一收势。

练至功成，浑身是五弓合一的折叠缠丝混元圈十三势，弓即拳，拳即弓，身备五弓，弓拳自至。

## （二）教学练说明

**教：** 教拳者首先要练好身备五弓打拳，具备身备五弓功夫，并认真仔细阅读和熟记理解掌握"身法要求说明"和身备五弓打拳的"练法说明""拳式分解说明"，分解清楚每一个拳式的每一个折叠缠丝混元圈十三势的身备五弓打拳，认真恭敬地四面反复示范示教每一个拳法动作的身备五弓打拳，认真仔细地讲解每一个拳法动作的身备五弓打拳，认真负责地一个五弓一个五弓地指导、检查、纠正。再结合"身备五弓体用说明"，手把手地喂劲试力、演示讲解每一个拳式的每一个折叠缠丝混元圈十三势的身备五弓体用。

**学：** 学习者要认真仔细阅读"身法要求说明"和身备五弓打拳的"练法说明""拳式分解说明"，认真恭敬地跟着授课老师反复临摹学习每一拳式的每一个折叠缠丝混元圈十三势的身备五弓打拳，一个五弓一个五弓地对照、自查、自纠。

**练：** 练习时，一要采用拳套与拳式、组合与单操、定桩与活桩相结合的单人练习法，正确掌握每一个拳法动作的身备五弓打拳，反复熟练身备五弓之体和身备五弓之拳；二要通过师生之间、同学之间的体用对练法，相互喂劲试力身备五弓打拳，体验、了解沉肩坠肘与臂弓、坐胯圆裆与腿弓、塌腰敛臀与身弓、臂弓的肘为弓把与肩手为弓梢、腿弓的膝为弓把与胯脚为弓梢、身弓的命门为弓把与头顶尾闾为弓梢、五弓合一的命门为弓把与头梢手梢脚梢为弓梢、弓形弧度与弓型面积、心意与五弓、丹田与五弓、屈伸与五弓、开合与五弓、缠丝与五弓、混元圈与五弓、五行八法与五弓、阴阳折叠与五弓、身心放松与身备五弓、身备五弓与机体弹性、身备五弓与意气弹劲、静态五弓与动态五弓、身备五弓与内外合一、身备五弓与上下相随、身备五弓与周身一家、身备五弓与其根在脚、身备五弓与拳法运用、身备五弓与沾粘连随、身备五弓与化引拿发的关系，体会身备五弓的含义作用，认识身备五弓的重要意义，逐步掌握身备五弓要领，符合身备五弓要求，养成身备五弓习惯，初步具备身备五弓功夫。

## （三）身备五弓打拳的拳式分解说明

身备五弓打拳的拳式分解说明以"第17式退步压肘、第18式中盘、第19式闪通背、第20式击地捶"4个拳式为例，练习时可据此扩展到所有拳式。

## 第17式　退步压肘五弓练法

### （1）身备五弓右臂弓压肘

心意混元五弓地先想着胸腹相合五弓合、腰胯腿弓向左缠丝拧转、右臂弓向左下方蓄势，再想着胸腹五弓先开后合折叠、腰胯腿弓先右后左折叠缠丝、右臂弓先屈臂以肘为轴折叠顺缠旋腕磨盘圆转一圈再伸臂擒拿横压肘到左腹腰侧。

### （2）身备五弓左臂弓压肘

想着胸腹折叠相合五弓合、腰胯腿弓折叠向右缠丝拧转、左臂弓折叠右转水平圈先顺后逆缠丝擒拿压肘到右腹腰侧和右肘下方。

### （3）身备五弓右肘压肘

再想着胸腹折叠开合五弓合、腰胯腿弓坐胯下蹲、两臂弓抱肩合肘蓄势右肘纵立圈后上前下擒拿压肘。

### （4）身备五弓拧捯压肘

然后想着胸腹折叠相开五弓开、腰胯腿弓折叠向左缠丝拧转、左臂弓顺缠旋拧、右臂弓边逆缠向下旋拧压肘边推掌。

### （5）身备五弓磨盘开合

先想着胸腹折叠相开五弓开、腰胯腿弓向右缠丝拧转、两臂弓向下、向左右开引蓄势，再想着胸腹五弓先合后开折叠、腰胯腿弓先左后右再向左折叠缠

243

丝拧转、两臂弓先逆缠屈臂相合再折叠顺缠磨盘相开。

### （6）身备五弓退步右臂弓压肘

再想着胸腹折叠相合五弓合、左腿弓扣脚转正踏实、右腿弓斜向右后退步、右臂弓左转水平圈折叠逆缠擒拿压肘到左腹腰侧和左肘下方。

### （7）身备五弓左肘压肘

再想着胸腹折叠开合五弓合、腰胯腿弓坐胯下蹲、两臂弓抱肩合肘蓄势左肘纵立圈后上前下擒拿压肘。

### （8）身备五弓拧捌压肘定势

最后想着胸腹折叠相开五弓开、腰胯腿弓向右折叠缠丝拧转、右臂弓顺缠旋拧、左臂弓边逆缠向下旋拧压肘边推掌、浑身想着丹田五弓合一定势。

## 第18式　中盘五弓练法

### （1）身备五弓两臂弓左转斜掤

心意混元五弓地先想着胸腹相合五弓合、腰胯腿弓向右缠丝拧转、两臂弓向右下蓄引，再想着胸腹折叠相开五弓开、腰胯腿弓折叠向左缠丝拧转、两臂弓折叠缠丝沿斜横立圈右半圆斜向左前上掤。

### （2）身备五弓两臂弓收步下将

然后想着胸腹折叠相合五弓合、腰胯腿弓折叠向右缠丝拧转收左脚、两臂弓折叠缠丝沿斜纵立圈下半圆斜向右后下将。

### （3）身备五弓摆脚左臂弓按捌

再想着胸腹折叠相开五弓开、腰胯腿弓左摆脚向左缠丝拧转踏实、左臂弓折叠顺缠沿横立圈上半圆由右下方折叠向左下方翻掌下按腿手捌。

### （4）身备五弓右臂弓提腿左掤

再想着胸腹折叠相合五弓合、右腿弓屈膝向上提掤、左腿弓独立、右臂弓折叠顺缠沿斜横立圈右半圆由右下折叠斜向左前上掤。

### （5）身备五弓斩手震脚开步

然后想着胸腹折叠相合五弓合，右臂弓折叠下斩与左臂弓十字相交、右腿弓弹性震脚、左腿弓腾挪斜开小步。

### （6）身备五弓活步折叠左斜开

先想着胸腹折叠相开五弓开、两臂弓向下、向左右开引蓄势，再想着胸腹折叠相合五弓合、腰胯腿弓向右缠丝拧转、两臂弓右上左下顺缠转圈蓄合，再想着胸腹弹性折叠相开五弓开、重心折叠左换收右脚、腰胯腿弓弹性腾挪折叠向左缠丝拧转、两臂弓弹性折叠逆缠左上右下旋转斜横立圈斜开。

### （7）身备五弓转圈合手开左步

再想着胸腹弹性折叠相合五弓合、腰胯腿弓弹性腾挪折叠向右缠丝拧转、重心折叠右换左脚斜开步、两臂弓弹性折叠顺缠左下右上旋转横立圈合手。

### （8）身备五弓中盘坠肘定势

先想着胸腹再合五弓合、腰胯腿弓再微向右缠丝拧转蓄势、两臂弓再蓄合一下，最后想着胸腹折叠相开五弓开、腰胯腿弓边坐胯略下蹲边折叠向左缠丝拧转重心左移、两臂弓由合折叠变开，左臂弓屈臂坠肘开到左膝上方肘膝捌、右臂弓逆缠坐腕按开到右膝上方与膝合，浑身想着丹田五弓合一定势。

## 第19式  闪通背五弓练法

### （1）身备五弓横立圈捌摔

心意混元五弓地先想着胸腹相合五弓合、两臂弓向左顺缠交合蓄势，再想着胸腹五弓先开后合折叠、腰胯腿弓右盼左顾折叠缠丝拧转、重心折叠左换收右脚、两臂弓先逆后顺折叠缠丝开合正转横立圈捌摔。

### （2）身备五弓纵立圈捌摔

再想着胸腹五弓先开后合折叠、腰胯腿弓先右后左折叠缠丝拧转上右步、两臂弓先逆后顺折叠缠丝开合正转纵立圈捌摔。

### （3）身备五弓右臂弓通背下按

然后想着胸腹五弓先合后开折叠、腰胯腿弓先左后右折叠缠丝拧转重心前移、右臂弓折叠逆缠正转纵立圈后上半圆由后折叠向前通背下按、左臂弓逆缠下按。

### （4）身备五弓上步两臂弓通背下按

先想着胸腹相合五弓合、腰胯腿弓向左缠丝拧转重心后移、右臂弓向左后下蓄引，再想着胸腹折叠相开五弓开、腰胯腿弓向右缠丝拧转上左步、两臂弓右先左后折叠逆缠正转纵立圈后上半圆由后折叠向前通背下按。

### （5）身备五弓右臂弓穿掌通背前挤

然后想着胸腹五弓先合后开折叠、腰胯腿弓向左缠丝拧转重心前移、右臂弓边折叠顺缠屈臂翻掌边沿纵立圈上半圆由后折叠向前上方穿掌通背前挤、左臂弓沿纵立圈下半圆由前折叠往回下将。

### （6）身备五弓腿手分家倒转通背挒摔

先想着胸腹相合五弓合暗调右脚、腰胯腿弓向右缠丝拧转重心后移、两臂弓向右后下方蓄引，再想着胸腹折叠相开五弓开、左腿弓横向右扣摆、两臂弓折叠缠丝由右下方折叠反转横立圈横向左上方倒转通背挒摔。

### （7）身备五弓扣脚回身向后挤

想着胸腹折叠相合五弓合、腰胯腿弓向右缠丝拧转扣左脚回身向后、两臂弓折叠缠绕经身弓左侧变纵立圈下半圆反向后挤。

### （8）身备五弓撤步闪身通背下按定势

先想着胸腹折叠相开五弓开、两臂弓折叠缠丝沿纵立圈下半圆向左后蓄引，最后胸腹折叠相合五弓合、腰胯腿弓向右缠丝拧转、右腿弓划弧后扫闪身后坐、两臂弓右先左后折叠逆缠正转纵立圈后上半圆由后经左肩上方折叠向前下方通背下按，浑身想着丹田五弓合一定势。

## 第20式　击地捶五弓练法

### （1）身备五弓右将冲拳

心意混元五弓地先想着胸腹相合五弓合、腰胯腿弓向右缠丝拧转、左臂弓折叠顺缠右转水平圈向右将引、两臂弓抓拳蓄势，再想着胸腹折叠相开五弓开、腰胯腿弓向左缠丝拧转左脚外撇重心前移左脚实、左拳臂弓由右折叠向左水平圈横开左将、右拳臂弓由后折叠向前冲拳、右腿弓先屈膝提掤再弹性震脚并步。

### （2）身备五弓右臂弓摆拳

然后想着胸腹五弓先合后开折叠、腰胯腿弓先右后左折叠缠丝拧转、右拳臂弓先向右下方蓄引再沿横立圈右半圆折叠向前上方摆拳掤打、左拳臂弓与身弓贴合住。

### （3）身备五弓左臂弓垫步摆拳

再想着胸腹五弓先合后开折叠、腰胯腿弓先向左缠丝拧转再右脚向前垫步重心前移折叠向右缠丝拧转、右拳臂弓沿横立圈左半圆顺缠往回将引与身弓贴合住、左拳臂弓先向左下方蓄引再沿横立圈左半圆折叠向前上方摆拳掤打。

### （4）身备五弓进步击地捶定势

最后想着胸腹五弓再先合后开折叠、腰胯腿弓先向右缠丝拧转再左脚向前进步进身重心前移折叠向左缠丝拧转、左拳臂弓沿横立圈下半圆从右上方折叠向下、向左上方先顺后逆缠丝上掤、右拳臂弓沿纵立圈后上前下半圆先顺缠屈臂到右肩上方再折叠逆缠向下伸臂击地按打，浑身想着丹田五弓合一定势。

### （四）身备五弓体用说明

以五弓弹性之体，用五弓弹性之拳。身备五弓体用也包括两个方面：一是静态的五弓体用；二是动态的五弓体用。

### 1. 静态的五弓体用

就是将拳中每一个动作的混元时空位移运动定格为静态定势，也叫身备五弓静桩定桩体用，从前、后、左、右四个方向喂劲试力，检验静态中的五弓体用的掌握程度及功夫水平。

### 2. 动态的五弓体用

就是用五弓之体顺势随彼运用每一拳式中每一个折叠缠丝混元圈十三势动作，也叫身备五弓动桩活桩体用，检验动态中的五弓体用的掌握程度及功夫水平。

特别说明：不五弓合一不动手。

## 六、第六步六合混圆打拳

### （一）练法说明

第六步六合混圆打拳是在第五步身备五弓打拳练达五弓齐备基础上的练法。此时的思想注意力全部集中在六合混圆打拳上，而不能分心在套路动作上，也就是只想六合混圆打拳，不想拳式如何动作。

六合混圆打拳主要是练圆，也就是练六合一气中正混圆，即集前五步之功而成合一、合中、合圆之体。太极是圆，混圆是太极的本体本象，混圆是向心力合一合中的整体混合的圆。同宇宙万物围绕宇宙中心混合圆成一个混元整体统一的混圆体道理一样，拳中头手身步各部位和动作路径各方位也要向丹田中心混合圆成一个有体有象、有虚有实、有形无形混元整体统一的混圆体。

六合混圆打拳的练法包括两个方面：一是练六合一气中正混圆之体；二是练六合一气中正混圆之拳，即以六合混圆之心支配六合混圆之身和六合混圆之拳，以六合混圆之身和六合混圆之拳贯通六合混圆之心。

### 1. 练六合一气中正混圆之体

心意六合混圆地想着丹田身法窍，依次按下述"六合混圆三步法"，逐条递加，练好六合一气中正混圆之体。

第一步先练心意三体六合，即以眼神心意支配三体六合，以三体六合贯通眼神心意。体现在内三合方面，就是用混元之意混元法将精气神向丹田混而为一气来达到心与意合、意与气合、气与力合的内三合；体现在外三合方面，就是在肩与胯合、肘与膝合、手与脚合的上下左右交叉相合的基础上，增加了头手身步窍位向丹田混而为一气。

第二步再练整体混合混圆，也就是合一合中，还要合圆，即臂圆、裆圆、腰背圆的三圆混合一圆；上下圆、前后圆、左右圆的立体三维混合一圆；内圆、外圆对立统一、互济反成的整体六合一气中正混圆。

第三步再练天地人三才六合混圆，即天地人混元时空的前后、左右、上下六个方位向丹田六合一气中正混圆。注意在室内练拳时，不想自然天地六合，只想人体自身的天（囟宫）地（涌泉）人（丹田）三才六合混圆，以免室内浊气入身。

### 2. 练六合一气中正混圆之拳

心意六合混圆地想着丹田身法窍，按照"六合混圆三步法"说明，边练六合一气中正混圆之体，边练六合一气中正混圆之拳。也就是拳中每一动，无论大动、小动、微动、快动、慢动、不动、屈伸动、开合动、转圈动、缠丝动、十三势动、折叠动，既都是想着六合一气中正混圆的动，又都是在练六合一气中正混圆。也就是说，练拳的过程就是练六合一气中正混圆的过程，用六合一气中正混圆练每一招、每一式，用每一招、每一式练六合一气中正混圆，即：

心意六合一气中正混圆起势，起势到六合一气中正混圆；
心意六合一气中正混圆屈伸，屈伸到六合一气中正混圆；
心意六合一气中正混圆开合，开合到六合一气中正混圆；
心意六合一气中正混圆转圈，转圈到六合一气中正混圆；
心意六合一气中正混圆缠丝，缠丝到六合一气中正混圆；
心意六合一气中正混圆五行，五行到六合一气中正混圆；
心意六合一气中正混圆八法，八法到六合一气中正混圆；
心意六合一气中正混圆折叠，折叠到六合一气中正混圆；
心意六合一气中正混圆收势，收势到六合一气中正混圆。

练至功成，浑身是六合一气中正混圆的折叠缠丝混元圈十三势，圆即拳，拳即圆，六合混圆，圆融自至。

### （二）教学练说明

**教：** 教拳者首先要练好六合混圆打拳，具备六合混圆功夫，并认真仔细阅读和熟记理解掌握"身法要求说明"和六合混圆打拳的"练法说明""拳式分解说明"，分解清楚每一个拳式的每一个折叠缠丝混元圈十三势的六合一气中正混圆打拳，认真恭敬地四面反复示范示教每一个拳法动作的六合一气中正混圆打拳，认真仔细地讲解怎样用六合一气中正混圆之体打拳和怎样用每一个拳法动作练六合一气中正混圆，认真负责地一个六合混圆一个六合混圆地指导、检查、纠正。再结合"六合混圆体用说明"，手把手地喂劲试力、演示讲解每一个拳式的每一个折叠缠丝混元圈十三势的六合一气中正混圆体用。

**学：** 学习者也要认真仔细地阅读"身法要求说明"和六合混圆打拳的"练法说明""拳式分解说明"，认真恭敬地跟着授课老师反复临摹学习每一拳式的每一个折叠缠丝混元圈十三势的六合一气中正混圆打拳，一个六合混圆一个六合混圆地对照、自查、自纠。

**练：** 练习时，一要采用拳套与拳式、组合与单操、定桩与活桩相结合的单人练习法，正确掌握每一个拳法动作的六合一气中正混圆打拳，反复熟练六合一气中正混圆之体和六合一气中正混圆之拳；二要通过师生之间、同学之间的体用对练法，相互喂劲试力六合一气中正混圆打拳，体验、了解三体合一与丹田、心意六合与丹田、整体混合一圆与丹田、方位六合与丹田、内三合与外三合、心意六合与三节窍位、六合一气中正混圆与整体运动、六合一气中正混圆与合于丹田合于根、六合一气中正混圆与接听化引、六合一气中正混圆与沾粘连随、六合一气中正混圆与拳法运用的关系，体会六合一气中正混圆的含义作用，认识六合一气中正混圆的重要性，逐步掌握六合一气中正混圆要领，符合六合一气中正混圆要求，养成六合一气中正混圆习惯，初步具备六合一气中正混圆功夫。

### （三）六合混圆打拳的拳式分解说明

六合混圆打拳的拳式分解说明以"第21式平心捶、第22式煞腰压肘、第23式当头炮、第24式收势"4个拳式为例，练习时可据此扩展到所有拳式。

## 第22式 平心捶六合混圆练法

### （1）六合混圆纵立圈向后反打

先心意六合混圆蓄合一下，再心意六合混圆右盼转身重心后移扣左脚，右拳臂沿逆时针纵立圈前半圆由身体前下方折叠向身体后上方反掤打，左拳臂向下与身合住。

### （2）六合混圆横立圈开合平穿肘

再心意六合混圆重心左换收右步、两拳臂沿顺时针横立圈左右半圆左上右下先顺后逆折叠缠丝开合蓄势，再心意六合混圆折叠横开右步重心右移，右拳臂由左折叠横向右逆缠屈臂侧身平穿肘，左拳臂由右经右拳臂内侧折叠横向左逆缠反拳侧身平穿伸。

### （3）六合混圆再横立圈收步反打

再心意六合混圆左转蓄势重心左移，右拳臂沿横立圈右半圆从右上方折叠向左下方先顺后逆折叠缠丝蓄引，左拳臂向下与身合住，再心意六合混圆折叠右盼转身重心右移收左脚倒转上步，右拳臂沿顺时针横立圈左半圆从左下方折叠横向右后上方反掤打。

### （4）六合混圆横立圈开合独立翻花

再心意六合混圆右盼转身重心左换右脚虚，两拳臂沿顺时针横立圈左右半圆右下左上先顺后逆折叠缠丝合手蓄势，然后心意六合混圆右拳臂左上右下经左拳臂内侧向身体右侧下方横立圈翻转按砸，左拳臂右下左上先逆后顺缠丝横立圈翻转到头部左侧横向右摆打，随两拳臂转圈右翻即将到位时，右腿屈膝向上提掤，左脚踏实独立。

### （5）六合混圆顺逆缠丝卷臂开合

左独立步不变，先心意六合混圆蓄合，两拳臂在体侧两旁双逆缠丝卷臂卷合，再心意六合混圆相开，两拳臂在体侧两旁双顺缠丝折叠卷臂卷开。

### （6）六合混圆合手震脚开步

然后再心意六合混圆蓄合，两拳臂沿横立圈上半圆由体侧两旁向体前中心脐腹处逆缠十字交合下按，右腿向下松气震脚，左脚斜向左开步。

### （7）六合混圆小磨盘开合缠绕

先心意六合混圆右转开引蓄势，再心意六合混圆折叠左转、右转再左转，重心折叠左换右换再左换，两拳臂折叠缠丝小磨盘开合缠绕。

### （8）六合混圆纵立圈逆分顺合

再心意六合混圆右转重心右移，左手右拳沿纵立圈下半圆左前右后同时逆缠伸臂分引，再心意六合混圆蓄合，左手右拳沿纵立圈上半圆同时折叠顺缠屈臂回收蓄合与心平。

### （9）六合混圆折叠逆缠平心冲拳

最后心意六合混圆折叠左转重心左移，右拳臂平胸边折叠逆缠螺旋边由后折叠向前冲拳，左八字手边折叠逆缠螺旋边由前折叠向后屈臂挂肘，浑身向丹田六合一气中正混圆定势。

## 第22式　煞腰压肘六合混圆练法

### （1）六合混圆横立圈收步反打

先心意六合混圆向心力左转蓄势，右拳臂沿顺时针横立圈右半圆由右上方向左下方蓄引，再心意六合混圆重心右移收左脚，右拳臂沿顺时针横立圈左半圆从左下方折叠横向右上方顺缠翻转侧身反掤打，左拳臂向下与身合住。

### （2）六合混圆撤步煞腰压肘

再心意六合混圆左脚斜向左后方撤步退身重心左移向心力蓄势，右拳臂沿顺时针横立圈下半圆从右上方向左下方折叠缠缠屈臂收合至左腹前，左拳臂沿横立圈左半圆从左下方向右上方先顺后逆折叠缠丝屈臂转合至右胸前；最后心意六合混圆从左折叠向右煞腰下坐，右拳臂沿顺时针复合混元圈由左后上经左拳臂内侧向右前下方顺缠转圈压肘到右大腿外侧，左拳臂先逆后顺折叠缠丝沿复合混元圈左后上转圈到头部左侧横向右摆打，浑身向丹田六合一气中正混圆定势。

## 第23式　当头炮六合混圆练法

### （1）六合混圆抓採收步

先心意六合混圆重心前移，两手沿顺时针纵立圈上半圆由后折叠向前上方伸臂蓄引，再心意六合混圆重心后移左转腰收右步，两手沿纵立圈下半圆由前折叠往回抓採收到裆腹前。

### （2）六合混圆翻身换步

然后心意六合混圆先屈提右腿，再从左折叠右盼翻身震脚落步换左脚前虚步，两拳臂先沿顺时针纵立圈后半圆从身体左后下方向前上方左顺右逆缠丝屈臂翻转半圈，再沿顺时针纵立圈前半圆由前上方折叠向身体右前下方左逆右顺缠丝翻转半圈向下砸按。

### （3）六合混圆进步冲炮

最后心意六合混圆右转蓄引一下，再左脚向前进步进身重心前移左转腰，两拳臂沿顺时针纵立圈上半圆由后下方折叠向前上方左顺右逆缠丝冲炮，浑身向丹田六合一气中正混圆定势。

## 第24式　收势六合混圆练法

### （1）六合混圆水平圈收势

先心意六合混圆右转腰重心后移，两手沿纵立圈下半圆由前上方向后下方蓄引，再心意六合混圆左转腰重心前移再折叠右转腰重心后移，两手先沿纵立圈下半圆由后下方折叠向前蓄引，随即沿顺时针水平圈右半圆由前折叠向后左顺右逆缠丝右捋，再心意六合混圆左转腰左脚外撇，右手不动、左手沿水平圈后半圆收气到丹田。

### （2）六合混圆纵立圈收势

再心意六合混圆向前进右步进身重心前移右脚踏实，右手折叠顺缠沿纵立圈下半圆由后向前挤引，左手先顺后逆折叠缠丝沿横立圈左半圆屈臂合到右臂

253

肘弯处，再心意六合混圆重心后移身体后退收右脚调正左脚，右手沿纵立圈上半圆由前折叠往回、往下收到左手心上的同时收气到丹田，两手相叠合于脐下小腹前。

### （3）六合混圆横立圈收势

然后心意六合混圆横立圈降气收功，即两手沿横立圈左右半圆从身体两侧顺缠分手上行，到头部前上方折叠逆缠合手经脸前、胸前向下降至脐腹前，同时降气收气连同口中津液一起收归到丹田内；稍停，两手再沿横立圈左、右半圆从身体两侧顺缠分手上行，到头部前上方折叠逆缠合手经脸前、胸前向下降至脐腹前，同时降气收气连同口中津液一起收归到丹田内，如此共做3次。

### （4）六合混圆静归无极

最后，两臂松垂，无极站立，身心放松，思想入静，浑身向丹田六合一气中正混圆，这样静站片刻结束。

## （四）六合混圆体用说明

以六合混圆之体，用六合混圆之拳。六合混圆体用也包括两个方面：一是静态的六合混圆体用；二是动态的六合混圆体用。

### 1. 静态的六合混圆体用

就是将拳中每一个动作的混元时空位移运动定格为静态定势，也叫六合混圆静桩定桩体用，从前、后、左、右四个方向喂劲试力，检验静态中的六合混圆体用的掌握程度及功夫水平。

### 2. 动态的六合混圆体用

就是用六合混圆之体顺势随彼运用每一个拳式中的每一个折叠缠丝混元圈十三势动作，也叫六合混圆动桩活桩体用，检验动态中的六合混圆体用的掌握程度及功夫水平。

特别说明：不六合混圆不动手。

# 第四章　第三阶段以意行气练法

## 第一节　第三阶段练法说明

混元太极拳第三阶段练法，就是从有形到无形，从外部到内部，借后天返先天，练先天化后天，生太极一气，练太极内劲。过去一向不外传，只在门内传，但也不是入门弟子都传，而是择人而传，有缘而得，口授密传。

太极拳是内功拳，练太极拳全凭丹田内功，以丹田先天之气发动肢体运动。太极拳运动的性质是内功运动，拳中所有动作都是丹田内功，都是在守着丹田、阴阳混合、内外三体混而为一的情况下，入无极生太极练太极，拿住丹田练内功练内劲，借后天之身练先天之气，借有形之拳练无形内劲，先天后天、有形无形、内部外部、混元一体。练拳即练功，练功即练拳，练拳练功都是练精气神，都是练内气内劲，都是按照"积神生气，积气生精，练精化气，练气化神，练神还虚"的丹田内功五步修炼法。"太极者，先天之一气"，包括太极拳在内的所有内家真传功夫都是一气所成、一气为本、一气为用。拳术运动全靠丹田先天之气，拳法运用全凭丹田先天之气，丹田先天之气是拳术之能量、拳中之内劲、养生之根本。不练好丹田先天之气，单凭体力和后天之气，是不能真正练好太极拳的。

太极拳是动功拳，是从静功发展而来的拳术，"静者为道（指练功的方法），动者为拳（指技击的方法）""静者养气，动者敌将"；拳以功为本，功以拳为用。太极拳运动的特征是动功运动，拳中所有动作都是动静相兼的动功，都是丹田内气内动推动手足身体外动的全身内外一起动，而不单单是肢体在动。练拳之道，动静两练，拳功合一，动静相兼，体用兼备；静练功，动练拳，静练无极，动练太极；静中生动，动中有静，动静如一，使后天血气拙力渐消，先天混元真劲渐至。因此，都要求心神虚静，以静运动，以动化静，存神内想，以内运外，内外合一，心平气和，徐缓进行，用意不用力，不消耗后天，不惊扰先天，而决不是练力量、练肌肉、练体操。

太极拳是内劲拳，以修炼内劲为宗旨。太极拳运动的本质是内劲运动，拳中所有动作都是劲贯着中。拳中内劲是内中之意与内在之气相结合的意气之劲，即混元圈是混元劲，缠丝是缠丝劲，十三势是十三势劲，折叠是折叠劲。练拳即练劲，练劲即练拳，包括太极拳在内的所有内家真传功夫都是内劲所成、内劲为本、内劲为用。太极内劲是先天一气中和圆融之劲，也叫先天混元真劲。先天一气是元精元气元神混而为一之气，所以先天一气也称混元之气，太极内劲也称混元之劲。先天一气是至中至正的致中达和之气，所以先天一气也称中和之气，太极内劲也称中和之劲。先天之气是太极内劲之源，混元之气是太极内劲之体，中和之气是太极内劲之用。先天之劲是太极内劲的属性，混元之劲是太极内劲的本体，中和之劲是太极内劲的核心，沉着、弹性、虚灵是太极内劲的3个特征。练太极拳就是根据"劲之所成，气之所聚，窍之所运，根之所发"的内劲之道，用太极之法练太极之气、太极之劲，即用混元之意将丹田先天之气与头手身步和拳中动作混而为一气，由丹田窍位致中达和地一气伸缩聚炼积蓄而成一气中和圆融内劲。从运动生物弹性力学原理来说，浑身似一个由自顶至足的串联弹性元与周身围度的并联弹性元混联而成的大弹簧。其中，混元之意是太极内劲的虚灵弹性元，主宰并激活弹性预张力、总张力和缩张速度；丹田之气是太极内劲的气能弹性元；身备五弓是太极内劲的结构弹性元；筋肉骨节是太极内劲的机能弹性元；丹田窍位是太极内劲的主动张力伸缩元；致中达和是太极内劲各弹性元伸缩张弛得当、恰好、不偏不倚；拳中动作是太极内劲的弹性中和释放；始足发根是太极内劲的弹性腾挪发动。概括地说，练太极拳，就是借后天有形的身备五弓和六合混圆的结构弹性元，储蓄发动先天无形的丹田气能弹性元，先天弹性与后天弹性、有形弹性与无形弹性混而为一气中和圆融的整体总弹性。练太极拳不练太极内劲，只练动作外形，就不是太极拳。

太极拳是意气拳，上述内功拳、动功拳、内劲拳都是心静用意不用力的意气运动。"若问太极何为准，意气君来骨肉臣"，太极拳的运动准则就是"以意行气，以气运身"，拳中所有动作都是以意行气、以气运身的意气运动，都是在蓄养内气、锤炼内劲。"以意行气"的实质就是内中之意引导内在之气的内气、内劲、内动，"以气运身"的实质就是内气、内劲、内动推动肢体拳法外动。但怎样生太极一气？怎样以意行气？怎样锤炼内劲？不明白生太极一气和以意行气、锤炼内劲的机理，不掌握生太极一气和以意行气、锤炼内劲的方法，是不能真正练好太极拳的。

太极拳第三阶段以意行气练法必须在第一阶段套路动作正确熟练到不要再

想动作和第二阶段拳架身法具备不要再想身法的基础上,心神虚静地以混元之意想着丹田窍位意气内动练拳,即以意气丹窍为法门,从无极入门,生太极,练太极,以内为主地一气中正混圆分阴阳、通三节、行四梢、和五行、弥六合、运八方,心意混元地以气行拳,以拳行气,使太极之理与意气拳劲紧密结合,在调理阴阳中和、调整脏腑机能的同时,积蓄太极内气,锤炼太极内劲,逐步具备以内为主、以意行气、以劲运拳的内气、内劲功能。

## 一、第三阶段练法目标

### (一)认知目标

了解太极内功拳的理法思想,认识太极内功拳以意行气、锤炼内劲的作用机理和练法特点、用法特点、养生特点。

### (二)能力目标

掌握太极内功拳的真传练法,初步具备丹田内气功能、拳中内劲功能和自我调控能力、保健养生能力、防身护卫能力。

## 二、第三阶段练法思想

以太极之理为指导,以"内以修身,外以致敌"为主线,以锤炼太极内劲为宗旨,围绕太极内功拳性质和"无极入门生太极、拿住丹田练太极、以意行气练太极"的3个重要思想,采用循序渐进阶梯法和套路单操兼练法,理法、练法、用法、研究法四法合一地,系统完整地练内气、练内劲,达到第三阶段练法目标。

## 三、第三阶段练法重点

第三阶段以意行气练法的重点是意气丹窍合一、合中、合圆打拳,也就是从第一阶段的套路动作为重点的练折叠缠丝混元圈十三势动作和第二阶段的拳架身法为重点的练折叠缠丝混元圈十三势身法,进入到以意行气为重点的练折叠缠丝混元圈十三势内劲。此阶段太极拳的每一个折叠缠丝混元圈十三势都是在守着丹田情况下，通过以意行气、以气运身的意气丹窍合一、合中、合圆来运动和运用的，即意气丹窍合一、合中、合圆折叠缠丝混元圈十三势，意气丹窍合一、合中、合圆练气、练精、练神、练内劲，意气丹窍合一、合中、合圆练气通经络阴阳循环大小周天，意气丹窍合一、合中、合圆练混元一气、练混元一体、练混元一粒。

## 四、第三阶段练法步骤

第三阶段以意行气练法分前后两个方面：一是生太极；二是练太极。

### （一）生太极

生太极，就是无极入门生太极，练拳须从无极始，这是"无极生太极"的太极之理，是练太极拳的前提条件。因此，每天练拳之前先要练无极桩功，即先练功再练拳，先生太极再练太极。也就是在无极中先把太极之气生出来，即丹田气动生太极，有了太极之气再练太极之拳，这样才能真正地以意行气练太极，才是真正的太极内功拳。先练无极生太极就是先练功，根据"积神生气，积气生精，练精化气，练气化神，练神还虚"五步修炼法，无极桩分五步修炼，谓"五步无极"。

第一步是意守前丹无极桩——积神生气。
第二步是意守后丹无极桩——积气生精。
第三步是意守下丹无极桩——练精化气。
第四步是意守中丹无极桩——练气化神。
第五步是意守上丹无极桩——练神还虚。

### （二）练太极

练太极，就是静站无极丹田气动生太极以后，拿住丹田练太极。因为丹田既是生太极一气的地方，即"腹为无极，脐为太极"，也是练太极内劲的地方，即"劲之所成，气之所聚"。拿住丹田练太极，就是用太极之气练太极之拳、练太极之劲，即静极生动生太极，以意行气练太极。根据"五步无极"和"劲之所成，气之所聚，窍之所运，根之所发"的内劲之道，练太极分为"五步"和"八法"两个层面。

"五步",就是对应"五步无极"分五步拿住丹田练太极,谓"五步无极五步太极",也叫"五步无极五步拳"。

第一步拿住前丹田打拳。

第二步拿住后丹田打拳。

第三步拿住下丹田打拳。

第四步拿住中丹田打拳。

第五步拿着上丹田打拳。

"八法",就是拿住丹田以意行气练太极的8个以意行气法,谓"行气八法"。

第1个是以意择中行气法。

第2个是以意循窍行气法。

第3个是以意按窍行气法。

第4个是以意提降运气法。

第5个是以意缠丝运气法。

第6个是以意敛神聚气法。

第7个是以意抓闭运气法。

第8个是自发呼吸运动法。

## 第二节 丹田窍位说明

### 一、丹田说明

太极拳是内家拳。过去无论哪一家传下来的内家功夫,首先要意守丹田,即"阴阳相合""意气相合""神气相合""思想与丹田相合""心与意合,意与气合,气与力合",也叫"气沉丹田"。

又因内家拳练的是先天之气、先天劲,所以内家功夫的意守部位,也叫练功部位,是与先天有关的丹田部位,并有上、中、下等之分。太极内功拳的丹田部位,除了中丹田,还有前丹田、后丹田、下丹田、上丹田。虽分言五丹,总归是一丹,即全身一丹田,在前谓前丹,在后谓后丹,在上谓上丹,在下谓下丹,在中谓中丹。下面分别介绍说明。

## （一）中丹田

"中丹气之窍"。中丹田是正式丹田，即丹田之原名（也称前丹田），为一身之总窍，位在人体上下、前后、左右中心的脐内深处，是一个空窍，即元气窍，也叫混元窍。"丹田为生门"，即中丹田是人生命的源头，人身先天三宝精气神就是人从胞胎到出生由母体通过脐带归入中丹田内的。中丹田又称"中央戊己土"，这一窍通五脏六腑、奇经八脉、十二经十五络。意守丹田练拳功就是练养先天之气、聚气成劲、练气化神、气通经络、阴阳循环大周天。

## （二）前丹田

"前丹气之海"。前丹田位在中丹田前面的肚脐，即神阙穴。意守前丹田也叫意守肚脐。修炼内家功夫时，前丹田一般是和中丹田合而言之、合而练之的，即前丹田也叫中丹田，守肚脐也叫守丹田，脐呼吸也叫丹田呼吸。脐为先天之结蒂（即先天精气神之结蒂），又为后天之气舍，内通丹田、命门与两肾，位居全腹之正中，乃阳居阴位，即阴中之阳，因其位像极，故称"腹为无极，脐为太极"。此间元气常存、神意长驻、神气交合、心息相依，为神志（心藏神、肾藏志）出入之中门，故名"神阙"。意守前丹（中丹）练拳功就是气气归脐、积神生气生太极、呼吸鼓荡气满足，为积气生精打好基础。

## （三）后丹田

"后丹气之根"。后丹田位在中丹田的后面，与肚脐正对之后腰部的两肾中间的命门内，是一个空窍，即命窍，也称元关窍。在命门两侧是左右两肾，两肾与命门之间又有阴阳两窍。命门属火，两肾属水，阴阳两窍居其中调和命门与两肾之间平衡，以达水火既济。意守后丹田也叫意守命门。拳中所说"刻刻留意在腰间""命意源头在腰隙"就是指命门两窍、两肾。"命门为死户"，即命门是人生命之根本，谓先天之根、生命之根。命门之气又称"三寸气""三寸气在千般用，三寸气散万事休"。命门之火是水中之火，水中之火是真火，以真火温养肾水，水中火发，激发真精。命门属坎，一阳坎于二阴之中，一阳即命门，二阴即两肾，阴中之阳为真阳，"真阳在，人命在；真阳散，人即死"。可见命门之重要。意守后丹练拳功就是息息归根、调济水火、积气生精、命门呼吸、坎离相交、强壮脏腑。

## （四）下丹田

"下丹精之窍"。下丹田位在中丹田的下面，男子在前阴与后阴之间的会阴窍内深处，相当于前列腺处，也是一个空窍，即元精窍，当练到窍内跳动即可知其位置。修炼内家功夫时，意想会阴向下丹田提收，使守会阴就是守下丹，提会阴就是提下丹。女子的下丹田在子宫口，谓"血山血海"，男人主气，女人主血，所以要练守这个地方。意守下丹练拳功就是练养先天之精，接通任督二脉，会阴呼吸缩放练精化气小周天、抽坎补离、子进午退。

## （五）上丹田

"上丹神之窍"。上丹田位在中丹田的上面，两眼之间正中的祖窍之深处（按胡耀贞师祖原本真传，祖窍在两眼之间而不是两眉之间），也是一个空窍，即元神窍。修炼内家功夫时，眼神内敛就是眼神心意祖窍往里收敛，使守祖窍就是守上丹，同时敛神下行到中丹田，亦即心与意合、意与气合、气与力合的内三合，也叫神气相合，既练气又练神。意守上丹练拳功就是练养先天之神、练神还虚。

## 二、三节窍说明

窍，是先天之气的窍门、窍要，是修炼内家功夫的关键所在，是太极内功拳的修炼法门，即借窍练先天、练精、练气、练神、练劲、练一、练中、练圆、练根。不知窍，不明所练；不开窍，所练不真。

三节，是指人体的分节。人体分上、中、下三节，也称梢、中、根三节；三节之中又分三节，三三共九节。三节窍，是指三节的窍位，也叫九节窍，是以意行气之窍门，是骨节松开之窍门，是节节贯通之窍门，是敛气入骨之窍门，是锤炼内劲之窍门，是练精、练气、练神之窍门，是一气中正混圆之窍门。修炼内家功夫，如果只知三节而不知三节窍，是不能真正练好功夫的。

### （一）身躯三节窍

上丹田是梢节窍，也称手法窍；中丹田是中节窍，也称身法窍；下丹田是根节窍，也称步法窍。

### （二）上肢三节窍

肩井穴是根节窍，也称肩节窍；曲池穴是中节窍，也称肘节窍；劳宫穴是梢节窍，也称手节窍。

### （三）下肢三节窍

环跳穴是根节窍，也称胯节窍；阳陵泉穴是中节窍，也称膝节窍；涌泉穴是梢节窍，也称脚节窍。

## 三、十三势窍说明

太极十三势，不是十三种姿势，而是十三种练法和内外两用法。十三势的八卦五行分布在人体的各个部位，并各有窍位，每一窍均与所属脏腑经络相关联。

修炼太极内功拳时，意气丹窍混元、先天后天混元、有形无形混元、以意引气、按窍运气、调整经络之气和脏腑功能，练养十三势内劲就能同时收到内外双修两用之功效。修炼内家功夫，如果只知十三势而不知十三势窍，是不能真正练好功夫的。

### （一）掤

掤的窍位在会阴，在八卦属坎，在五行属水，在脏腑经络属肾经。拳中上掤时，以意引气从会阴掤到上丹田。

作用机理：一是练精化气；二是调整心、肾两经之气和机能，并使心、肾两经之气相通，即抽坎填离、心肾相交、水火既济；三是练掤法、掤劲。

## （二）捋

捋的窍位在祖窍，在八卦属离，在五行属火，在脏腑经络属心经。拳中回捋时，意想祖窍往回吸捋。

作用机理：一是练神练气、练神还虚；二是调整心经之气和机能；三是练捋法、捋劲。

## （三）挤

挤的窍位在夹脊，在八卦属震，在五行属木，在脏腑经络属肝经。拳中前挤时，以意引气从夹脊向前挤。

作用机理：一是练督脉之气上行，通尾闾夹脊两关和气贴脊背；二是扶正气之阳，祛病邪之阴；三是调整肝经之气和机能，防治筋挛筋缩；四是练挤法、挤劲。

## （四）按

按的窍位在膻中，在八卦属兑，在五行属金，在脏腑经络属肺经。拳中下按时，以意引气从膻中下按到下丹田。

作用机理：一是练气通任脉；二是调整肺经之气和机能，并以肺经之气补肾经之气，以金生水；三是诸气来会、充盈中气、增强卫气宗气；四是练按法、按劲。

## （五）採

採的窍位在性宫与肺俞，在八卦属乾，在五行属金，在脏腑经络属大肠经。拳中下採时，以意引气从囟宫吸向肺俞直下涌泉採。

作用机理：一是引火归源，心肾相交；二是调整大肠之经和机能，补肾经之气，以金生水；三是练採法、採劲。

## （六）挒

挒的窍位在中丹田，在八卦属坤，在五行属土，在脏腑经络属脾经。拳中

263

拧捋时，以意引气由中丹田经两肋上达囟宫而捋。

作用机理：一是练中丹之气、练气化神；二是调整脾经之气和机能，补肺经之气，以土生金；三是练捋法、捋劲。

## （七）肘

肘的窍位在肩井，在八卦属艮，在五行属土，在脏腑经络属胃经。拳中用肘时，以意引气先从肩井向涌泉沉气屈臂，再由涌泉上升经尾闾、两肋、肩井、耳后高骨到性宫发肘。

作用机理：一是调整胃经之气和机能，并降心经之火，补肾经之气；二是练肘法、肘劲。

## （八）靠

靠的窍位在玉枕，在八卦属巽，在五行属木，在脏腑经络属胆经。拳中用靠时，以意引气由涌泉上升至尾闾经玉枕转小周天而靠。

作用机理：一是调整肝经、胆经之气和机能；二是练气通三关小周天；三是练靠法、靠劲。

## （九）进

进的窍位在会阴，在八卦属坎，在五行属水，在脏腑经络属肾经。拳中进步时，意守会阴以气催身前进。

作用机理：会阴为子，子是阳生之初，取子进阳火之意而曰进。一是练精化气；二是调整肾经之气和机能；三是练进步法、进步劲。

## （十）退

退的窍位在祖窍，在八卦属离，在五行属火，在脏腑经络属心经。拳中后退时，意达祖窍引气催身后退。

作用机理：祖窍为午，午是阴生之初，取午退阴符之意而曰退。一是练神还虚；二是调整心经之气和机能；三是练退步法、退步劲。

## （十一）顾

顾的窍位在膻中，在八卦属乾、兑，在五行属金，在脏腑经络属肺经。拳中左顾时，以意引气注于膻中催身左转。

作用机理：膻中为气会之宫城，取诸气来顾、会师勤王之意而曰顾。一是调整肺经之气和机能；二是增强卫气和宗气；三是练左顾法、左顾劲。

## （十二）盼

盼的窍位在夹脊，在八卦属震、巽，在五行属木，在脏腑经络属肝经。拳中右盼时，以意引气注于夹脊催身右转。

作用机理：夹脊为背部阴阳交关之处，取阴阳交争、盼正气之阳来助之意而曰盼。一是调整肝经之气和机能；二是练右盼法、右盼劲。

## （十三）定

定的窍位在中丹田，在八卦属坤、艮，在五行属土，在脏腑经络属脾经。拳中中定于一地不动步时，意守中丹田以气运拳。

作用机理：中丹田为中央戊己土，取中土不偏、总统四方之意而曰定。一是练气化神；二是调整脾经之气和机能；三是练中定法、中定劲。

# 第三节　以意行气练法

## 一、无极入门生太极

### （一）练法说明

练太极者，首先要知道无极、太极的含义和二者的相互关系作用。
什么是太极？"一者，太极也""太极者，先天之一气"，即太极是一，太极是先天一气。练太极就是练先天一气，也就是用太极一气运动太极之拳，即以意行气，以气运拳。

太极从哪里来？"太极者，无极而生""道自虚无生一气，便从一气产阴阳""太极原生无极中，混元一气感斯通""先天之气，自虚无中来，在虚无中结就"，即太极是从无极中来的。

什么是无极？从宇宙角度来说，就是天地未开、混混沌沌、廓然无象的先天状态。从练拳角度来说，就是进入到阴阳混合、无形无象、空空洞洞的先天状态。

什么是无极生太极？就是无中生有、静极生动的先天一气发动，即丹田气动太极生。先天一气发生后，就可用眼神心意运行此先天之气发动肢体运动，也就是拿住丹田练太极，用太极之气练太极之拳、练太极之劲，使太极拳成为真正的内功拳。

无极入门生太极的理论依据，就是"太极者，无极而生，动静之机，阴阳之母也"的无极生太极之理。它有3个基本观点。

第一，无极是太极的基础，太极源自无极。

第二，欲练太极，先要生太极；欲生太极，先要入无极。

第三，无极生太极之时，即是下手练太极之时。

无极入门生太极的理法思想，就是先练无极，再练太极，即先要专门修炼无极和每天练拳从无极开始，亦即无极入门生太极，练拳须从无极始。

无极入门生太极的实证操作，就是练无极桩。无极桩也叫虚无先天一气桩，喻无极生太极、虚无生一气之义。无极即虚无，太极即一气，无极、太极皆属先天。无极桩的桩功特征是"无"，即虚无。无阴无阳，无形无象，练至功成，浑身是无极，内含一太极，"一羽不能加，蝇虫不能落""人不知我，我独知人"。

无极桩的练法是采用无极站式姿势，分五步，练五丹，练桩功，即一个姿势，五步练法：

第一步是意守前丹无极桩——积神生气；

第二步是意守后丹无极桩——积气生精；

第三步是意守下丹无极桩——练精化气；

第四步是意守中丹无极桩——练气化神；

第五步是意守上丹无极桩——练神还虚。

这里主要介绍第一步意守前丹无极桩。其余四步，会在后续出版的丛书之一《太极内功练法精要》中介绍。

第一步意守前丹无极桩，也叫无极生太极，虚无生一气，是丹田内功五步修炼法的第一步——积神生气。

意守前丹无极桩练法，就是用混元练功法，三性归一向前丹田（中丹田）混而为一前后呼吸。

意守前丹无极桩分四步操作：一是调身放松；二是调心守丹；三是调息导引；四是守丹入静。

### （二）无极桩姿势说明

自然站立，两脚分开，步距同肩宽，脚尖朝前，重心在中，两臂松垂。站定后，先按照身法要求的"眼神内敛，意守丹田，舌贴上颚，会阴提收，虚灵顶劲，沉肩坠肘，塌腰敛臀，坐胯圆裆"桩功八条，用眼神心意站成一气中正混元无极桩。（图4-1）

年轻力壮的练功者，坐胯姿势可低一点，似小骑马桩。

这样静站片刻，按下法操作。

图4-1

### （三）第一步意守前丹无极桩练法说明

**1. 调身放松**

练功开始，先用眼神心意引气法静静地将头上的浊气降下来；同时，自顶至足随降气依次向下节节放松，即头部放松→颈部放松→肩部放松→肘部放松→手部放松→胸部放松→腹部放松→背部放松→腰部放松→臀部放松→胯部放松→膝部放松→脚部放松（先到脚跟，再均衡到全脚掌，涌泉虚），气降到脚底，全身即已放松，上虚下实，两手绵绵。如果感觉还没放松，可再进行1次或数次调身。

**2. 调心守丹**

放松后，先两眼向祖窍处视为一线；同时，大脑思想注意力集中到祖窍，两耳以意封闭听祖窍，忘掉鼻息，也就是眼神心意虚守祖窍凝神，待祖窍处微微有拧胀感（即神凝），两眼轻闭，眼神心意向前丹田（中丹田）逆而运之敛神提精聚气混而为一气，即从上丹田向下敛神到前丹田（中丹田），从下丹田向上提精到前丹田（中丹田），从前丹田（中丹田）由外向内聚气，使精气神在前丹田（中丹田）混而为一气，并将头手身步窍位和天地时空方位也向前丹田（中丹田）混而为一气（即相合一气），然后眼神心意静守前丹田（中丹田），即凝神伏气混元。

### 3. 调息导引

守到前丹田（中丹田）出现发胀的感觉，就用眼神心意引气呼吸法，引导丹田混元之气极其轻缓地先吸后呼：即先从肚脐向命门吸气，吸到丹田好像与命门相接（即息息归根），感到不能再吸了，就静静地一心一意守住它不要动（即归根曰静），静等丹田之气自然向前呼到肚脐（即气气归脐），然后又自然地从肚脐向后吸气至命门，停一停，又自然地向前呼气到肚脐，这样一吸一呼，静心随呼吸，不要管鼻息，多注意前丹田（中丹田）的吸气。

刚开始练的时候可以多导引几次，如3次、6次、9次，不超过36次。以后练到丹田气动开窍了，导引1次就可以了。

### 4. 守丹入静

呼吸导引后，眼神心意守着前丹田（中丹田）凝神入虚静，虚到什么都没有，静到什么都不知，感觉上只有一丹田，即进入无极之境，等候先天一气发动。

初练时静站静守30分钟左右，以后逐渐增加至1小时。根据"百日筑基功"要求练3个月左右。以后每天都练，即天天无极。

## （四）第一步无极桩练法出功说明

根据自无而有、由微而著、积蓄而成之理，无极桩第一步练法会先后出现以下3种出功效感。

一是神气融会、神凝气满的前丹田（中丹田）充实之感。

二是气动开窍、真机自动的前丹田（中丹田）跳动之感，即静极自生动，虚无生一气，无极生太极。

三是阳气发动、呼吸鼓荡的前丹田（中丹田）前后自发呼吸，即太极之气一哼一哈自发呼吸鼓荡。以后全身百脉窍位、肌肤毛孔也会随丹田呼吸而呼吸。

若出现前丹田（中丹田）前后自发呼吸内动，也就是太极中所含之先天阴阳自发运动，就静静地内视丹田随它动，即意随气动，自己不能加意。

若产生肢体自发外动，即丹田之气自发内动推动筋肉骨节产生的自发外动，也就是太极中生出之后天阴阳自发运动，则思想不能离开丹田。

若不动，就仍静静地守着丹田。

练毕，想着丹田，先做降气收功，再做转气收功，最后搓摩手脸。

## （五）第一步无极桩练法要点说明

①调心守丹时，如果是天气晴好在室外练功练拳，则天地时空方位也一并向前丹田（中丹田）混而为一气。如果是在室内练功，则天地时空方位不要向丹田混元，以免室内浊气侵入体内，损害健康。

②调息导引时，丹田吸气是有意的意吸、窍吸、气吸，而不是瘪肚子，也不是鼻吸。要切实做到极其轻缓，即轻轻地吸、慢慢地吸、静静地吸、微微地吸、虚虚地吸、自然地吸、中和地吸，意境上好像是海水在静静地自然退潮，退到海底深处；丹田呼气是无意的呼、自然的呼，是丹田自己松放出来的，而不是鼓肚子，也不是鼻呼，意境上好像是海水在静静地自然涨潮，涨到岸边。

③丹田先吸后呼导引如同"钟摆原理"，即先用意将肚脐往里吸，起到一种"推摆"的作用，以后就听任丹田如钟摆一样自己来回摆动，也就是丹田自发呼吸运动（脐呼吸），所以要多注意丹田的吸气。

④初学练者在开始阶段，不要求其实也不可能一下子就能感觉前丹田（中丹田）之气吸到命门了，只要求微微用意向命门方向内吸就可以了，以后随着功夫的深入，自然会感到前丹田（中丹田）之气吸到命门并与其相贴接通。

⑤静守中若出现杂念，可用"挤眼"来断念，即杂念来了，马上挤一下眼，打断杂念，接着默念"意守丹田"四字继续静守即可。

⑥气动开窍、真机自动的丹田跳动，是静到极点自然产生的忽然不觉的先天之气在丹田里的自发跳动，而不是肌肉跳动，这要分辨清楚。而且每个人的丹田跳动也不尽相同，有的是萌动、有的是脉动、有的是抖动，有的会出现"轰隆一声"动，这些都是气动生太极之兆。

⑦阳气发动、呼吸鼓荡的丹田前后自发呼吸，是先天呼吸，是丹田先天之气的自发呼吸，而不是人为的、有意的瘪肚子、鼓肚子的后天腹式呼吸，

即太极内功拳的呼吸是先天的丹田呼吸，而不是后天的腹式呼吸，这也要分辨清楚。

## 二、拿住丹田练太极

### （一）练法说明

　　拿住丹田练太极，就是静站无极丹田气动生太极了，就可依据"劲之所成，气之所聚，窍之所运，根之所发"的内劲之道和"五步无极五步拳"的练法步骤，采用拳套与拳式、组合与单操、定桩与活桩相结合的练法，心神虚静地用混元之意引导混元之气将精气神、头手身步窍位和拳中动作向相关丹田混而为一气，拿住丹田一步无极一步拳地练太极，练精练气练神，练一练中练圆，练丹田内气内劲内动。

　　拿住丹田练太极的理论依据，就是胡耀贞师祖传留下来的"拿住丹田练内功，哼哈二气妙无穷，动与静合屈伸就，缓应急随理贯通"：即拳中每一动，无论大动、小动、微动、快动、慢动、不动、屈伸动、开合动、转圈动、缠丝动、十三势动、折叠动，都是拿住丹田的动，都是合到丹田里面的动，既都是丹田内气内劲内动，又都是在练丹田内气内劲内动。也就是说，练拳的过程就是练丹田内气内劲内动的过程，用丹田内气内劲内动练每一招、每一式，用每一招、每一式练丹田内气内劲内动。即拿住丹田起势，拿住丹田屈伸，拿住丹田开合，拿住丹田转圈，拿住丹田缠丝，拿住丹田五行，拿住丹田八法，拿住丹田折叠，拿住丹田收势。意在内，不在外；意在丹田，不在肢体；全神贯注丹田，全凭丹田用功。

　　除了个人单练外，还要通过师生之间、同学之间拿住丹田的体用、体验，了解丹田与太极、丹田与先天之气、丹田与运动中心、丹田与向心力离心力、丹田与中和之劲、拿住丹田与混元一气、丹田内动与肢体外动、丹田运动与松静虚无、丹田用功与整体做功、拿住丹田与接听化引、拿住丹田与沾粘连随、拿住丹田与内劲运用的关系，体会拿住丹田练太极的作用，认识拿住丹田练太极的重要性，掌握拿住丹田练太极的方法，养成拿住丹田练太极的习惯，初步具备丹田内气内劲功夫。

　　这里主要介绍"第一步拿住前丹田打拳练法"。

## （二）第一步拿住前丹田（中丹田）打拳练法说明

第一步意守前丹田（中丹田）无极桩练到前丹田（中丹田）功夫发动了，气动生太极了，就心神虚静地用混元之意引导混元之气将精气神、头手身步窍位和拳中动作向前丹田（中丹田）混而为一气，拿住前丹田（中丹田）积神生气练太极。此时的思想注意力全部集中在前丹田（中丹田）合一、合中、合圆打拳上，而不能分心在套路动作和拳架身法上，也就是只想前丹田（中丹田）打拳，而不想手足身体如何动作，只知前丹田（中丹田）内气内动，而不知手足身体外动。

## （三）无极起势的拿住前丹田（中丹田）打拳示例说明

### 1. 无极起势八法

眼神心意拿住丹田，丹田下引，丹田掤；丹田回引，丹田挤；丹田前引，丹田捋；丹田上引，丹田按；然后拿住丹田起身复原。

### 2. 无极起势开合

眼神心意拿住丹田，丹田合（后下引），丹田开（前上掤）；丹田合（往后引），丹田开（向前挤）；丹田先合后开（前上引），丹田合（往回捋）；丹田开（前上引），丹田合（后下按）；然后拿住丹田起身复原。

### 3. 无极起势屈伸

眼神心意拿住丹田，丹田伸（上掤）；丹田屈（回引），丹田伸（前挤）；丹田先屈后伸（前引），丹田伸（回捋）；丹田先伸后屈（上引），丹田伸（下按）；然后拿住丹田起身复原。

### 4. 无极起势转圈

眼神心意拿住丹田，先丹田反转纵立圈（掤挤圈），再丹田正转纵立圈（捋圈），再丹田反转纵立圈（按圈）；然后拿住丹田收势。

举一反三，据次类推，所有拳式动作都是拿住前丹田（中丹田）的运动。并逐渐从拿住前丹田（中丹田）打拳，进入到合在前丹田（中丹田）里面打拳，再进而练达前丹田（中丹田）自发呼吸鼓荡打拳。这样越练前丹田（中丹田）内气内劲越充盈。

### （四）第一步拿住前丹田（中丹田）打拳体用说明

眼神心意拿住前丹田（中丹田），动与静合、屈伸相随、缓应急随、致中达和地喂劲试力每一个拳式中的每一个折叠缠丝混元圈十三势；即用前丹田（中丹田）致中达和随彼折叠缠丝转圈十三势，检验前丹田（中丹田）体用的掌握程度，提高前丹田（中丹田）体用的功夫水平。

## 三、以意择中行气法

### （一）练法说明

以意择中行气法，就是眼神心意拿住丹田择中行气练太极，行中气、练中气、养中气，行中和、练中和、养中和，练养至中至正之气，锤炼致中达和之劲。

拿住丹田一步无极一步拳练到天天无极生太极了，丹田气足有功夫了，养成习惯用丹田打拳了，并且行、立、坐、卧也不离这个丹田了，就可在第二阶段身法中正的基础上，依据一气中正混圆之理，采用拳套与拳式、组合与单操、定桩与活桩相结合的练法，用混元之意引导混元之气将精气神、头手身步窍位和拳中动作向丹田混而为一气，松静虚无、以内为主、致中达和地以意择中行气练太极、练中正之意、练中正之气、练中和之劲。拳中每一动，无论大动、小动、微动、快动、慢动、不动、屈伸动、开合动、转圈动、缠丝动、十三势动、折叠动，既都是择中行气的动，又都是在练择中行气中和劲。也就是说，练拳的过程就是练择中行气中和劲的过程，用择中行气中和劲练每一招、每一式，用每一招、每一式练择中行气中和劲；即择中行气起势，起势到中和；择中行气屈伸，屈伸到中和；择中行气开合，开合到中和；择中行气转圈，转圈到中和；择中行气缠丝，缠丝到中和；择中行气五行，五行到中和；择中行气八法，八法到中和；择中行气折叠，折叠到中和；择中行气收势，收势到中和。

除个人单练外，还要通过师生之间、同学之间择中行气至中和的体用、体验，了解中正与中气、中气与中定、中定与中和、中和与中庸、中庸与阴阳、中气与内劲、松静虚无与择中行气、择中行气与中气中和、静态中和与动态中和、择中行气与外静内动、择中行气与外动内静、将动未动与中气中和、动而皆中与中气中和、中气中和与接听化引、中气中和与沾粘连随、中气中和与内劲运用的关系，体会择中行气练太极的作用，认识择中行气练太极的重要性，掌握择中行气练太极的方法，养成择中行气练太极的习惯，初步具备太极中气中和功夫。

第三阶段的择中行气打拳和第二阶段的身法中正打拳，两者相辅相成。身法中正是人体结构的中正和拳架功架的中正，是择中行气的前提条件和基础。拳架结构中正了，就可以在这个中正拳架结构里面择中行气了。

## （二）择中行气释义

太极是中，中在哪里？中在丹田的中心，中在阴阳的当中，也就是冯公说的阴阳各半的当中。择中行气，就是眼神心意引导太极之气在丹田的当中、阴阳的当中运行，也叫中气运行，运行中气。这个气，是至中至正之气，称中气；这个气，是致中达和之气，称中和之气，也叫中和之劲：即不偏不倚谓之中，动之皆中谓之和。

怎样在阴阳的当中行气呢？就是得当恰好地在丹田的当中、前后的当中、左右的当中、上下的当中、不偏不倚的当中、不多不少的当中、不轻不重的当中、不先不后的当中、不快不慢的当中、不顶不丢的当中、不贪不歉的当中、无过不及的当中行气。练中正之气，练中和之劲。气至中正，乾健坤顺中气足；劲至中和，神妙自至人莫知。

## （三）无极起势的择中行气打拳示例说明

眼神心意拿住丹田中心，在阴阳对立统一的、对称均衡的前后、左右、上下的当中起势，即择中起势，起势到中，也叫起势到不前不后的当中、不左不右的当中、不多不少的当中。

### 1. 择中行气八法

眼神心意拿住丹田中心，择中引，引到中；择中掤，掤到中；择中引，引到中；择中挤，挤到中；择中引，引到中；择中捋，捋到中；择中引，引到中；择中按，按到中；择中复原，复原到中。

### 2. 择中行气开合

眼神心意拿住丹田中心，择中开（上掤），开到中；择中合（后引），合到中；择中开（前挤），开到中；择中合（回），合到中；择中开（前引），开到中；择中合（回捋），合到中；择中开（上引），开到中；择中合（下按），合到中；择中复原，复原到中。

### 3. 择中行气屈伸

眼神心意拿住丹田中心，择中伸（上掤），伸到中；择中屈（回引），屈到中；择中伸（前挤），伸到中；择中屈伸（前引），屈伸到中；择中伸（回捋），伸到中；择中伸屈（上引），伸屈到中；择中伸（下按），伸到中；择中复原，复原到中。

### 4. 择中行气转圈

眼神心意拿住丹田中心，择中反转纵立圈（掤挤圈），转圈到中；择中正转纵立圈（捋圈），转圈到中；择中反转纵立圈（按圈），转圈到中；择中收势，收势到中。

举一反三，据次类推，所有拳式动作都是择中行气、行气到中，越练中气越足，中和之劲自至。

## （四）择中行气体用说明

眼神心意拿住丹田中心，择中行气、致中达和地中而不受力、中而人不知地喂劲试力每一个拳式中的每一个折叠缠丝混元圈十三势，即择中行气、致中达和地随彼折叠缠丝转圈十三势，检验择中行气、致中达和的掌握程度，提高择中行气、致中达和体用的功夫水平。

## （五）无极起势的择中行气打拳体用示例说明

挤的体用，在不顶不丢的当中挤。不能顶，顶就是有力了、受力了，不在中。也不能丢，丢就是把中丢了，不在前后左右的当中。还要在不快不慢的当中、不先不后的当中、不多不少的当中，也就是在阴阳的当中，恰到好处地择中行气运动运用。

## 四、以意循窍行气法

### （一）练法说明

以意循窍行气法，就是眼神心意拿住丹田循窍行气练太极，通三节，贯四梢，循窍锤炼三节四梢劲。

择中行气练太极练到基本具备中气中和了，就可依据三节四梢之理，结合三节窍位，采用拳套与拳式、组合与单操、定桩与活桩相结合的练法，用混元之意引导混元之气将精气神、头手身步窍位和拳中动作向丹田混而为一气，松静虚无、以内为主、致中达和地在三节窍位当中以意循窍行气练太极，节节打通全身各节窍位和经络，并将气敛入骨髓，贯达四梢，练意练气练三节四梢劲。拳中每一动，无论大动、小动、微动、快动、慢动、不动、屈伸动、开合动、转圈动、缠丝动、十三势动、折叠动，既都是循窍行气的动，又都是在练循窍行气三节四梢劲。也就是说，练拳的过程就是练节节贯通三节四梢劲的过程，用节节贯通三节四梢劲练每一招、每一式，用每一招、每一式练节节贯通三节四梢劲。即循窍行气起势，循窍行气屈伸，循窍行气开合，循窍行气转圈，循窍行气缠丝，循窍行气五行，循窍行气八法，循窍行气折叠，循窍行气收势。

除了个人单练外，还要通过师生之间、同学之间循窍行气的体用、体验，了解放松与松开、关节与窍位、经络与经窍、丹田与三节窍、循窍行气与节节贯通、循窍行气与敛气入骨、循窍行气与气贯四梢、三节对正与节节贯通、节节贯通与气通全身、节节贯通与内劲贯通、循窍行气与择中行气、循窍行气与接听化引、循窍行气与沾粘连随、循窍行气与内劲运用的关系，体会循窍行气练太极的作用，认识循窍行气练太极的重要性，掌握循窍行气练太极的方法，养成循窍行气练太极的习惯，初步具备节节贯通、气通全身功夫。

### （二）循窍行气释义

循窍行气，就是眼神心意引导丹田先天之气在三节窍里面致中达和行气。循，就是循三节窍的远近次序，由近而远依次行气，即肩井、曲池到劳宫、指梢，复返丹田；环跳、阳陵泉到涌泉、趾梢，复返丹田。如此反复传运，达到节节贯通，使四肢全体形成一个畅通无阻的气管通道，增强气能劲力。敛气入骨，就是气入节窍，敛入骨髓，骨骼沉重，如绵裹铁，外柔而内刚。气贯四梢，一是气贯达筋之梢的指梢；二是气贯达血之梢的发梢；三是气贯达骨之梢的齿梢；四是气贯达肉之梢的舌梢。三节贯通，四梢气足，是内气练有功夫的标志。用冯公的话说就是"就能力发一点，点点透骨"，诚如胡耀贞师祖的"单指震乾坤"。

### （三）金刚捣碓的循窍行气打拳示例说明

以意循窍行气的气，是丹田先天之气，不是后天呼吸之气。后天呼吸之气是通过口鼻到肺脏，推动心脏血液循环全身。先天之气则是在经络窍位里面运行。

可分3个侧重点循窍行气练太极。

**1. 上肢循窍行气打拳**

眼神心意拿住丹田，右引时，从肩井、曲池到劳宫；然后回到丹田；横立圈左掤时，从肩井、曲池到劳宫；右捋时，回到丹田；右按时，从肩井、曲池到劳宫；回到丹田；左斜挤时，从肩井、曲池到劳宫；再回到丹田；水平圈左捋时，从肩井、曲池到劳宫；左后引时，回丹田；水平圈右捋转身时，从肩井、曲池到劳宫；再回到丹田，提腿；铲脚开步腿手分家捋捌时，从肩井、曲池到劳宫；再回到丹田；横立圈掤捋时，从肩井、曲池到劳宫；再回到丹田；左手下按时，从肩井、曲池到劳宫；再回丹田；上步合手勾拳掤时，从肩井、曲池到劳宫；再回到丹田；右拳纵立圈时，从肩井、曲池到劳宫；再回到丹田；左手纵立圈时，从肩井、曲池到劳宫；再回到丹田；上下开引时，从肩井、曲池到劳宫；提腿震脚捣碓时，合到丹田；收势分手上升时，从肩井、曲池到劳宫；收势合手下降时，回到丹田。

静静地循窍行气，默默地循窍行气，只想三节窍位，不想关节部位，因为关节部位是外，关节窍位是内，在窍位里面内气内动。练到上肢三节窍气通无阻力了，两条手臂似两条气管通道，再练下肢循窍行气打拳。

**2. 下肢循窍行气打拳**

眼神心意拿住丹田，右引时，从环跳、阳陵泉到涌泉；然后回到丹田；横立圈左掤时，从环跳、阳陵泉到涌泉；右捋时，回到丹田；右按时，从环跳、阳陵泉到涌泉；回到丹田；左斜挤时，从环跳、阳陵泉到涌泉；回到丹田；水平圈左捋时，从环跳、阳陵泉到涌泉；左后引时，回到丹田；水平圈右捋转身时，从环跳、阳陵泉到涌泉；提腿到丹田；铲脚开步腿手分家捋挒时，从环跳、阳陵泉到涌泉；回到丹田；横立圈掤捋时，从环跳、阳陵泉到涌泉；回到丹田；左手下按时，从环跳、阳陵泉到涌泉；回到丹田；上步合手勾拳掤时，从环跳、阳陵泉到涌泉；回到丹田；右拳纵立圈时，从环跳、阳陵泉到涌泉；回到丹田；左手纵立圈时，从环跳、阳陵泉到涌泉；回到丹田；上下开引时，从环跳、阳陵泉到涌泉；提腿到丹田；震脚捣碓时，从环跳、阳陵泉到涌泉；回到丹田；收势分手上升时，从环跳、阳陵泉到涌泉；收势合手下降时，从上到下、从下到上、从外向内回到丹田。

静静地循窍行气，默默地循窍行气，练到下肢三节窍气通无阻力了，两条腿似两条气管通道，并沉气到脚底，再练上下肢合一循窍行气打拳。

### 3. 上下肢合一循窍行气打拳

即同时想着丹田和两臂两腿的肩井与环跳、曲池与阳陵泉、劳宫与涌泉三节窍，上下合一地一对一对地循窍行气，也就是全身意气丹窍混而为一的循窍行气内外三合，练成气通全身、全身是气的混元气圈。

眼神心意拿住丹田，先上下同时循窍行气右引，然后回到丹田；再上下同时循窍行气横立圈，然后回到丹田；再上下同时循窍行气水平圈左捋，然后回到丹田；再上下同时循窍行气水平圈右捋转身，回到丹田；再上下同时循窍行气提腿铲脚开步腿手分家捋挒，回到丹田；再上下同时循窍行气横立圈掤捋，回到丹田；再上下同时循窍行气左手下按，回到丹田；再上下同时循窍行气上步合手勾拳掤，回到丹田；再上下同时循窍行气右拳纵立圈，回到丹田；再上下同时循窍行气左手纵立圈，回到丹田；再上下同时循窍行气上下开引，提腿、震脚、捣碓，回到丹田；结束上下同时循窍行气收势，回到丹田。

举一反三，据次类推，所有拳式动作都是循窍行气，越练气越通，三节四梢之劲越足。

## （四）循窍行气打拳体用说明

意气丹窍合一、致中达和地循窍行气喂劲试力每一个拳式中的每一个折叠缠丝混元圈十三势，即意气丹窍合一、致中达和地随彼循窍行气折叠、缠丝转圈、十三势，检验意气丹窍合一致中达和循窍行气的掌握程度，提高意气丹窍合一致中达和循窍行气体用的功夫水平。

## （五）金刚捣碓的循窍行气打拳体用示例说明

### 1. 挤的体用

不要想手挤，只想全身丹田窍位合一的上下同时一对一对地循窍行气挤，不知道手挤，只知道三节窍位挤。

### 2. 横立圈体用

想着全身丹田窍位合一的上下同时一对一对地循窍行气转横立圈，不想手转圈，也不想身体。

### 3. 勾拳掤体用

想着全身丹田窍位合一的上下同时一对一对地循窍行气到脚底勾拳上掤。

### 4. 右拳纵立圈体用

想着全身丹田窍位合一的上下同时一对一对地循窍行气转纵立圈。练到气通无阻时，形成一个气圈。

## 五、以意按窍行气法

### （一）练法说明

以意按窍行气，就是眼神心意拿住丹田以意按窍行气练太极，和五行，运八卦，按窍锤炼五行八法劲。

循窍行气练太极练到气节节贯通全身和敛气入骨贯四梢了，就可在第一阶段熟练十三势动作和第二阶段具备十三势身法的基础上，依据五行八卦之理，结合十三势所属窍位，采用拳套与拳式、组合与单操、定桩与活桩相结合的练法，用混元之意引导混元之气将精气神、头手身步窍位和拳中动作向丹田混而为一气，松静虚无、以内为主、致中达和地以意按窍行气练太极，练意练气练十三势劲。拳中每一动，无论大动、小动、微动、快动、慢动、不动、屈伸动、开合动、转圈动、缠丝动、折叠动，既都是按窍行气十三势的动，又都是在练按窍行气十三势劲。也就是说，练拳的过程就是按窍行气练十三势劲的过程，用按窍行气十三势劲练每一招、每一式，用每一招、每一式练按窍行气十三势劲。即按窍行气十三势起势，按窍行气十三势屈伸，按窍行气十三势开合，按窍行气十三势转圈，按窍行气十三势缠丝，按窍行气十三势折叠，按窍行气十三势收势。可分两个侧重点按窍行气练太极。

一是以拳中八法为重点，按八法窍练意练气练八法劲，即掤时会阴到上丹田；捋时祖窍往里收；挤时意注夹脊挤；按时膻中到会阴；採时囟宫、肺俞到涌泉；挒时在丹田；肘时先肩井到涌泉屈肘，再涌泉、肩井到囟宫发肘；靠时涌泉、尾闾到玉枕。如是反复按窍行气，熟记八法窍位，熟练八法八劲。

二是以拳中五行为重点，按五行窍练意练气练五行劲，即前进时意注会阴催身进步；后退时意注祖窍催身退步；左顾时意注膻中催身左转；右盼时意注夹脊催身右转；中定时意注丹田中定步不动。如是反复按窍行气，熟记五行窍位，熟练五行之劲。

除了个人单练外，还要通过师生之间、同学之间按窍行气十三势劲的体用、体验，了解十三势动作与十三势练法、十三势运动与十三势窍位、丹田与八法、阴阳与八法、五行与八法、内气内劲与内动、八法动作与八法内劲、按窍行气与劲由内运、按窍行气与择中行气、按窍行气与接听化引、按窍行气与沾粘连随、按窍行气与内劲运用、八法运用与劲贯着中、八法内劲与致中达和、着熟与劲熟、着熟与懂劲的关系，体会按窍行气练太极的作用，认识按窍行气练太极的重要性，掌握按窍行气练太极的方法，养成按窍行气练太极的习惯，初步具备阴阳五行八法十三势劲功夫。

### （二）按窍行气释义

以意按窍行气法，是胡耀贞师祖留传下来的太极拳全体大用之法，是练好太极功夫的秘钥之一。按窍行气，就是按十三势窍行气练劲、集气使劲。这个窍，既是十三势气之窍，也是十三势劲之窍；既是练精练气练神之窍，也是调阴阳、济水火、交坎离、和五行、壮脏腑、通任督之窍。简言之，十三势之窍是内外双修之法门、内外两用之窍要。

掤窍在会阴，谓掤在会阴。捋窍在祖窍，谓捋在祖窍。挤窍在夹脊，谓挤在夹脊。按窍在膻中，谓按在膻中。採窍在囟宫、肺俞，谓採在囟宫。挒窍在中丹田，谓挒在中丹田。肘窍在肩井，谓肘在肩井。靠窍在玉枕，谓靠在玉枕。进窍在会阴，谓进在会阴。退窍在祖窍，谓退在祖窍。顾窍在膻中，谓顾在膻中。盼窍在夹脊,谓盼在夹脊。定窍在中丹田,谓定在中丹田。

### (三)懒扎衣的按窍行气八法示例说明

眼神心意拿住丹田先斜前引,然后纵立圈会阴到上丹田掤,再纵立圈祖窍往里收捋;先中丹田合手挒,再横立圈会阴到上丹田开掤;然后丹田缠丝小圈蓄引,再横立圈中丹田合手挒;先会阴到上丹田合手掤,再横立圈祖窍内收分手捋、会阴到上丹田提腿膝掤;然后中丹田腿手分家挒;再丹田左合蓄引,再水平圈祖窍内收右捋,最后中丹田肘膝挒;结束想着丹田收势:分手上升时,会阴掤到上丹田;合手下降时,膻中按到会阴。

举一反三,据次类推,用以意按窍行气法练拳中所有动作,并要分清楚每一个动作的所属八法,按所属窍位行气练拳练八法劲。再结合五行窍位练五行劲,合而练之十三势劲。

### (四)按窍行气体用说明

意气丹窍合一地按窍行气、喂劲试力每一个拳式中的每一个折叠缠丝混元圈十三势,即意气丹窍合一、致中达和地按窍行气随彼折叠缠丝转圈十三势,检验意气丹窍合一按窍行气的掌握程度,提高意气丹窍合一按窍行气体用的功夫水平。

### (五)懒扎衣的按窍行气八法体用示例说明

**1. 掤的体用**

想着会阴掤到上丹田,不要想手掤,没有手,不知道手掤,只知道会阴掤。

**2. 挒的体用**

想着丹田挒,不要想两个手挒,不知道手挒,只知道丹田挒。

**3. 捋的体用**

想着祖窍捋,不要想手捋,没有手,只知道祖窍捋。

### 4. 肘膝捌体用

想着丹田肘膝捌，没有手肘，不要想肘捌，只知道丹田肘膝捌。

## 六、以意提降行气法

### （一）练法说明

以意提降行气法 就是眼神心意拿住丹田提降行气练太极，沉脚底，植地中，锤炼松沉气根劲。

按窍行气练太极练到基本具备五行八法十三势劲了，而且第三步意守下丹无极桩也练到下丹田功夫发动了，就可在第二阶段腰胯腿脚合一生根基础上，依据气根劲根之理，采用拳套与拳式、组合与单操、定桩与活桩相结合的练法，用混元之意引导混元之气将精气神、头手身步窍位、拳中动作与大地向丹田混而为一气，松静虚无、以下为主、致中达和地以意提降行气练太极，练意练气根练劲根。拳中每一动，无论大动、小动、微动、快动、慢动、不动、屈伸动、开合动、转圈动、缠丝动、十三势动、折叠，既都是提降行气根劲的动，又都是在练提降行气练根劲。也就是说，练拳的过程就是练提降行气练根劲的过程，用提降行气之气根劲根练每一招、每一式，用每一招、每一式练提降行气之气根劲根。即提降行气根劲起势，提降行气根劲屈伸，提降行气根劲开合，提降行气根劲转圈，提降行气根劲缠丝，提降行气根劲五行，提降行气根劲八法，提降行气根劲折叠，提降行气根劲收势。

除了个人单练外，还要通过师生之间、同学之间提降行气根劲的体用、体验，了解提降行气与上虚下实、提降行气与阴阳循环、提降行气与气通经络、提降行气与练精化气、提降行气与步运太极、提降行气与致中达和、提降行气与上下相随、提降行气与植地生根、提降行气与始足发根、提降行气与桩功打拳、提降行气打拳与腰胯腿脚打拳、提降行气与化引拿发、提降行气与蓄发相变、提降行气与弹性腾挪、己根与彼根关系，体会提降行气根劲打拳的作用，认识提降行气根劲打拳的重要性，掌握提降行气根劲打拳的方法，养成提降行气根劲打拳的习惯，初步具备一动即根动、全凭根打人的根劲功夫。

第二阶段拳架身法的腰胯腿脚合一打拳，是练身法结构上的根。第三阶段以意提降行气练太极，是练拳中内气内劲的气根劲根，也就是在身法结构之根的基础上练内气内劲之根。

## （二）提降行气释义

提降行气练太极，就是在丹田、两腿通道、大地三者之间用提气降气的方法以下为主混而为一植地生根打拳。练到这一步功夫，没有手、身、腿的感觉，不知道手动脚动，就是意气提降的动。怎样生根呢？刚开始提降行气的时候，气向下降到脚底，使脚底的气和大地接通即降气生根；再气从脚底向上提，感觉脚底像吸盘一样与大地粘吸在一起，即粘吸生根，也叫吸地生根、抓地生根。再进一步，降气的时候，意气要到地下去，植根地中，并从小树的根，到大树的根，根深而且范围大；提气的时候，要从地下即意气降达的深处提上来，好比大树的根部在吸收地下的养分来枝繁叶茂。降气有多深，提气就多深，植根深度和我们每个人的功夫水平有关。这是真正的植地生根，这是"一阴一阳谓之道"的阴阳循环互为一体的道理。

## （三）六封四闭的提降行气打拳示例说明

眼神心意将丹田、两腿通道、大地三者混而为一，第1个捋掤圈：下半圈左捋时，降气到地下；上半圈右掤时，从地下提上来。第2个捋挤圈：下半圈左捋时，降气到地下；上半圈合手右挤时，从地下提上来。第3个捋掤圈：下半圈左捋时，降气到地下；左掤时，从地下提上来。第4个下开上合拿捋圈：下半圈下开时，降气到地下；上半圈上合拿捋时，从地下提上来。第5个收步斜按圈：斜按时，降气到地下。结束横立圈收势：左右半圆分手上升时，从地下提上来；由中合手下降时，将全身之气收归到中丹田。

举一反三，据次类推，所有拳式动作都是提降行气根劲打拳，生根劲，练根劲，越练气越足，劲越沉，根越深。

## （四）提降行气体用说明

意气丹窍合一地提降行气生根喂劲试力每一个拳式中的每一个折叠缠丝混元圈十三势，即意气丹窍合一、致中达和地提降行气用根劲随彼折叠缠丝转圈十三势，检验意气丹窍合一提降行气生根的掌握程度，提高意气丹窍合一提降行气根劲体用的功夫水平。

## （五）六封四闭的提降行气体用示例说明

### 1. 第1个捋掤圈体用

自己扎根到地下，还要扎根到对方的地下，对方站立的位置也是自己扎根的范围，在大地的下面提降循环转圈捋掤，不是手动，而是气动、劲动、根动。

### 2. 第3个捋掤圈体用

往地下捋，在地下捋，降气捋到自己根的下面，也就是捋到对方根的下面。

### 3. 第5个收步斜按体用

对方站的地方也是自己植地生根的地方，用自己的根合住对方的根按，用自己的地下合住对方的地下按。不是用手按，而是用根劲按，根劲一到就按到，用提降运气的方法，在松沉的基础上，练气根练劲根，把自己的根越练越深，根一动，就动到对方的根。

## 七、以意缠丝行气法

### （一）练法说明

以意缠丝行气法，就是眼神心意拿住丹田缠丝行气练太极，向心缠、粘丝缠、弹性缠，锤炼混元缠丝劲。

提降行气练太极练到植地生根用根劲打拳了，而且第四步意守中丹无极桩练到中丹田功夫发动了，就可在第一阶段熟练动作缠丝和第二阶段具备身法缠丝基础上，依据一气中正混圆缠丝之理，采用拳套与拳式、组合与单操、定桩与活桩相结合的练法，用混元之意引导混元之气将精气神、头手身步窍位和拳中动作向丹田缠丝混元一气、缠丝混元一体、缠丝混元一粒，即拿住丹田松静虚无、以内为主、致中达和、向心力地以意缠丝行气练太极，缠丝内转丹田转太极，练混元缠丝之意，练混元缠丝之气，练混元缠丝之劲。拳中每一动，无论大动、小动、微动、快动、慢动、不动、屈伸动、开合动、转圈动、缠丝动、十三势动、折叠动，既都是丹田内转混元缠丝行气的动，又都是在练丹田内转混元缠丝劲。也就是说，练拳的过程就是练丹田内转混元缠丝行气缠丝劲的过程，用丹田内转混元缠丝行气缠丝劲练每一招、每一式，用每一招、每一式练丹田内转混元缠丝行气缠丝劲。即丹田内转缠丝行气起势，丹田内转缠丝行气折叠，丹田内转缠丝行气屈伸，丹田内转缠丝行气开合，丹田内转缠丝行气转圈，丹田内转缠丝行气缠丝，丹田内转缠丝行气五行，丹田内转缠丝行气八法，丹田内转缠丝行气收势。

除了个人单练外，还要通过师生之间、同学之间丹田内转缠丝行气缠丝劲的体用、体验，了解丹田内转缠丝行气与择中行气、丹田内转缠丝行气与循窍行气、丹田内转缠丝行气与按窍行气、丹田内转缠丝行气与提降行气、丹田内转缠丝行气与气通经络、丹田内转缠丝行气与练气化神、丹田内转缠丝行气与混元一气、丹田内转缠丝行气与合一缠丝、丹田内转缠丝行气与合中缠丝、丹田内转缠丝行气与合圆缠丝、丹田内转缠丝行气与浑身缠丝、丹田内转缠丝行气与根劲缠丝、丹田内转缠丝行气与缠粘连随、丹田内转缠丝行气与缠丝化引、丹田内转缠丝行气与缠丝拿发、丹田内转缠丝行气与弹性缠丝、丹田内转缠丝行气与缠丝动作、向心力丹田内转缠丝与离心力缠丝、随彼缠丝与合彼缠丝关系，体会向心力丹田内转缠丝行气练太极的作用，认识向心力丹田内转缠丝行气练太极的重要性，掌握向心力丹田内转缠丝行气练太极的方法，养成向心力丹田内转缠丝行气练太极的习惯，初步具备一动即缠一混元的混元缠丝内劲功夫。

## （二）缠丝行气释义

缠丝，是陈式太极拳的精华核心，也是混元太极拳的精华核心。混元太极拳的缠丝是混元缠丝，不是单一的手足缠丝。这里的区别在于，混元是混合的圆，是浑身合起来的圆，所以混元太极拳的缠丝是合起来的缠丝，也就是混合混圆缠丝，混元一气缠丝，混元一体缠丝，混元一粒缠丝。

什么是缠丝？缠丝的缠，是缠绕在一起的意思；缠丝的丝，就是先天之气，缠丝就是缠绕这个气，也就是以意缠丝行气，按陈发科师祖的话说就是"里面在刮小旋风"，通过缠丝气，练缠丝劲。

如何缠丝呢？有三步缠丝心法，第一步是浑身向心力缠丝混元，也就是结合混合混圆的思想方法，圆是向心力的圆，不是离心力的圆；缠丝是向心力的缠丝，不是离心力的缠丝。没有向心力，就没有离心力；第二步是浑身粘丝般缠丝混元，即意气之丝像黏乎乎的胶状粘丝敷布浑身表里上下缠丝；第三步是弹性状缠丝混元，即意气之丝像弹性丝缠绕束卷拉伸，越缠绕气越足、弹性越足，也就是拿住丹田向心力缠丝、缠粘、缠绕，锤炼刚柔弹性混元缠丝劲。

### （三）单鞭的缠丝行气打拳示例说明

全身意气丹窍和前后、左右、上下六个时空方位向心力向丹田混而为一，然后眼神心意拿住丹田向心力缠丝行气：先向心力顺缠行气右合，再向心力逆缠行气左开（不能散开，是向心力开）；然后，向心力顺缠行气蓄合，再向心力逆缠行气上开（不能散开，是向心力开）；然后向心力顺缠行气下合，再向心力逆缠行气勾手开（不能散开，是向心力开）；然后向心力缠丝行气提腿开步；先向心力顺缠行气左转蓄引，再向心力顺逆缠绕行气旋腹转臀；再向心力先顺后逆行缠丝气右合，再向心力逆缠行气左开，开到位后即顺缠行气合势；结束向心力缠丝行气收势。

举一反三，据次类推，所有拳式动作都是向心力缠丝行气打拳，向心力缠丝气，向心力缠丝劲，全身缠绕，缠绕全身，浑身都是缠丝劲。越缠丝气越足，越缠丝越有弹性，缠丝弹簧劲自成。

### （四）单鞭的缠丝行气体用示例说明

#### 1. 向心力缠丝横立圈体用

全身意气丹窍和前后、左右、上下六个时空方位向心力向丹田合起来缠丝转圈的同时，把对方也向心力合起来，向心力缠丝转圈，自然产生旋转离心力，把对方转出去了。必须是向心力缠丝，而不能做离心力缠丝，如果做离心力缠丝，自己就散了、出去了。

#### 2. 单肘向心力缠丝体用

意气丹窍和六个时空方位向心力向丹田合起来缠丝转肘的同时，把对方也向心力合起来，向心力缠丝转肘，把对方转出去。

#### 3. 单肩向心力缠丝体用

不要以为是肩关节在缠丝，而是向心力缠丝，是全身意气丹窍六个时空方位合起来的缠丝，把对方向心力合起来，向心力缠丝肩，把对方缠出去。

## 八、以意敛神聚气法

### （一）练法说明

以意敛神聚气法，就是眼神心意拿住丹田敛神聚气练太极，神内敛、气外聚，锤炼整体混元合一劲。

缠丝行气练太极练到混元一气向心力丹田内转缠丝打拳了，再进一步，就可在第二阶段六合混圆基础上，依据混元之理混元法，采用拳套与拳式、组合与单操、定桩与活桩相结合的练法，眼神心意拿住丹田敛神聚气混而为一练太极，一气鼓铸，弹性腾挪。拳中每一动，无论大动、小动、微动、快动、慢动、不动、屈伸动、开合动、转圈动、缠丝动、十三势动、折叠动，既都是敛神聚气混而为一的动，又都是在练敛神聚气混而为一。也就是说，练拳的过程就是练敛神聚气混而为一的过程，用敛神聚气混而为一练每一招、每一式，用每一招、每一式练敛神聚气混而为一。即敛神聚气起势，敛神聚气屈伸，敛神聚气开合，敛神聚气转圈，敛神聚气缠丝，敛神聚气五行，敛神聚气八法，敛神聚气折叠，敛神聚气收势。

除了个人单练外，还要通过师生之间、同学之间敛神聚气的体用、体验，了解敛神聚气与择中行气、敛神聚气与循窍行气、敛神聚气与按窍行气、敛神聚气与提降行气、敛神聚气与缠丝行气、敛神聚气与气通经络、敛神聚气与练气化神、敛神聚气与混元一气、敛神聚气与合一、合中、合圆、敛神聚气与丹田内气内动、敛神聚气与整体之劲、敛神聚气与混元弹劲、敛神聚气与以神摄彼、敛神聚气与神气夺人、敛神聚气与化引拿发、敛神聚气与身心放松关系，体会敛神聚气练太极的作用，认识敛神聚气练太极的重要性，掌握敛神聚气练太极的方法，养成敛神聚气练太极的习惯，初步具备敛神聚气混元功夫。

### （二）敛神聚气释义

敛神聚气法，就是混元之理混元法，即心神虚静地用混元之意引导混元之气由丹田从外向内逆而运之敛神、提精、聚气混而为一气，并将头手身步窍位、六个时空方位和拳中动作图像也从外向内逆而运之向丹田混而为一气。

敛神聚气，属于练气化神阶段的功夫。敛神，就是把先天之神和后天之神收敛、敛聚起来。往哪里敛聚呢？就是眼神心意收敛，由祖窍上丹田往中丹田敛聚。也就是神不能散出去，要集中，要往丹田里面敛聚。神聚，就能一气鼓铸、练气归神。神敛好了，还要提精、聚气。提精怎么提呢？就是由下丹田敛神提精到中丹田。聚气怎么聚呢？就是由中丹田从外向内敛神聚气，把气聚集起来，也就是从全身六个方位向丹田聚气。这个气，就是丹田先天之气，就是把散发到全身的气向丹田聚集起来，使精气神在丹田里混而为一气，并贯通全身，敛入骨髓。作用机理就是"劲之所成，气之所聚"，练合劲，练混元，练弹性，气越来越紧密地聚集起来，就像皮球充满了气，越来越有弹性，也叫混元弹性。

### （三）六封四闭的敛神聚气打拳示例说明

按敛神聚气法，眼神心意向祖窍上丹田收敛起来，再从上丹田向中丹田敛神，下丹田向中丹田提精，中丹田从外向内聚气，精气神在中丹田混而为一气，并将头手身步窍位和六个时空方位以及六封四闭拳式图像也向中丹田混而为一气，精气神全部聚起来了，形成一个混元弹性体。

先敛神聚气缠丝横立圆捋掤圈，再敛神聚气缠丝横立圆捋挤圈，再敛神聚气缠丝横立圆捋掤圈，再敛神聚气缠丝横立圆下开上合拿捋圈，最后敛神聚气缠丝收步斜按；结束敛神聚气缠丝收势。

举一反三，据次类推，所有拳式动作都是向丹田敛神聚气混元打拳，越敛聚神越足、气越足，越敛聚越混元、越有弹性。

### （四）六封四闭的敛神聚气体用示例说明

#### 1. 敛神聚气转圈掤体用

要把对方也都收敛进来，把对方视作自己的一部分，用眼神心意把对方收进来敛神聚气转圈掤，把对方转掤出去。

#### 2. 敛神聚气左转右摆拳体用

用眼神心意把对方收敛进来敛神聚气左转摆拳，把对方转摆出去。

#### 3. 敛神聚气收步斜按体用

对方好像撞在一个混圆球、弹性体上，被反弹出去。"撞之而不散，破之而不开"。

把精气神敛聚起来，形成混元一体的弹性体，这就是敛神聚气的方法、含义和作用。练到这一步功夫的时候，用敛神聚气法打拳，不能松散。

关于放松和敛神聚气的关系。松，不是松散、松懈；松，就是不紧张、不用力；松，是为了更好地敛神聚气。全身都是松的，没有阻力，气畅通无阻，在这个基础上，敛神聚气的效果更好。所以不能把自己松懈掉，而是在松的基础上去敛神聚气。

## 九、以意抓闭运气法

### （一）练法说明

以意抓闭运气法，就是眼神心意拿住丹田抓闭运气混元练太极，内不出、外不入，锤炼惊炸崩弹混元劲。

敛神聚气练太极练到整体混元合一气、合一体、合一粒后，再进一步，就可依据伏气混元之理，采用拳套与拳式、组合与单操、定桩与活桩相结合的练法，眼神心意拿住丹田闭住全身之气，抓闭运气练太极，伏气混元练拳功，即抓闭混元练精、练气、练神、练崩弹劲，抓闭混元练混元一气、练混元一体、练混元一粒。拳中每一动，无论大动、小动、微动、快动、慢动、不动、屈伸动、开合动、转圈动、缠丝动、十三势动、折叠动，既都是抓闭运气混元的动，又都是在练抓闭运气混元。也就是说，练拳的过程就是练抓闭运气、伏气混元的过程，用抓闭运气、伏气混元练每一招、每一式，用每一招、每一式练抓闭运气、伏气混元。即抓闭运气混元起势，抓闭运气混元屈伸，抓闭运气混元开合，抓闭运气混元转圈，抓闭运气混元缠丝，抓闭运气混元五行，抓闭运气混元八法，抓闭运气混元折叠，抓闭运气混元收势。

除了个人单练外，还要通过师生之间、同学之间抓闭运气混元的体用、体验，了解抓闭运气混元与择中行气、抓闭运气混元与循窍行气、抓闭运气混元与按窍行气、抓闭运气混元与提降行气、抓闭运气混元与缠丝行气、抓闭运气混元与敛神聚气、抓闭运气混元与气通经络、抓闭运气混元与练气化神、抓闭运气混元与混元一气、抓闭运气混元与混元一体、抓闭运气混元与混元一粒、抓闭运气混元与丹田内气内动、抓闭运气混元与惊炸崩弹、抓闭运气混元与化发合一、抓闭运气混元与身心放松关系，体会抓闭运气混元练太极的作用，认识抓闭运气混元练太极的重要，掌握抓闭运气混元练太极的方法，养成抓闭运气混元练太极的习惯，初步具备闭气混元惊炸崩弹功夫。

## （二）抓闭运气释义

什么是抓闭运气法？抓闭的抓，就是抓手抓脚，提肛咬牙，全身抓紧。抓，也是收的意思，和前面的敛、聚一样，都是收的意思。但抓是为了更好地收，更好地合，更好地聚。抓闭的闭，就是闭住全身之气，使内气不出，外气不入，也就是丹田先天之气不能散发到身体外面去。胡耀贞师祖说："只往里收气，不往外放气。"就像拧紧关闭水闸一样，不让水漏出来，闭住了。把全身毛孔和窍位都闭住了，达到全身的气闭住了，即丹田先天之气和后天呼吸之气全部闭住了，先天后天混元一体。就是冯公说的"内外合一，上下相随，周身一家，混元一体"的"混元一体"。这个"混元一体"的高级功夫，有一套配合的练法，就是抓闭运气法，也叫抓闭混元法。在"八步功夫"的第六步"弹性混元崩太极"的配套练法中，就有这个抓闭运气法。

如何抓闭运气呢？当年冯公在传授笔者抓闭运气法的时候说："一气九运。"也就是一口气闭住以后，要做9个动作，或者叫转九圈，即"九运"。但是在刚开始练的时候，不要一下子就做"一气九运"。要循序渐进，随着功夫一步步提高，最后做到"一气九运"。刚开始时，可以闭住气，一气一个动作一个圈，以后再一气二个动作二个圈，再以后一气三个动作三个圈、四个动作四个圈。随着内气功夫越来越高，精气神越来越足，闭气功夫越来越好，到这个时候可以"一气九运"。笔者把冯公秘传著者的方法放在"第三阶段以意行气"里公开，与大家分享。

## （三）白鹤亮翅的抓闭运气打拳示例说明

为了示例方便，抓闭一口气，运转一个圈。

抓，闭住气，折叠缠丝同向运转第1个横立圈；再抓，闭住气，折叠缠丝同向运转第2个水平圈；再抓，闭住气，折叠缠丝同向运转第3个横立圈收步；再抓，闭住气，折叠缠丝同向运转第4个水平圈转身上步；再抓，闭住气，折叠缠丝同向运转第5个纵立圈开合开步；再抓，闭住气，折叠缠丝同向运转第6个纵立圈；再抓，闭住气，折叠缠丝同向运转第7个横立圈亮翅定势；结束抓闭收势，气聚丹田，伏气混元。

全身每一个部位，特别是全身的梢节部位，全部要抓起来，脚趾、手指、肛门、牙齿、五官、窍位、头发、毛孔全部要抓起来。抓好以后，全身闭住，以后身体里面每一个细胞都闭住，细胞里面充满了气，这样闭气混元转圈。

要注意，不能一上来就练这个抓闭运气打拳，要循序渐进。内气功夫没有练到这个程度，不要练，练了会虚火上升。因为精气神不足，精气神没有混合，水火不能相交互济。练太极内功拳，有火候、有层次、有先后。明白前后、层次，离"道"就近了。否则，跳跃式去练高级的东西，反而离"道"越来越远，还会损害健康。

用抓闭运气这种练法打拳的时候，拳中动作和前面都会不一样的，而且没有手型掌型的，因为每一个动作都是抓闭起来练的，只抓只闭，不能松开。

### （四）当头炮的抓闭运气体用示例说明

全身都抓闭好了，当头炮掤。注意千万不要伤人，气不要出去，不要透到对方身体里去。胡耀贞师祖说："气不能散发于体外。"这样不会伤身，也不会伤人。

## 十、自发呼吸运动法

### （一）练法说明

自发呼吸运动法，就是眼神心意拿住丹田自发呼吸运动练太极，神还虚，自发动，锤炼虚灵神妙劲。

抓闭运气练太极练到闭气混元功夫了，练到丹田先天之气自发呼吸鼓荡了，而且第五步意守上丹无极桩练到上丹田功夫发动了，就可结合一气鼓荡之理和丹田自发呼吸运动，眼神心意拿住丹田，神形合一虚静虚无地以气鼓荡丹田全身，动静如一地自发内动外动练太极，练哼哈二气鼓荡，练虚无虚空虚灵，即丹田自发呼吸起势，丹田自发呼吸屈伸，丹田自发呼吸开合，丹田自发呼吸转圈，丹田自发呼吸缠丝，丹田自发呼吸五行，丹田自发呼吸八法，丹田自发呼吸折叠，丹田自发呼吸收势。

2006年，在北京志强武馆二楼召开的"首届国际混元太极拳交流大会"筹备会议上，冯公坐在会议桌的那一头，突然对笔者说："厚成，看着我。"笔者当时低着头在写东西没听到，在座的师兄弟们提醒："厚成，师父叫你呢！"笔者就抬起头，和大家一齐看向师父，等着师父指示。但师父没说话，只见师父坐在那里突然地自发动了！大家既惊讶又兴奋，师父在传功呢！

## （二）自发运动释义

自发呼吸运动法，严格地说是不对外传的。这个方法就是胡耀贞师祖的"自发动功"，其作用机理就是"心定神凝，神凝心安，心安清静，清静无为，无为气行，气行遂动"。在太极拳古拳谱上其实也提到了，叫"神乎其神的自运动"。自发运动属"练神还虚"功夫，是内家功夫练到了一个很高的境界自然出现的自发动、自运动，即心有所感，神必自动，也就是那忽然不觉自发的一哼、一哈、一动、一抖、一激灵。

## （三）无极起势、金刚捣碓的自发呼吸运动示例说明

以"站立原地不动步的自发呼吸运动无极起势、金刚捣碓"为例。

在这一步练的时候，丹田先天之气自发呼吸鼓荡，叫"哼哈二气"，也就是胡耀贞师祖说的"拿住丹田练内功，哼哈二气妙无穷"的丹田自发的一呼一吸。这个时候打拳，完全靠丹田自发呼吸运动，没有意念，不用意念，由丹田自发呼吸鼓荡内动自然产生手足身体自发外动的拳势的动。这个自发外动是自己发动的，而不是有意发动的，但是我们的大脑是非常清醒的。当年冯老师在屋里演示给笔者看丹田自发呼吸运动打拳，笔者当时看的惊呆了，就看到冯老师的丹田不断地在自发呼吸鼓荡，然后产生了自发运动，把拳的动作自发地展示出来。他说，这是胡师祖传给他的秘法，是真正的神乎其神的动，对方一碰就出去了。练到这个功夫，"哼哈二气，胜负立判"。这也是我们练太极拳要通达的大成高深境界的一个方法和目标。

第三阶段以意行气练太极，也叫以意行气打拳的方法，介绍到这里，和所有的太极拳爱好者一起学习、一起进步、一起完成，让真正的太极拳，让太极拳真正的练法，能造福所有太极拳习练者，用冯公志强先生的话说就是——"让混元太极造福人类！"

扫码观看
24式集体演练视频

附录一

# 混元太极三字经

潘厚成

混元拳，冯公编，融心意，继陈拳，理天地，法阴阳，顺自然，合本原。
风格明，特点鲜，练法真，体系全，内外练，动静兼，练养合，功效显。
太极拳，本混元，宇宙间，万物圆，气混元，形浑圆，圆运动，圆螺旋。
武林园，瑰宝添，太极殿，谱新篇，喜者众，练者健，养身心，延天年。

冯公言，要牢记：练太极，须明理，理法通，拳法精，理不明，与道离。
太极理，万物理，万物生，本此理。编太极，依此理；练太极，循此理。
太极者，无极生，无极者，太极基。无极无，太极一，无者虚，一者气。
无极时，混沌时，万象空，虚静极。太极时，机动时，融会中，现有机。
静无极，动太极，静极动，生太极。腹无极，脐太极，腹松静，脐真息。
练太极，始无极，入无极，生太极。守静笃，致虚极，守丹田，生一气。
一生二，两仪理：丹田气，自呼吸，运开合，势平衡，互转化，互调济。
二生三，三才理：上中下，合一气；身手步，合一体；梢中根，合一节。
三生四，四象理：阴阳气，刚柔势；太极腰，领四肢；一气动，四梢齐。
四生五，五行理：五脏和，水火济；五步稳，生根基；五弓备，弹性体。
五生六，六合理：内三合，合心意；外三合，合三节；六合劲，气合一。
六生七，七星理：远手足，中肘膝，近肩胯，头首级，七部位，皆可击。
七生八，八卦理：八为用，一为体；想八窍，运一气；内八劲，外八势。
八生九，九宫理：五居中，八门宜；守丹田，转九宫；不离中，运太极。
九归一，混元理：混元圈，混元气，混元体，混一粒，返混元，成太极。
生成理，体象理，运动理，逆运理，体用理，养生理，理即气，气即理。
知先后，懂含义；知方向，懂层次；知方法，懂顺逆；知练养，懂蓄积。
知阴阳，懂相契；知动静，懂始终；知虚实，懂时机；知刚柔，懂相济。
生太极，行太极，沉太极，转太极，合太极，崩太极，返太极，养太极。
练太极，分八步，八步功，合拳理，依理练，循序修，练用研，三法一。

太极拳，内功拳，拳运动，全凭功。内功者，丹田功，丹田气，发动功。
丹田功，拳之本，练太极，要练功。精气神，功之本，练三宝，即练功。
上丹田，元神宫；中丹田，元气宫；下丹田，元精宫；后丹田，坎中宫。
拿丹田，练内功，哼哈气，妙无穷。拳无功，一场空，拳有功，威力勇。
练丹田，即内功，练拳术，即外功。丹田功，是基础，先内功，再外功。
丹田功，融拳中，功即拳，拳即功。丹田功，融用中，功即用，用即功。
守丹田，静练功；想丹田，行拳功；沉丹田，练身功；坐丹田，练桩功。
合丹田，聚气功；开丹田，运气功；转丹田，缠丝功；养丹田，长内功。
练拳前，先练功，气发动，拳再动。行拳时，行气功，气内动，催身动。
太极动，何为准？意气君，骨肉从。先内动，后外动，三节窍，循窍通。
十三势，按窍动，自发动，神乎动。有形拳，无形气，两者备，否无用。
练内功，增气能，气鼓荡，拳发动。练内功，储电能，电能强，气势宏。
练内功，充磁能，磁吸引，沾粘从。混元拳，重视功，特总结，八套功：
站桩功，混元功，放松功，缠丝功，尺棒功，抓闭功，辅助功，保健功。
太极拳，是气功，精化气，小周通；气化神，大周通；神还虚，虚灵空。
太极拳，是桩功，行拳架，练桩功，活桩练，有奇效，缓慢练，出真功。

太极拳，心意拳，练太极，心意先。得真法，在用心，心意合，整体联。
用心意，练内功；用心意，运动拳；用心意，练用法；用心意，养生健。
心虚静，静中修，拴意马，锁心猿，闭四门，静练功，动中静，静运拳。
心放松，松中练，松而通，通而变，变而化，化而虚，虚而空，空而玄。
心中圆，环中求，意转丹，气转圈，环形圈，乱环圆，混元圈，混合圆。
心舒缓，缓中运，运无慌，气连绵，活桩行，身周全，慢出功，神奇见。
心中和，择中行，身中正，不倚偏，气中立，不贪歉，行中气，不顶匾。
心静养，养中长，养后天，亏复原，养先天，还本元，长功力，寿添年。

太极拳，混元拳，其象圆，合本原。理混元，气混元，身浑圆，心浑圆。
心为主，心意圆。气为本，神气圆。身为体，肢体圆。拳为形，形意圆。
一气圆，两仪圆，三体圆，四象圆，五弓圆，六合圆，八方圆，混一圆。
手臂圆，裆腿圆，腰背圆，前后圆，左右圆，上下圆，内外圆，虚实圆。
混元意，混元气，混元体，混元圈。意气体，混合圆；神形劲，灵活圆。
守丹田，中正圆；浩然气，博大圆；三维象，立体圆；太极球，气充圆。
丹田圆，圆心圆，圆开合，圆转圈，圆缠丝，圆螺旋，圆舒展，圆聚敛。

附录一 混元太极三字经

293

有形圆，无形圆；小还原，大还原。化后天，返先天，阴转阳，成混元。

太极拳，缠丝拳，自缠丝，公转圈。似星辰，同日月，边公转，边自旋。
缠丝者，本丹田，意为先，气为源。内外合，上下随，身一家，一体圆。
意缠气，气缠身，十八球，各自旋。意转气，气转圈，身手步，整体旋。
内外缠，混合圆；上下缠，三体圆；顺逆缠，折叠圆；开合缠，一气圆。
内缠丝，外转圈，缠中气，运螺旋。转丹田，转气圈，缠丝气，缠丝圈。
纵立圈，任督圈；横立圈，冲脉圈；水平圈，带脉圈；混元圈，经络全。
心缠运，意缠绵，气缠卷，劲缠粘，体缠绕，形缠连，择中缠，阴阳变。
缠丝劲，柔韧劲，精气神，骨内敛。缠丝圈，弹性圈，神气足，刚柔见。

练太极，重身法，身法备，拳法健。身法何？头手眼，身步法，整体言。
眼法先，神内敛，固神气，守丹田，意所向，神贯注，神余光，四周兼。
足踏地，头顶天，身中正，不倚偏，闭口齿，神情虔，舌贴颚，津吞咽。
胸松空，心松虚，腹松静，臀松敛，腰松塌，脊松竖，提会阴，如忍便。
肩松沉，肘松坠，手松绵，乾三连，勿抬肘，松对正，沉肩肘，到涌泉。
胯松坐，膝松屈，脚松沉，坤六断，裆开圆，松对正，桩步稳，虚实变。
拳法用，身法助，无身法，不成拳。太极理，体象理，理练身，身练拳。
身手步，松沉合；梢中根，气串联。内外合，合丹田；上下合，合涌泉。

练太极，重体用，拳之道，体与用。太极拳，是武术，内修身，外致用。
太极理，体用理，体用兼，理贯通。虚无体，一气用，静待动，气伏中。
太极体，阴阳用，互转化，折叠衷。一者体，三者用，身手步，一起动。
身心体，四象用，四梢足，如穿洞。中和体，五行用，虚实明，行至中。
六合体，六进用，进全进，莫迟恐。内劲体，七星用，挨何处，何处铳。
刚柔体，八法用，察来势，乘势用。中定体，九宫用，守丹田，转到中。
混元体，混元用，触处圆，妙无穷。不明用，拳不通，不会用，拳是空。
拳之动，皆为用，怎么练，怎么用。松静练，松静用，松接彼，静听动。
松柔练，松柔用，柔化引，引落空。松沉练，松沉用，沉迫彼，彼根动。
松活练，松活用，不受力，彼摸空。松长练，松长用，积弹劲，放似弓。
松虚练，松虚用，人莫知，神明通。中正练，中正用，不顶丢，守我中。
圆中练，圆中用，触即转，转引空。缠丝练，缠丝用，缠粘拢，缠落空。
合中练，合中用，合即出，气如虹。聚气练，聚气用，气发动，如炮轰。

拳之用，全凭功，功为体，拳为用。法有万，劲归一，十三势，不离宗。
中气足，心胆勇，神虚灵，皮毛攻，桩步稳，备五弓，拿丹田，根发动。
体用中，听懂劲，拳功用，融汇通。知练法，会用法，练用养，能成功。

冯公言，是真言。冯公拳，是宝典。冯公恩，重如山。冯公德，高比天。
六十年，研修炼。三十年，推广拳。立拳社，创混元。兴中华，作贡献。
公武学，博大全。公武功，武林炫。真太极，名扬远。真练法，传有缘。
出国门，走世界，忘家我，弘扬拳。呕心血，育人才，惠民众，功德圆。
述著书，授经验，不传秘，公开宣。循善诱，诲不倦，尤四者，反复诠：
功为本，天天练；太极圆，万象圆；松练功，松练拳；养中长，养中练。
公去远，法身显，化混元，留世间。音容颜，在眼前，天天练，天天见。
愿同门，遵公言，继公志，传公拳。齐同心，抱一团，混元拳，代代延。

谨以此文纪念恩师冯公志强先生。

余从恩师学艺30年。是父母给了我肉体生命，带我来到了这个世界。是恩师给了我太极生命，带我走上了太极之路。

曾记得，恩师教我的第一套拳是"陈式一路"（1982年）；教我的第一个功法是"无极桩功"（1983年）；第一次上恩师家给我上的第一课是"家庭好，工作好，练拳好"（1984年）；第一次给我指的方向是"做明师，修大道"（1985年）；第一次遵师命编的小册子是《精炼四十八式简介》（1986年）；第一次听恩师明确指出"太极文化是中国的，也是世界的，不是哪一家的私产"（1987年）；第一次教我系统完整的内功真传练法并协助整理《太极混元功》将其公开（1989年）；第一次教我24式拳架真传练法并协助整理《陈式太极拳入门》将其公开出版（1993年）；2001年奉命上京准备第一次系统完整编写出版由恩师亲定书目结构内容的《陈式心意混元太极拳大全》……

30年的路走的很长、很惬意、很充实、很幸福、很熟悉。因为，一路上，有恩师的耳提面命、悉心传授、提携相伴。

突然间，路上不见了恩师熟悉的身影，不知所措的我，望着看不到尽头而又变得好像不熟悉的路，感到一片茫然……

浑然间，路的那一头出现一道亮光，光影里似乎又见恩师那熟悉的身影在舞动着太极霞光，且光影越来越大，舞动者越来越多……

一个声音不由得在心底激动涌出：请恩师放心，我一定牢记恩师教诲，竭尽绵薄之力，与师门同道一起，继承混元太极！推广混元太极！传播混元太极！

附录二

# 和谐的太极拳

潘厚成

整体和谐,是太极阴阳学说的核心思想,也是太极拳运动的重要思想。既是编拳者的编拳思想,也是练拳者的练拳依据。太极拳的理法思想、拳架设计、拳法运动、练法特点、身法要求、动作要领、体用原则都贯穿了整体和谐的思想。而且从太极拳的内外双修两用的武术本义和功能目标来看,整体和谐不仅是习练者用于自身的整体和谐,还要用于人与人、人与事、人与物、人与家庭、人与社会、人与环境、人与自然的整体和谐。

什么是整体?整体,是指由事物内在的各个部分、各种要素有序联系构成的有机统一体,即整体合一,相合一气。什么是和谐?和谐,是指事物内在的各个部分、各种要素配合得当、调和恰好、和睦相处、均衡统一、相辅相成、协调发展的融洽关系,即致中达和、圆融圆满。

混元太极认为,天地万物是相互联系、相互作用、对立统一的混元整体,一切事物都不能孤立的存在。事物内部包括人体和太极拳运动也是相互联系、相互作用、对立统一的混元整体,各个部分也不能孤立的存在。局部是整体的组成部分。整体对局部起支配、统帅和决定作用,协调各局部朝着混元统一的方向运动发展。局部的变化又会反过来影响整体的变化。对全社会来说,整体和谐,则天下达道。对太极拳来说,整体和谐,则拳术达道。对修炼者来说,整体和谐,则身心达道。那么太极拳是如何实现整体和谐目标要求的呢?下面从太极身法的整体和谐、太极练法的整体和谐和太极用法的整体和谐3个方面,谈谈我的认识。

## 一、身法的整体和谐

太极拳最重视身法,身法是拳法的基础,拳法运用全赖身法之助。胡耀贞师祖说:"有形者为姿势,无形者为气功,二者必备,否则无用。"身法即拳架,这里的身法是手眼身步法的统称,是指身心内外全体。太极拳要达到整体和谐运动，首先要做到身法的整体和谐。那么什么是身法的整体和谐呢？恩师冯公志强先生归纳为四条，即"内外合一，上下相随，周身一家，混元一体"。那么怎样才能达到身法的整体和谐呢？也就是练拳者的精气神、身手步、筋骨肉、四肢全体、五脏六腑、经络百脉等，各个部分、各种要素应该如何配合得当、调和恰好、和睦相处、均衡统一、整体和谐呢？混元太极拳依据太极一气中正混圆逆运之理，对身法的整体和谐是这样要求的：

眼要内视，脑要内想，耳要内听，心要虚静，意要守丹，嘴要微闭，齿要轻合，舌要上贴，口要生津，鼻要忘息，头要顶天，脚要踏地，三才要合，全体要中，项要竖直，胸要虚空，腹要充实，背要贴拔，腰要松塌，臀要收敛，会阴要提，谷道要缩，身要似弓，胯要松坐，膝要虚挺，足要生根，裆要开圆，腿要似弓，肩要松沉，肘要松坠，手要松绵，臂要似弓，骨要对正，节要贯穿，五心要虚，四梢要齐，上要松虚，下要松沉，内外要合，上下要随，步要灵活，虚实要清，神要内敛，气要外聚，精要吸提，三元要合，心火要降，肾水要升，肺金要清，肝木要平，脾土要壮，五脏要和，坎离要交，督脉要升，任脉要降，冲脉要和，带脉要活，跷维要健，经络要通，意气要均，六合要圆，劲要合一，性要中和。

若能达到上述要求，身法和拳架就能整体和谐了。

## 二、练法的整体和谐

混元太极认为，太极拳的整体和谐运动是以心意为统帅，丹田为中心，混元为根本，五脏为基础，两脚为根基，通过骨骼系统、经络系统和阴阳平衡交合中和的作用和松柔圆活、静安舒地一气中正混圆运动方式来实现的。

恩师冯公说"练太极全凭心意用功""心为身主，意为气头"。心意是整体和谐运动的统帅，是大脑思想和中枢神经、运动神经、感觉神经、触觉神经相互联系而成的指挥系统。整体和谐运动，就是身心放松、心静用意不用力地指挥有形之体与无形之气混而为一，整体统一地松柔圆活、静安舒地一气中正混圆运动。离开了心意指挥，离开了心意用功，离开了意满全身、全身是意的运动，就无整体和谐可言。若用后天拙力运动，就会堵、断、不通，不仅不能整体和谐，还会损耗后天、伤害先天，于养生长功无补而有害。

恩师冯公说"拿住丹田练内功""练拳似练丹田功"。丹田是整体和谐运动的中心、全身的中心、气能的中心、太极的中心，是联通五脏六腑、奇经八脉、十二经和十五络的系统中心。整体和谐运动，就是心神虚静地用心意指挥先天之气和后天之体向丹田中心向心力地混而为一，整体统一松柔圆活、静安舒地一气中正混圆运动。离开了丹田中心，离开了丹田之气，拳不能从丹田出发，气不能由丹田聚集，就无整体和谐可言。

恩师冯公说："混元是太极的本象，混元是宇宙万物运动的本象。"混元是整体和谐运动的根本，是以丹田为混元中心，用混元意将混元气、混元体、混元圈相互联系混合圆成一个混元整体系统，即依据拳中逆运混元的理法规矩，在心意混元的指挥下，松柔圆活、静安舒地一气中正混圆围绕丹田圆心，将精气神三元逆而运之混合成一元、身手步三体逆而运之混合成一体、意圈气圈形圈逆而运之混合成一圈，返还先天太极之混元本象。离开了逆运混元之理，离开了混元本体，离开了混合圆形的混元本相运动，就无整体和谐可言。

恩师冯公说："练拳练功，内壮五脏，外强筋骨。"五脏六腑是整体和谐运动的基础。人得五脏以成形，拳得五脏以逞能。五脏精气得丹田先天元气之助运化充养精、血、津液和筋、骨、肉、皮毛，以维持人体生命活动的和谐有序平衡，保证拳术一气中正混圆运动的和谐有力稳定。如果脏腑机能衰弱，脏腑系统紊乱，精神气血不足，五脏五行不和，则整体和谐运动就会受到影响。若追求震脚、发力、用力顶抗，就会震动大脑神经，憋压五脏六腑，不仅无整体和谐可言，还会自伤。

恩师冯公说："骨节松开，筋肉离骨，松则气通无阻力，节节贯通发于根。"骨骼系统是整体和谐运动的基本架构，具有支撑、保护、联接、整合的运动机能。整体和谐运动有赖于全身百骸骨节在心意指挥调控下，自顶到足节节放松、松开，由脚而腿而腰而背而臂而手节节放松对正贯穿，并将气贯通全身、敛入骨髓、整合一体，构成一个以丹田为中心的、其根在脚的、一气中正混圆的、混元统一的有机和谐整体。如果骨节不能松开对正，骨骼系统不能相联为一，全身不能形成根劲，就无整体和谐可言。

恩师冯公说"练拳似气通经络""经络似全身网络"。经络系统是整体和谐运动的联结网络。经络源于脏腑，遍布全身，是气、血、津液运行的通道，有如网络一样以丹田为中心联系沟通周身内外，将人体所有的内脏器官、筋肉百骸、孔窍皮毛等组织紧密地联结起来，并各有所系和循行位置，互为表里、交联环绕，构成一个混元统一的有机和谐整体。如果丹田气能动力不足，就不能打通奇经八脉、十二经络通道；经络不通，内气不能畅行，周天不能循环，阴阳不能升降，内劲不能合一，就无整体和谐可言。

恩师冯公说："练拳似阴阳平衡。"阴阳平衡、交合、中和是整体和谐运动的法则。阴阳平衡指前后、左右、上下、内外、虚实，阴阳各半，中正平衡。阴阳交合指逆运上下相合、左右相合、前后相合、内外相合、意气相合、心肾相交、性命相交、坎离相交、任督相交、水火既济。阴阳中和指得当恰好、不偏不倚、不多不少、不先不后、不急不缓、不轻不重、不顶不丢、不即不离、无过不及、致中达和。拳中阴阳平衡、交合、中和，则拳术达道，中正稳定，整体和谐，身体健康，不为人制。如果阴阳既不平衡，又不交、不合、不中、不和，不仅无整体和谐可言，还会生病早衰、受制于人。

### 三、用法的整体和谐

混元太极认为，体用的彼我双方构成了相互联系、相互作用、相互消长、相互转化的对立统一。太极拳的体用原则，如：以静待动，以虚候有，沾粘连随，舍己从人，随曲就伸，不顶不丢，无过不及，我顺人背，粘走相生，顺势而为，引进落空等，无不体现出太极的整体和谐思想。

太极拳是武术，但又不同于其他的武术。太极拳的本质是道，是"上善若水""和而不争"的至道武学，而不仅是强身健体、攻防技击的拳勇武技。恩师冯公说："太极拳是本于太极大道的武术。太极是大道，拳术是小道，要用太极大道思想修炼太极。"那么，怎样用太极大道的思想和方法来修炼太极、运用太极呢？冯公指出："道本混元一气游，神形连绵似水流。"就是告诉我们太极拳具有"上善若水"的运动属性，具有"和而不争"的道的特征。并由此提出了"练拳似游泳"的练法思想和"式式中定混元气""松柔圆活静安舒""内外俱练，以内为主；动静相兼，以静为主；练养结合，以养为主"、不用力、不顶力、不受力、圆融和顺的练法要求。

太极拳是太极太和、清静无为的武术，而不是争强好胜、争名夺利的武术。太极拳是从容中道、修心养性的武术，而不是争先恐后、争勇斗狠的武术。太极拳是舍己从人、顺势借力的武术，而不是壮欺弱、有力打无力的武术。太极拳是和谐谈手、用权（拳）制衡不伤人的武术，而不是武力搏杀、用拳脚伤人的武术。"拳者，权也"，即权衡利弊也。"术者，和也"，即和以术数也。"上善若水""和而不争""几于道"的特征形成了太极拳用法的整体和谐的特征。因为不争，所以不争而无争，不争而无碍，不争而无忧，不争而无险，不争而无隙，不争而无过，不争而无阻，不争而无迹，不争而无欲，不争而无力，不争而无乱，不争而不顶，不争而不授，不争而不败，不争而不执，不争而不伤，不争而抱一，不争而守中，不争而圆融，不争而顺势，不争而落空，不争而养生，不争而合道，不争而无所不容，不争而应物自然。

太极拳用法的整体和谐在体用原则上的体现就是：以静待动，是谦和的体现；以虚候有，是容和的体现；沾粘连随，是和睦的体现；舍己从人，是随和的体现；随曲就伸，是协和的体现；不顶不丢，是平和的体现；无过不及，是中和的体现；我顺人背，是柔和的体现；粘走相生，是融和的体现；顺势而为，是仁和的体现；引进落空，是和合的体现。而顶、瘪、丢、抗，则是失和相争的表现。

太极拳是全体大用之学。用法的整体和谐，不仅体现在拳术体用方面，同样也体现于人与人、人与事、人与社会、人与自然方面，即整体和谐的内外双修两用。如：

以静待动于处事待人，就是不急躁，不盲动，不乱动；沉着冷静，谋而后动，胸有成竹，步步为营。

沾粘连随于处事待人，就是不主观，不武断，不脱离实际；和睦相处，不离不弃，相互相成；把握时局，与时俱进，深入了解，调查研究，听懂对方，看清情势，知己知彼。

舍己从人于处事待人，就是不固执，不冒进，不自以为是；谦虚谨慎，谦和待人；随遇而安，顺从天地，顺从规律，顺从社会公德，顺从公共秩序，服从法规，服从真理，服从大局。

随曲就伸用于处事待人，就是不争，不吵，不计较，不生气；随和宽容，大度豁达，敬畏天地，顺应自然，天人合一。

不顶不丢用于处事待人，就是不冲动，不顶撞，不偏见，不逃避，不放弃；谦让平和，中庸不偏，坚持原则，因势利导，有理有节。

太极拳习练者，不仅要用太极整体和谐思想修炼拳术整体和谐、身心整体和谐、思想整体和谐、行为整体和谐，还要成为家庭整体和谐、单位整体和谐、社会整体和谐、国家整体和谐的宣传者、推广者、践行者和维护者。

附录三

# 科学的混元拳
## ——纪念冯公诞辰九十周年

潘厚成

混元太极拳,是冯公志强先生在继承陈发科师祖传授的陈式太极拳和胡耀贞师祖传授的心意六合拳内功的基础上,依据混元太极之理和宇宙万物混元运动规律,结合几十年实践经验和对太极拳发展规律不断深入的认识及与时俱进的新时代新要求而创编的。混元太极拳保留了陈式太极拳的原本真传练法,突出了心意用功的重要地位作用,揭示了宇宙万物的混元运动本相,体现了整体和谐的混元太极思想,拳法、功法、用法混融一炉,养生、保健、技击混合一体,使无形的太极混元之气与有形的太极混圆之相得到真正的混元统一,使传统武学、哲学、医学、气功学、养生学与现代运动生物力学、心理学、生理学、物理学、经济学、人体科学得到完美的混元结合,内外双修的练法更加科学合理,内外两用的功效更为显著全面,已成为一个重要的太极拳流派而立足武林,深受国内外广大太极拳爱好者的喜爱,得到了国内外武术太极拳界的广泛认同和赞誉。

冯公创编的混元太极是对太极拳本义本原本相的再认识、再发现、再阐释。用混元来定义太极、阐释太极、发展太极,不仅是对传统太极拳的一大贡献,也是太极拳发展史上的一个里程碑;不仅回归了先天太极拳的原本面貌,更是彰显了太极拳的混元本相;不仅丰富了传统太极文化宝库,更是提供了造福人类健康良方;不仅具有重要的现实意义,更具有深远的历史意义。

什么是混元?什么是太极?混元与太极、与道是什么关系?冯公为什么要取名混元?混元有什么特点?有什么好处?混元太极拳与其他太极拳有什么区别?这是每一位混元太极修炼者所关心的而且也是必须要了解明白的。

在自然界,从宇宙本原来说,混元是指天地未开之前的混沌状态。从物质世界来说,混元是化生天地万物的根源。从先天来说,混元是生天、生地、生物、生人的混元祖气;从后天来说,宇宙万物虽然形态各异,但都是混元统一的。从宏观上来说，混元包罗了宇宙天体各星系，其大无外；从微观上来说，混元概括了物质的分子、原子、粒子、质子、中子，其小无内。从物质运动来说，宇宙万事万物都是螺旋式的混元运动。

在人体，混元是生命起源，混元是生命动力，混元是先天之本，混元是人初本性，混元指母腹胎儿，混元指纯阳之体，混元指免疫力、抵抗力、自愈力，它是先天本能。

在太极拳，混元是指虚极静笃、空空洞洞、鸿蒙未判、阴阳未分的混沌无极状态；是指化生后天阴阳、三才、四象、五行、六合、七星、八卦、九宫的先天混元一气；是指先天混元一气在丹田炉鼎内锤炼而成的混元太极内劲；是指具有气能、动能、磁能、电能、信息能的先天混元能量；是指以丹田为圆心的立体三维向心力的混合混圆的缠丝混元圈运动；是指一气充盈、两仪圆融、三圆合一、四梢具足、五弓齐备、六合混圆的弹性混元体；是指修炼太极达到返本还元、三元合一、混元一粒的先天混元太极本相的大成境界。

概括地说，混元是化生宇宙万物的混元祖气，混元是宇宙万物的混元运动本相，混元是先天混元一气，混元是混合圆成之物，混元是混合圆形运动，混元是太极本来面目，混元是太极虚灵内劲，混元是太极最高境界。混元是混元理、混元气、混元体、混元圈、混元劲、混元相、混元一粒的统称。混元是指混沌、混合、混圆、混融、混化、混一的气化过程和图景。混元的本义是"元气混而为一"的"一者混元之义"。混元的主宰是心意混元。

"太极者，先天之一气""太极原生无极中，混元一气感斯通"，说明太极就是混元一气。"道本混元一气游""混元一粒丹道成"，说明道就是混元一气。太极、混元、道，名虽三，义则一，太极就是混元，混元就是道，道就是太极。混元一气是太极本体、道之本体；混合圆转是太极本相、道之本相；混元缠丝是太极体用、道之体用；混融包容是太极体证、道之体征。

冯公取名混元，就是指我们的太极拳取义于宇宙的混元本相、万物的混元本相、太极的混元本相、道的混元本相和整体统一、中庸和谐、圆融包容的混元太极思想。当年在讨论确定拳名时（有几个候选名），冯公说："我们的心意是混元的，我们的拳法是混元的，我们的功法是混元的，我们的练法是混元的，我们的用法是混元的，我们的养生是混元的，我们的拳就是混元拳，就叫陈式心意混元太极拳吧，简称混元太极拳，这也是在同时纪念你们两位师祖。"

了解了混元的含义、混元与太极与道的关系、冯公取名混元的原意，更重要的是要明白混元的本质特征，只有抓住了混元的本质特征，才能真正地认识混元、认识太极，练好混元、练好太极，练真混元、练真太极。混元有两个最本质特征：一是先天混元；二是混合混圆。

先天混元，就是说混元是先天的，不是后天的。"混元者，记事于混沌之前"，混元是先天本来之元物，混元是先天混元之一气，先天是混元的本质本原。先天混元是真混元，也叫法身混元，虚无通透，至虚至灵，视之不见，听之不闻，搏之不得，自虚无中来，在虚无中结就。以太极命名的太极拳是先天太极拳，以混元命名的混元拳是先天混元拳，所以也叫先天混元太极拳。因此，冯公提出"练拳须从无极始""心神虚静贯始终"。练太极、练混元，就要以心意混元为主宰，心神虚静地从后天返还到无物无我的先天虚无之中生太极练太极、生混元练混元，也就是借后天返先天。虚静，就是老子说的"虚极静笃"。空无一物谓之虚，念头不起为之静；虚者无所不容，静者无所不应。不到还虚地位，先天混元是不会来复的。冯公当年对我说：要在虚中练，要往虚里练；练虚走虚走皮毛；心虚、身虚、神虚、手心虚、脚心虚、头顶心虚五心虚，在虚里面生出那个虚灵来、生出那个混元来。

混合混圆，就是说混元是混合的圆，不是松散的圆。"混元者，元气混而为一也"。合是圆的条件，圆是合的结果。混圆是混元的本体本相，也叫先天后天混合混圆一气。松散的圆是假混圆，混合的圆才是真混圆。混合混圆包括两个方面：一是混合的圆成之物，即太极的本体是混合圆成之物，如身手步三体混合混圆成一圆，意气体三者混合混圆成一体，精气神三元混合混圆成一粒，"圆陀陀，活泼泼，光灿灿，以像太极"，破之而不开，撞之而不散；二是混合的圆形运动，即太极的本相是混合圆形运动。如以丹田为中心的立体三维的意气神形混合混圆的纵立圆、横立圆、水平圆与三节九窍十八球混合混圆成一个自转缠丝公转圈的混合圆形运动，触之转落空，发之穿透空。冯公在2008年房山会议期间，将我叫到身边对我说："小潘，混元是混合的圆，要合圆，用心意合成一个圆，不合怎么圆。"这是继混元一气、混元一粒之后，冯公又一次对混元本质的诠释，也是针对大多数混元习练者、太极习练者只注重放松而忽视混合混圆提出来的。因此，练太极、练混元要以心意混元为主宰，用混合混圆之意练混合混圆之体、练混合混圆之拳、练混合混圆之劲。若不能混合混圆，就不是真正混元、真正太极。

总起来说，混元指混元理、混元气、混元体、混元圈。混元理是指导，也就是混元思想混元意；混元气是核心，也就是混元能量混元劲；混元体是根本，也就是先天后天混合混元一体；混元圈是拳法，也就是意气神形混合混圆一圈。混元理、混元意、混元气、混元劲、混元体、混元圈、混元一粒构成了混元全要素。练混元拳包括练太极拳就是要知行合一地用心意混元思想的立场、观点和方法去练混元练太极。下面从混元理法、混元拳法、混元功法、混元练法、混元用法和混元养生法6个方面，系统完整简要地来认识冯公的心意混元思想和他创编的混元拳的科学性、合理性、优越性，以及与其他太极拳的共同点和不同点。

## 一、科学的混元理法

混元理法就是冯公混元太极理论方法学说。自古相传，太极拳只有拳论。而专注拳技练法用法的太极拳论是难以涵盖有别于其他武术的本于太极大道的全体大用太极拳的核心思想、本质特征、理论体系和文化内涵的。2001年与冯公设计"陈式心意混元太极拳大全"架构时，冯公说的"练拳须明理，理通拳法精"的这个理，是太极大道之理，是混元之理，要写清楚，并将"混元太极理论"定为"陈式心意混元太极拳大全"第一本书。冯公混元太极理论由无极学说、太极学说、阴阳学说、三才学说、四象学说、五行学说、六合学说、八卦学说、混元学说九部分组成。混元太极理论最本真地体现了自然、社会和思维及其发展规律，是冯公几十年修炼太极实践的理论总结，是冯公创编混元太极的理论依据，是法于自然的、科学的理论体系，是指导我们认识混元认识太极、研修混元研修太极、练好混元练好太极的理论基础。

混元学说认为，宇宙是混元的，太极是混元的，物质是混元的，精神是混元的，世界是混元的，天地万物包括人体本身，以及人与人、人与物、人与事、人与社会、人与自然都是混元统一的、混元运动的、混元整体的、混元和谐的。

混元学说包括8个基本观点：

（1）混元本原观。即天地未成之前的宇宙本原是混元的，混元是宇宙本原的原初物质，也称混元祖气。太极是宇宙万物的根源，太极的本原也是混元的，混元是太极本原的原初物质，也叫混元一气。所以练太极先要后天返先天、无极生太极，即练拳须从无极始，于先天无极中生先天混元一气、先天太极一气。

（2）混元本体观。即宇宙万物虽然形态各异，但都是由混元祖气化生的。拳中阴阳、三才、四象、五行、六合、七星、八卦、九宫虽然千变万化，也都是混元一气化生，混元一气所成，混元一气为本，即一生二，二而一；一生三，三而一；一生四，四而一；一生五，五而一；一生六，六而一；一生七，七而一；一生八，八而一；一生九，九而一。

（3）混元统一观。即宇宙万物统一于混元之中，在外包罗天地，在内运化万物。拳中阴阳、三才、四象、五行、六合、七星、八卦、九宫也都统一于混元之中，都是混元的不同变化形态，在外包罗手足身体，在内运化精神气血。

（4）混元运动观。即宇宙万物都是混元旋转运动。太极拳也是混元旋转运动，拳中手足身体精气神和所有拳法动作是混合混圆的混元旋转运动，一气、阴阳、三才、四象、五行六合、七星、八卦、九宫也都是混合混圆的混元旋转运动。

（5）混元时空观。即宇宙万物都是立体三维六个方向的混元六合时空运动，并具有其大无外的无限性和其小无内的无穷性。太极拳也是混元六合时空运动，拳中开者，是混元由内而外、由小至大的混元六合的大一，可至大无外，以至于虚空；拳中合者，是混元由外而内、由大至小的混元六合的小一，可至小无内，以至于虚无。

（6）混元动静观。即混元动静相因与混元动静合宜。静者，混元中伏；动者，混元流行。静为本体，动为作用。不静不动，静极生动；无极生动生太极，动而复静归无极。以静运动，以动化静；外静内动，外动内静。动而不知动，动即是静，静即是动，动静混元。快而不知快，慢而不知慢，快慢混元。

（7）混元整体观。即万事万物包括事物内部都是相互联系、相互作用、对立统一的混元整体。太极拳是以心意为指导、丹田为中心、腰胯为枢纽、两脚为根基的全身各部位各系统内外合一、上下相随、周身一家、混元一体的混元整体。

（8）混元力学观。即上述7个混元观点与混元思想的和谐性和包容性、混元球体的旋转性和反弹性、混元若水的不争性和顺随性，以及"反者道之动""弱者道之用"的道的反动性和弱用性混合而成的、法于自然的、用意不用力的具有混元力学特点的混元转动原理、混元动力学原理、混元惯性原理、混元反作用原理、混元离心力原理、混元平衡原理、混元弹性原理和混元鞭打原理。

## 二、科学的混元拳法

太极拳法就是太极十三势。混元拳法就是太极十三势与缠丝混元圈混合而成的拳法，也叫缠丝混元圈十三势法，即混元太极十三势是通过意气体混合混圆的缠丝混元圈的旋转运动来实现的。混元本身就是最好的、科学的自然拳法，即混元拳法就是混元圈法，混元圈法就是混元劲法。动静是混元动静，开合是混元开合，屈伸是混元屈伸，虚实是混元虚实，快慢是混元快慢，刚柔是混元刚柔，蓄发是混元蓄发，缠丝是混元缠丝，转圈是混元转圈，五行是混元五行，八法是混元八法，折叠是混元折叠。

  这里有必要再解释一下冯公关于缠丝混元圈的定义。依据宇宙万物立体三维混元运动本相，冯公在1993年出版的《陈式太极拳入门》中是用竖圆、立圆、平圆来定义命名3个基本缠丝混元圈的。这3个混元圈不是随随便便定义的，是冯公混元太极的核心精华特点，是冯公混元思想的重要实证体现，混元拳就是混元圈，混元圈里有天地万物和太极本相；混元圈里有混元之气和丹田中心；混元圈里有阴阳折叠和化引拿发；混元圈里有顺逆螺旋缠丝；混元圈里有五行八法十三势；混元圈里有奇经八脉十二经，如纵立圈通任督二脉阴阳跷维十二经，横立圈通冲脉阴阳跷维十二经，水平圈通带脉十二经。不明混元圈，就不明混元拳。后来有读者反馈，根据书中图解说明，竖圆与立圆都是立着的、竖着的，是一回事，这样命名有点不清楚。于是，在1997年出版的《陈式心意混元太极拳教程》和2009年出版的《混元太极炮捶四十六式》中和冯公重新作了命名：竖圆改称横立圆，即左右上下横向立圆；立圆改称纵立圆，即前后上下纵向立圆；平圆改称水平圆。由此也可看出，冯公治拳是非常严谨的。

  混元拳法的科学性、优越性体现在一个核心、两个特点、三重境界和五个不同：

  一个核心：混元的核心即太极的核心是丹田，练太极全凭丹田之功。其他太极叫气沉丹田，混元太极叫拿住丹田，其实是一回事，都是以丹田为核心。即混元气太极气由丹田而生，混元劲太极劲由丹田而成，混元体太极身由丹田而合，混元圈太极圆由丹田而转，混元拳太极拳由丹田而动，混元一粒由丹田而结。

  两个特点：一是按窍行气十三势的调理脏腑功能与锤炼太极十三势内劲的混元统一，即十三势有窍位，十三势窍位既与所属脏腑经络相对应，又与练习十三势内劲相关联；二是一气缠丝混元圈的气通经络与转引落空的混元统一，即3个基本缠丝混元圈既与人体奇经八脉十二经走向相吻合，又与一触即转引落空的混圆旋转向心力离心力相匹配。

  三重境界：一是练精化气阶段的以下丹田为主窍、以根劲混元为主旨的缠丝混元圈十三势；二是练气化神阶段的以中丹田为主窍、以弹性混元为主旨的缠丝混元圈十三势；三是练神还虚阶段的以上丹田为主窍、以虚灵混元为主旨的圈无圈意无意一粒混元十三势。

  五个不同，混元太极拳法与其他太极拳比较，有五个方面不同：

①十三势含义不同。混元太极拳认为，掤是混元向上，捋是混元往回，挤是混元向前，按是混元向下，採是混元抓採，挒是混元拧挒，肘是混元屈肘，靠是混元贴靠；五行包括定步混元五行和活步混元五行。

②十三势练法不同。混元太极认为，十三势不是十三种姿势，而是十三种按窍行气练气练劲的方法和顺势随彼用劲的方法。

③十三势部位不同。混元太极认为，八法不限于手法，八法是整体混元八法，全身各个部位都可以八法（採和肘特定外）；五行不仅指步法，五行是手眼身步法的混元整体五行。

④十三势运动不同。混元太极拳是自转缠丝公转圈的缠丝混元圈十三势，也叫混元缠丝十三势。其他太极拳是弧形抽丝十三势，陈式太极拳是以缠丝为主十三势。

⑤出发点和落脚点不同。混元太极的出发点在先天，而不是在后天，所以混元太极强调练无极、练内功、练混元一气，不练好先天混元之气，单凭体力和后天之气是不能真正练好太极拳的。混元太极的落脚点在混元在太极，而不是在阴阳、在两仪，所以混元太极强调心意混元、缠丝混元、混合混元、一粒混元。混元太极认为，太极是先天，阴阳是后天，先天太极生后天阴阳，混元一气生阴阳两仪。既然是以先天太极来名拳，那么拳理拳法的出发点、落脚点和着重点理应在先天、在混元、在太极。没有先天，哪来后天；没有混元，哪来阴阳；没有一气，哪来两仪。后天阴阳是由先天太极所生，太极一动，自分阴阳；混元一转，自生两仪。十三势是由混元一气化生，"内劲所成，气之所聚"，没有混元一气，十三势就变成了后天姿势太极操。妙手一动一太极，就是妙手一动一混元，就是妙手一动一个圈。"阴中有阳，阳中有阴，阴阳互济，太极为真"的真义是阴中之先天一阳与阳中之先天一阴的交合互济，前提是阴阳混合混圆，阴阳混合混圆才能阴阳互济互根，阴阳混合混圆才是太极本体本相。

## 三、科学的混元功法

太极拳是由静功而来的内功拳。"静者为道，动者为拳"；功为本，拳为母；拳无功，一场空。20世纪80年代末，冯公《太极混元功》（全国函授教材）公开之前，各家太极基本上没有专门的太极内功。只练拳，不练功；只练走架推手，不练静功桩功；只练预备起势，不练无极生太极。

混元本身就是科学的自然功法。混元功法就是混元太极内功，简称混元内功，是练养混元内气、锤炼混元内劲、增强混元内功的先天气功。功法主旨，一练混元一气，二练混元一体，三练混元一粒。功法目的，一是内以修身；二是外以致敌。功法内容有站桩功、混元功、放松功、缠丝功、尺棒功、抓闭功、辅助功、按摩功八套功。功法层次分积神生气、积气生精、练精化气、练气化神、练神还虚5个层次。练功部位在丹田，有中丹田（前丹田）、后丹田、下丹田、上丹田，所以也叫丹田功、内丹功。练功方法是丹田呼吸法，也叫先天呼吸法。

功法特点：

①易入静，即眼神心意内视内想内听三性归一守丹田，易入静。

②易得气，即意守丹田易达真息境界，易生混元之气。

③易生精，即守命门后丹田与守会阴下丹田，更易多生混元之精常阳举。

④易自动，即阴阳相合加上丹田自发呼吸，易产生自发内动外动。

⑤易接通，即守会阴下丹田易接通任督两脉阴阳循环周天混元。

⑥易养神，即神内敛、神向下、神气合一，易凝神安神练养混元之神。

⑦易调中，即生中合中择中守中至中，易调养混元中和心、中和气、中和身。

⑧易生根，即坐丹田气沉足底、提降行气的混元动静定活桩功，易生混元根劲。

⑨易长功，即拿住丹田练内功和气通经络大小周天，易增长精气神混元功力。

### 四、科学的混元练法

练法就是心法，混元练法就是混元心法，也叫心意混元法。心意混元是修炼太极、修炼混元的根本大法，是冯公几十年修炼实证的经验总结，所以冯公直接将心意混元冠于拳名之中。心意混元本身就是最好的、法于自然的、内外两用混元统一的科学系统练法，如：会练以功为主，一功二拳三推手四器械；会练以松为主，一松二慢三圆活；拳功合一，体用兼备；内外俱练、以内为主，动静相兼、以静为主，练养结合、以养为主；内外合一、上下相随、周身一家、混元一体；静中修、松中练、环中求、缓中运、和中行、养中长；以及八步功夫和十六条修炼秘诀等。归纳起来，最重要的是三条。

第一条是抓住混元核心练混元，也叫抓住太极核心练太极，这是混元练法的核心关键。混元的核心、太极的核心就是丹田，丹田是混元一气的根源，混元是丹田孕生的混元；丹田是混合混圆的圆心，混圆是向丹田的混圆。抓住混元核心练混元，就是胡耀贞师祖和冯公说的"拿住丹田练内功，哼哈二气妙无穷"。哼哈二气就是丹田混元一气的一呼一吸。即拿住丹田练功，拿住丹田练拳，拿住丹田推手，拿住丹田养生；拿住丹田混元缠丝，拿住丹田混元转圈，拿住丹田五行八法，拿住丹田混元折叠；拿住丹田混元起势，拿住丹田混元运行，拿住丹田混元收势。不拿住丹田核心，就不能练好混元。

第二条是遵照混元步骤练混元，也叫遵照太极步骤练太极，这是混元练法的方向程序。"物有本末，事有终始，知所先后，则近道矣"。练套路和练太极是两个不同概念。练太极分三步，即生太极，练太极，全太极。同样，练混元也分三步，即生混元一气，练混元一体，结混元一粒。生太极，就是生混元一气；练太极，就是练混元一体；全太极，就是结成混元一粒。当年冯公对我说："不生太极，怎么练太极？"所以练拳要从无极开始，由无极入门生太极练太极，不入无极圈，难成太极图。不生太极，不练太极；不生混元，不练混元。生太极之时，即为下手练太极之时。

第三条是掌握混元方法练混元，也叫掌握太极方法练太极，这是混元练法的实证操作。混元方法就是拿住丹田心意混元缠丝混合混圆混而为一，也就是心神虚静地用混元之意引导混元之气将全身各要素（先天的、后天的、有形的、无形的、内部的、外部的）和拳中动作、时空方位向丹田逆而运之混而为一气。即精气神混元、筋骨肉混元、身手步混元、梢中根混元、意气体混元、有形无形混元、先天后天混元、天地人混元；一气混元、阴阳混元、三才混元、四象混元、五行混元、六合混元、七星混元、八卦混元、九宫混元；混元理与混元意、混元气、混元劲、混元体、混元圈的混元。当年我问冯公："师父，你练拳时在想什么？"冯公答："想丹田想混元。""想丹田想混元"这6个字真是对大道至简的最精辟、最生动的揭示啊！

## 五、科学的混元用法

混元用法是指混元拳法使用法，也叫太极拳法使用法，即顺势随彼使用化、引、拿、发四法折叠缠丝混元圈十三势拳法，也叫缠丝混元圈化引拿发。化，指顺势不顶力、不受力，以虚化有，是无极太极之理；引，指顺势改变来力方向，引进落空，是太极阴阳之理；拿，指顺势拿劲拿梢断彼根，是三节四梢之理；发，指顺势借力、还施彼身，将对方松放出去，是五行八卦之理。混元本身就是最好的、科学的、理法合一的自然使用法，如：

混元本原使用法，即混元一气是化引拿发折叠缠丝混元十三势的本原能量。

混元本体使用法，即化引拿发折叠缠丝混元圈十三势是由混元一气化生的。

混元统一使用法，即混元化引、混元拿发、混元化拿、混元化发。

混元运动使用法，即混元一触即转的缠化缠引缠拿缠发、转化转引转拿转发。

混元时空使用法，即时时混元化引，处处混元拿发，纵放屈伸，诸靠缠绕。

混元动静使用法，即彼不动我不动，彼微动我先动；以静制动，以虚化有。

混元整体使用法，即内外合一、上下相随、周身一家、混元一体化引拿发。

混元力学使用法，即四两拨千斤使用法。冯公说："混元是高级力学，是四两拨千斤的力学。"胡耀贞师祖说："四两是指先天之气，表示轻的意思。"四两就是先天混元气，所以四两拨千斤也叫四两混元拨千斤。混元力学使用法，包括混元转动原理的转而不顶与顺而不争；混元动力原理的纵放屈伸与诸靠缠绕；混元惯性原理的以静制动与顺势引空；混元反作用力原理的顺势借力与闪展腾挪；混元向心力离心力原理的转引落空；混元平衡原理的随遇平衡；混元弹性原理的引进落空合即出；混元鞭打原理的反向折叠运动。

## 六、科学的混元养生法

混元本身就是最好的法于自然的科学养生法。如："气是天年药"——混元本原的先天混元一气就是养生至宝，"圆是保济丸"——混元本相的混合圆形运动就是养生良方。混元拳法是拳法养生法，混元功法是功法养生法，混元练法是练法养生法，混元用法是用法养生法。混元拳太极拳就是养生拳，练混元练太极就是练养生。太极功夫既是内外俱练、以内为主练出来的，更是练养结合、以养为主养出来的，这是冯公混元太极与其他太极拳的最大区别所在，也是冯公混元太极的最大优势所在。

混元养生的作用机理可以归纳为三条：一是心意混元养生；二是中和混元养生；三是逆运混元养生。

（1）心意混元养生。修心养性，全凭心意用功。心为一身之主，人的一切活动包括健康与生病，都受心的活动的主宰。所以，养生首先是养心，不养心何以养生？心意混元养生就是从养心入手来养生，这也是冯公取名心意混元的原意之一。心有先天后天之分。先天之心谓道心，后天之心谓人心。"道心惟微，人心惟危"，二者此消彼长，"心生则种种欲生，心静则种种欲静"。先天道心又称混元之心、虚无之心、清静之心、无心之心、虚灵之心、圆融之心、包容之心。心意混元养生，就是养混元之心，长先天道心，消后天人心。常清静，常内守，常虚无，时时混元，静静混元，虚虚混元，抑制后天人心妄动，恢复先天道心用事；调养心理生理，恢复提高免疫力、抵抗力、自愈力、调控力；涵养混元气、混元精、混元神、混元体、混元劲、混元拳，使亏者复原，圆者更圆，具足圆成，三元合一，转阴成阳，性命凝结，结而为丹，混元护体，祛病延年，健康长寿。

（2）中和混元养生。中和混元心安康、身安康、拳安康。中和混元是太极的核心、养生的核心。中和之理是道之理、太极之理、混元之理、养生之理、内劲之理。混元本中和，中和即混元，即混元是中和的混元，中和是混元的中和，如：混元之心中和，混元一气中和，混元一体中和，混元一圈中和，混元之拳中和，混元之劲中和，混元从容中道，混元不勉而中，混元致中达和，混元不偏不倚，混元不仰不俯，混元不歪不斜，混元不顶不丢，混元不先不后，混元不贪不歉，混元不滞不躁，混元无过不及，混元恰好相当。择其中和之道行混元，得其中和之道养混元。

（3）逆运混元养生。逆者反也，"反者道之动"。逆运之理是道之理、太极之理、混元之理、养生之理，也叫返本还原之理、后天返先天之理、顺中用逆之理、逆运反成之理。逆运者，逆运先天；顺行者，顺行后天。混元是先天，逆运者，逆运先天混元为养；阴阳是后天，顺行者，顺行后天阴阳会伤。如：心属火为阳，火性炎上，顺其上则会伤，逆其下则为养；肾属水为阴，水性就下，顺其下则会伤，逆其上则为养；外求者为顺为耗，内求者为逆为养；用力者为顺为耗，不用力者为逆为养；动者为顺为耗，静者为逆为养；紧者为顺为耗，松者为逆为养；顶者为顺为耗，随者为逆为养；实者为顺为耗，虚者为逆为养；散者为顺为耗，聚者为逆为养；发者为顺为耗，蓄者为逆为养；放者为顺为耗，收者为逆为养；刚者为顺为耗，柔者为逆为养；方者为顺为耗，圆者为逆为养；快者为顺为耗，慢者为逆为养。

作为混元传承人、太极习练者，要系统完整地学习、认识、理解、掌握冯公混元太极思想，学好混元太极，练好混元太极，传承好混元太极，弘扬好混元太极，让冯公传世之宝更好地造福人类！

附录四

# 潘厚成的入室弟子名录

汪玉香　江西南昌
曾宝玉　江西泰和
吕锦云　上海
王德生　上海
汤鸿天　上海
程务农　湖北孝感
康明华　黑龙江齐齐哈尔
庄志峰　上海
庄　勤　福建福州
施寒敏　江西景德镇
谷　来　北京
胡碧海　江西景德镇
张爱玲　内蒙古乌拉特前旗
方立银　山东潍坊
米继伟　广东广州
陈日凡　上海
陈爱霞　内蒙古乌拉特前旗
许一伟　浙江温州
徐林华　贵州六盘水
陈　嫱　上海
张强华　上海
韩　峰　山东菏泽
乔丽华　上海
胡华伦　上海
苏其清　湖南新华
弗拉基米尔·西多罗夫（瓦洛佳）　俄罗斯 莫斯科

# 后　记

借本书结尾，讲一讲我的太极拳之路和写这本教材书的初衷。

我是一名拳龄40年的太极拳爱好者，用古人的话说练到了"四十而不惑"，用现在的话说是深爱太极拳40年的铁粉。

我喜欢太极拳，确切地说是喜欢陈式太极拳，源于20世纪70年代看了一本竖版繁体字《惊蝉盗技》小说，被书中描写的太极拳神技深深吸引，便萌生了学陈式太极拳的念头。1982年，非常神奇幸运地在上海周云龙老师家里见到了轰动"全国太极拳名家表演会"的、被上海太极拳界赞佩"真太极""真功夫"的当代陈式太极拳代表、后来成为我的太极拳"父亲"的冯公志强先生，并特别安排我报名参加了在上海体育宫举办的为期3个月的冯志强老师陈式太极拳培训班，从此开启了我的太极人生。

1984年至2012年，我每年赴北京从恩师冯公志强先生系统学习陈式心意混元太极拳。承蒙他老人家厚爱和有意培养，不仅传我武德武艺，还有幸让我协助整理编写了《太极混元功》《陈式太极拳入门》《心意混元太极拳讲义》《陈式心意混元太极拳教材》《陈式心意混元太极拳教程》《混元太极炮捶四十六式》等著作和教材。特别是1991年接到写《陈式太极拳入门》任务，我便在爱人的支持下放弃工作，专心致力于学习研练和整理编写。那年我40岁，别人都在工作养家糊口或下海经商挣钱，我却走上了业余的专业太极拳之路，上海北京两头跑，乐此不疲。1988年，正式成为恩师入室弟子。1989年，恩师亲自给我颁发北京志强武馆教练证书。1990年，恩师亲自举荐我任上海市对外服务公司对外教学部太极拳教师。2004年，被聘为北京混元太极中心特约教练。2005年，开始出国教学。2010年，代师授课。

30年的从师学艺，40年的练拳经历，使我认识到太极拳是理、是道、是文化，前辈先贤们传留下来的古典拳谱、拳论、拳经，包括恩师传授的拳理、拳法、拳功，都是千锤百炼到高级阶段的成功经验的高度概括与总结，对后世后辈后学者来说，没有明师传授指路、不练到一定程度是很难理解掌握上身的。

虽然我从1982年就开始跟随恩师学拳练功，但真正会练功是从1989年协助整理《太极混元功》开始的，真正会练拳是从1991年协助整理《陈式太极拳入门》开始的，真正会练炮捶是从2008年协助整理《混元太极炮捶四十六式》开始的。由此，我深知没有恩师赐给我这个特殊的亲授真传机缘，我就不会真正知道练太极练什么、练太极怎么练。

　　古人云："物有本末，事有终始，知所先后，则近道矣。"恩师说："我的老师（指陈发科师祖）先后给我改了7遍拳""我的两位老师传给了我单操练法"；并常常教诲我们："先学走，再学跑""饭要一口一口吃，拳要一步一步练""练拳不在形式，只在方法对头"。由此，我深知没有明师给你指明习练太极拳的路径步骤、阶段层次、先后次序，你就不会真正功夫上身、走向成功。

　　恩师说："手眼身法步，精神意气足""一身备五弓，练成弹簧力，天下谁能敌""太极拳是高深的力学""放松不是松懈"；胡耀贞师祖说："太极十三势不是十三种姿势，而是十三种方法""有形者为姿势，无形者为气功，两者必备，否则无用""气是天年药，心是引气主"。由此，我深知太极拳是内外双修两用的武术，武术姓"武"不姓"舞"，太极是"拳"不是"操"。没有明师传授拳中动作含义、拳法规矩要领、练法作用机理和为什么要这样练，学练者是不可能真正练好太极拳、练好真正的太极拳。

　　于是，2017年我根据冯公真传练法和太极拳教学实践认知开始着手编写这本太极拳三阶段练法教材，并与熊皓师弟在花桥和景德镇两地建立的教学培训基地试用，同时也在对外教学中进行了试用，得到国内外学员一致称赞和喜欢。

　　现在公开这本教材，一是感恩和纪念恩师创编混元泽被后世；二是希望对爱好太极拳的朋友们，尤其是习练混元太极拳的同门有一点借鉴作用和帮助，同时也希望得到太极拳专家们的不吝指教，共同为太极拳的继承发展做点有意义的工作。

　　借此书，感谢弟子韩峰、谷来、王德生、程务农，以及程景阳老师，协助本书的图片和视频拍摄工作。感谢熊皓对书此进行助编审校。

　　弟子汪玉香、汤鸿天、施寒敏、米继伟、徐林华、许一伟、胡碧海、曾宝玉和学生欧阳辉、杜卫君，以及杨杰团队，也参与了视频拍摄，在此一并感谢！